古典文獻研究輯刊

三九編

潘美月・杜潔祥 主編

第 8 冊

續經義考·春秋之部
（第五冊）

周懷文 著

國家圖書館出版品預行編目資料

續經義考‧春秋之部（第五冊）／周懷文 著 -- 初版 -- 新北市：
花木蘭文化事業有限公司，2024〔民 113〕
目 6+236 面；19×26 公分
（古典文獻研究輯刊 三九編；第 8 冊）
ISBN 978-626-344-928-2（精裝）
1.CST：春秋（經書）2.CST：研究考訂
011.08   113009705

古典文獻研究輯刊
三九編　第八冊　　　　　　　ISBN：978-626-344-928-2

續經義考‧春秋之部
（第五冊）

作　　者　周懷文
主　　編　潘美月、杜潔祥
總 編 輯　杜潔祥
副總編輯　楊嘉樂
編輯主任　許郁翎
編　　輯　潘玟靜、蔡正宣　美術編輯　陳逸婷
出　　版　花木蘭文化事業有限公司
發 行 人　高小娟
聯絡地址　235 新北市中和區中安街七二號十三樓
　　　　　電話：02-2923-1455／傳真：02-2923-1400
網　　址　http://www.huamulan.tw 信箱 service@huamulans.com
印　　刷　普羅文化出版廣告事業
初　　版　2024 年 9 月
定　　價　三九編 65 冊（精裝）新台幣 175,000 元　　版權所有‧請勿翻印

續經義考・春秋之部
（第五冊）

周懷文 著

目次

劉聘書 春秋明藻 二十四卷 佚

◎嘉慶《寧國府志》卷二十九《人物志‧文苑》：生平著作極富，自經史傳記以至詩古文詞不下數十種，家貧不能付梓，散佚幾盡，僅存《四書文獻徵》、《春秋明藻》二種。

◎光緒《宣城縣志》卷十八《文苑》：生平著作極富，自經史傳記以至詩古文詞不下數十種，家貧不能付梓，散佚幾盡，向猶存所著《四書文獻徵》二十卷、《春秋明藻》二十四卷，今並為蘇人購去，不勝惋惜。

◎劉聘書，字莘元，號瀆西。安徽宣城人。歲貢生。任揚州府興化縣訓導。聰穎異常，家多藏書，縱觀博識，無間寒暑。為文精深典雅，在敬亭十子中尤推翹楚。嘗入雷鋐幕。著作宏富而多散佚。著有《四書文獻徵》二十卷、《春秋明藻》二十四卷。

劉啟泰 東萊博義詩書會解 佚

◎尋霖、龔篤清編《湘人著述表》著錄。

◎劉啟泰，湖南安鄉人。著有《東萊博義詩書會解》。

劉人熙 春秋公法內傳 十二卷 首一卷 存

湖北藏宣統元年（1909）鉛印本

國圖、中科院藏 1913 年鉛印本

◎劉人熙（1844～1919），字艮生，號藤廬。湖南瀏陽人。光緒三年（1877）進士，曾任工部主事、直隸州知州、廣西道員、湖南教育總會會長。辛亥後任湖南省都督府民政司司長，1914 年創辦船山學社，1915 年任湖南督軍兼省長。著有《春秋公法內傳》十二卷首一卷、《蔚廬日記》、《蔚廬亥子集》四卷、《蔚廬詩稿》一卷，《蔚廬四十五十自定稿》一卷、《蔚廬文集》四卷、《蔚廬文稿》一卷、《蔚廬所著書》、《法政學堂人倫道德講義》、《楚寶目錄》一卷、《補過精舍詩稿》、《隨手札記》、《自省齋焚如草》、《四十五十自定稿》、《旅齋府君壬子以後詩》、《北遊紀程》、《講演稿》、《自省齋剳記》、《廣師》、《京師存稿》、《期期月守日記》、《循文清課》、《琴旨申邱》一卷、《船山學》、《蔚廬尺牘晚存》、《大清通禮品官士庶人喪禮傳》二卷、《蔚廬遊藝墨蹟》。

劉尚慈 春秋公羊傳譯注 存

中華書局 2021 年中國古典名著譯注叢書本

◎內容簡介：劉尚慈的這部《春秋公羊傳譯注》，對《公羊傳》作了深入而全面的研究整理，作了審慎精到的標點、今譯、注釋，有助讀者閱讀《公羊傳》，瞭解《公羊傳》，對相關學術研究的開展也有重要意義。

◎劉尚慈（1943～），北京人。1966 年畢業於北京師範學院中文系。中華書局原語言文字編輯室編輯，編審。著有春秋公羊傳詞典》，與張萬起合著《世說新語譯注》，整理校勘有《篆隸萬象名義》。曾任《王力古漢語字典》責編。

劉杓 左傳評本 佚

◎民國《南陵續志》卷三十《人物》：自官書而外，其著述有《平遠山房稿》《左傳評本》行世。

◎民國《南陵續志》卷四十三《經籍》：《左傳評本》《平遠山房稿》。

◎劉杓，原名培元，字遜甫（春圃）。安徽南陵人。乾隆三十六年（1771）舉人。署任雲南師宗縣知縣，以經術飾吏治。及歸，講學石嶺，生徒日盛。嘉慶間，府縣修志，聘為採訪協修。平居績學，文名藉甚。著有《左傳評本》《平遠山房稿》。

劉紹攽 春秋筆削微旨 二十六卷 存

美國芝加哥大學、國圖、清華、山西、陝西、中科院、陝西師大藏乾隆十九年（1754）劉傳經堂刻本

福建、陝西、藍田、周至藏同治十二年（1873）刻清麓叢書外編本

四庫存目叢書影印乾隆十九年（1754）劉傳經堂刻本

◎一名《春秋微旨》。

◎自序：先聖王之教士也，以《詩》《書》《禮》《樂》為四術，《周易》占筮繫辭，《春秋》侯國之史記，自夫子贊《易》、修《春秋》之後，學者始以合之四術為六經。經火於秦，《易》以卜筮存，《春秋》以口說流行，視他經為完善。而義理精微，亦視他經為難讀。然《易》有十翼，羲文之指趣可尋，漢儒言數，宋儒言理，互相發明，故易道至今大備。《春秋》者，貶損皆當世君臣，陸德明謂隱其書而不宣，所以免時難也。黃楚望謂哀公十四年西狩獲麟，孔子始修《春秋》，明年子路卒，又明年孔子卒，則是此書成得年歲間而孔子歿也。當時門弟子見者必少，以故公羊、穀梁不無舛謬，矧下焉者乎？「《春秋三傳》束高閣，獨抱遺經究終始」，韓退之為盧仝言也。而啖、趙、陸、孫諸人遂各

以意解說，其大要總歸於褒貶而已。第所謂書名書字書爵書人者或通於此窒於彼，且其文苟例密，出入無準。晦菴朱子遂謂直書其事而是非自見，則又董狐、南史之所優為，何必孔子而亂臣賊子始懼乎？天王狩於河陽，於史當曰晉侯召王，今《史記》書晉侯召王於溫，詎非當時之實錄？而《春秋》不然，亦可見其化裁因心，不盡史氏之記載矣。予幼學此，初亦服膺直書之言，獨隱無正、桓無王、王不稱天、齊桓晉文於此書爵於彼書人，以及失地之君有名有不名、列國之大夫有官有不官，豈但直書其事而已乎？證以紫陽《綱目》，凡諸臣之卒，賢者曰某官某爵某人卒而註其諡，常人則不爵不姓不諡。呂后取他人子為太子，則第書太子即位而不名，德宗立危病者為皇后，則止書皇后崩而不氏。若此者，權輕重於一字，非曰其文則史也？維茲聖經何獨不然？因探討四傳，涉歷百家，反而沉潛於比事屬辭之間，而有以識其所以然之故。蓋凡即位崩薨卒葬朝聘會盟，常典所必載也，隨其邪正而加褒貶焉。祭祀婚姻賦稅軍旅蒐狩，國之大事，亦常事也，唯不合禮者乃增損其文以寄褒貶焉。若夫慶瑞災異執殺奔放逃歸納立，亦非常之事，史策必載，鑑戒所存，因之加褒貶以見義焉。褒貶者，經世之大法，聖人為天下萬世計至深遠也。然後嘆司馬子長聞於董生所謂達王事、退諸侯、討大夫，程子所謂《春秋》大義數十炳如日星，其微辭奧義時措時宜，為智足以知聖人也，惜未有成書。唐宋諸家率見其偏，未攬其全，《春秋》所以日晦而不得與易道並著也。愚者一得，擬成一家言，顧以饑驅，弗獲卒業。辛未秋，出宰晉陽，簿書期會，此志亦頹唐矣。癸酉春仲夜夢到一署，殿閣崢嶸，牲牢酒醴，髣髴丁祭，一偉丈夫冠冕牽余衣而語曰：「尼山嫡嗣，胡不沗宗祀？」余逡巡而寤，喟然曰：「是何兆耶？其《春秋》之謂與？」厥明從事，迄於秋，七閱月而竣。覆校之，至甲戌初夏甫脫稿，即量移首邑，心勞力耗，不復能親筆研，而是編已成，殆有天焉。夫夢幻空華，儒者不道，而《周禮》有掌夢之官，大人有占夢之法，夢見周公，夢奠兩楹，鬼神所通，我夫子固不諱言之也。用述簡端，以志是編之緣始。乾隆十九年歲次甲戌夏六月，劉紹攽書於陽曲官舍。

◎提要：是編採《公》、《穀》二傳附會之說與孫、胡諸家臆斷之論匯為一書而更以己意穿鑿之。大旨惟以名字月日為褒貶，而掊擊《左氏》尤力。其說謂「左氏不過敘事，於經義毫無發明」，不知有事跡而後有是非，有是非而後有褒貶。但據書字為褒矣，其所以褒之故，紹攽能研求其字而知之乎？但據書人為貶矣，其所以貶之故，紹攽能研求一人字而知之乎？如「宰咺賵惠公仲子」

為貶，設無《左傳》，何由知仲子為妾而貶之；「齊高子來」為褒，設無《左傳》，何由知為高傒存魯而褒之？幸藉傳而知其事，又諱所自來，以傳為不足據，是何異迷途之人藉人為導，得途之後鞭其人而逐之乎？

◎劉紹攽，字繼貢，號九畹。陝西三原人。雍正十三年（1735）拔貢。工詩古文，博通經史，喜講古韻及方程勾股。舉博學鴻詞，授什邡知縣。調南充縣巡撫，保舉御史，又轉陽曲，以病告歸，主蘭山書院。著有《周易觀象》二卷、《周易詳說》十八卷、《春秋通論》六卷、《春秋筆削微旨》二十六卷、《經餘集》六卷、《二南遺音》四卷續集一卷、《學韻紀要》、《衛道編》二卷、《皇極經世書發明》十二卷、《九畹古文》十卷、《九畹續集》二卷、《握奇經訂本》、《三原縣志》十八卷首一卷等。

劉紹攽 春秋通論 六卷 存

國圖、清華、山西、中科院藏乾隆八年（1743）劉傳經堂刻本

同治十二年（1873）刻清麓叢書外編本

國圖藏清末刻本

◎卷首云：《易》有繫，《詩》《書》有序，皆通論也。矧屬辭比事，不當上下錯綜以見義乎？故為此以與前編相發明云。峕乾隆十九年長至後一日也。

◎提要：是書與所著《筆削微旨》相為經緯而往往循文敷衍罕所發明。如桓三年「日有食之既」一條云：「《春秋》日食三十六：隱之食者一，桓、文、成食者各二，僖、宣、定食者各三，莊之食者四，襄之食者九，昭之食者七。其中食既者三，此及宣八年七月、襄二十四年七月皆變之甚者。」又莊十五年「鄭人侵宋」一條云：「外書侵五十有七，始於此，終哀十三晉魏曼多侵衛。書伐二百一十三，始隱二年鄭人伐衛，終哀十三公子申伐陳。天下無道甚矣。」僖十九年「邾人執鄫子用之」一條云：「用人者二。此年用鄫子，昭十一年楚執蔡世子有用之。其虐為已甚矣。」夫日食之為災、侵伐之為無道、殺人以祭之為虐亦何待贅言乎？

劉師培 春秋繁露斠補 三卷 存

1936 年寧武南氏排印劉申叔先生遺書本（附逸文輯補一卷）

國圖藏抄本（不分卷）

◎自序〔註128〕：《繁露》自北宋中葉書已殘佚，樓郁序稱書十卷，歐陽修《書後》亦謂纔四十餘篇，所據疑即郁本。《書後》又謂館中所見有八十餘篇，民間又獻三十餘篇，數篇在八十篇外。《崇文總目》亦言《繁露》八十二篇，蓋修於館中所見者即《總目》所著之本。校以民間所獻，仍缺數篇，則八十二篇亦非完本矣（宋館閣本亦有缺頁，袁褧《楓窗小牘》卷下言家藏《繁露》缺兩頁，館閣訂本亦復爾爾。後從相國寺資聖門買得抄本，兩頁俱全）。鼂公武《郡齋讀書志》亦言八十二篇，則所藏同閣本。至於南宋黃東發《日抄》謂《中興館閣書目》止存十卷三十一篇（案《南宋館閣書目》祇言十卷）。程大昌《秘書省繁露書後》謂《繁露》十七卷紹興間董某進，又謂《通典》《寰宇記》所引多今本所無，則南宋館閣計有二本，一為十卷三十七篇本，一為十七卷本。胡榘所刊羅氏本亦三十七篇，或即館閣十卷之本，較修所稱四十餘篇復有所缺。然樓鑰謂程引三書之言皆在其中，則三十七篇之本又較十七卷之本不同。嗣樓鑰得潘氏八十二篇本刊之江西，校以北宋閣本及鼂氏藏本，篇目均合，然樓跋已言缺三篇。時別有十八卷寫本亦缺一篇，見陳氏《直齋書錄解題》。明人所刊均本樓刻，惟復有訛挩。乾隆聚珍版本據《大典》所存樓本以正明本缺失，近盧、凌二本均以聚珍本為主。惟盧氏校本兼以明蜀本、何本、程本相勘，或以己意相改易，此《繁露》各刊之得失也。然八十二篇既非完書，況於七十九篇之本？故唐宋類書所引多《繁露》佚文，如《類聚》六十一所引有「禮天子之宮」四十五字、三十八所引（稱董生書）有「理者天所為」五十三字（《書鈔》八十亦引「禮者人之防也」十五字，《御覽》五百二十三亦引之），《書鈔》十一所引有「仰山」二字，均今本所無。又樓稱《寰宇記》所引「三皇驅車抵谷口」在胡本中，今本亦無斯語。則三十七篇之本雖遜今本之全，然彼本所存之語亦或為今本所無。若夫挩字訛文，盧、凌所糾，亦僅十得四五，故魚魯雜揉，致難卒讀，仍如凌氏所言。師培校審斯書，以為宋代以前故本今不克徵，惟唐代類書所引尚足正今本訛挩。如《服制象篇》「蓋玄武者」數語，據《初學記》二十六所引，則「右」字當從別本作後，「居首」下挩「者武」二字，威上「有」字為衍文。《王道通》三篇「古之造文者」節，據《類聚》十一所引，則「之中」當作「之才」，「王者」下挩「其」字，「連」下衍「其」字，「參」下又衍「通」字。《同類相動篇》「軍之所處以棘楚」據《類聚》六十九、八十九所引，則「以」上挩「生」字（又下皆有之，《類聚》六十九皆作均）。《五行順逆篇》「鳳凰翔」據《稽瑞》

〔註128〕又見於劉師培《左盦集》卷七，題《春秋繁露斠補自序》。

所引，則「鳳」上挩「如」字（如即而也）。《順命篇》「德侔（《類聚》作侔，誤）天地者」，據《類聚》十一所引，則下挩「稱皇帝」三字（又下文右當作佑）。《王道通》三篇，「天仁也」，舊本作「大仁」。考《類聚》十一引作「王者必法天，以大仁覆育萬物」，則「天」當作「大」。《郊義篇》「王者歲一祭天於郊」，考《書抄》九十引作「古者一歲」，則「王」當作「古」。若夫《執贄篇》「羔食於其母」，《類聚》九十四「食」作「飲」；《循天之道篇》「焦沙」，《書抄》一百五十五「沙」作「金」（又《書抄》八十四引此篇陰來作陰結、迎女作送女），亦為北宋以前故本（唐類書所引，有約本書之詞者，如《初學記》三十引「大夫用燕」節是也；有確為刊本訛字者，如《通國身篇》「為精」，《類聚》二十「精」作「賢」；《服制象篇》「刀之在右，白虎之象」，《白帖》十三引「右」字、「白」字均作「古」是也，均不得據以改今本）。若唐人所引無徵，則《繁露》書多本荀卿、管、韓，與淮南、賈、劉之書相出入，參互勘驗，訛挩斯呈。如《玉杯篇》「既美其道」節，證以賈子《容經》，則此文當作「又慎其齊」，「行」為衍字，「時早晚」與下二語對文，「省其所為」二語，「為」當作「省」（因草書形近而訛）。「成湛」均「堪」字之訛（蓋「堪」形近「湛」，又正文作「戡」，形與「成」近，故一訛為「成」，一訛為「湛」）。《俞序篇》論《春秋》節及引子夏語，證以《說苑‧建本篇》及《韓非子‧外儲說右篇》，則「而為國家賢」，「賢」當作「覽」（即《說苑》所謂鑑，故下言「不覽於《春秋》」）。「一朝至爾」，「一」上挩「非」字（彼云「皆非一日之積也，有漸而以至矣），除禍即除勢、滅姦之義。《精華篇》「陰滅陽」，證以《說苑‧辨物篇》，則「滅」當作「減」。《治亂五行篇》「則冬大寒」，證以《淮南‧天文訓》，則「寒」當作「雷」。《王道篇》「爾虜焉知」，《新序‧義勇篇》作「爾何知」，則「爾虜焉知」為句。《郊祀篇》「過而不濡」，《荀子‧法行篇》作「溫潤而澤」，則「過」義同「和」。《郊祭篇》「嘗黍稷」，《說苑‧修文篇》言「秋薦黍」，則「稷」為衍文（《祭義篇》亦舉「黍」不舉「稷」）。若夫《服制篇》「天子服有文章」節，本於《管子‧服制篇》，與《賈子‧孽產子篇》相類。《山川頌》「水則源泉混混沄沄」節出於《荀子‧宥坐篇》，為《說苑‧雜言篇》所本。校審訛挩，惟彼足資。及子書罕徵，始旁徵他籍。如《止雨篇》書十七縣，以《漢書》所載江都國封域證之，則「十」上挩「二」字（《吳王濞傳》言王五十三城，《地理志》又言江都所封不得吳，吳即會稽，而《漢志》所載會稽屬縣為數二十六，是江都於吳國五十三縣中舍其二十六縣也，則為二十七縣甚明）。《滅國篇》《盟會要篇》「弒君三十一」（惟《王道篇》作二），以《公羊》經

傳所書弒君證之，則「一」當作「二」。若是之屬，均以互勘而義昭。互勘而外，間以己意相詮。知本書之文，有因形近互訛者，如「空處」與「空虛」互訛（《天辨人在篇》《陰陽終始篇》《陽尊陰卑篇》）、「休」與「伏」互訛（《陰陽位篇》及《天道無二篇》）是也。有因形近致誤者，如《楚莊王篇》「弗修規矩」，「修」當作「循」（《官法象天篇》「修於所故」，亦當作「循」）；《官制象天篇》「選而賓之」，「賓」當作實（與「名」對文）；《天道無二篇》「物而書之」，「物」當作「据」（俗書「據」作「攄」，故訛為「物」），《保位權篇》「以行賞罰之象」，「行」當作「形」；《如天之為篇》「除而殺殛者」，「者」當作「諸」是也。有因傳寫致挩者，如《四祭篇》「以奉祀先祖」，證以上文，「祖」下挩「父母」二字；《五行五事篇》「水潤下也」，證以上文，上挩「然後」數字是也。有因形近誤衍者，如《考功名篇》「積聚」之「聚」即下文「眾」字之衍（故《立元神篇》無「聚」字）；《奉本篇》「不能至王」，「至」即「王」字之衍是也。若夫《三代改制質文篇》《爵國篇》《五行相生篇》，以本篇之文互律，訛文佚字數以百計，甚至「二良人」訛為「二卿」（《爵國篇》）、「田官司農」訛為「農之本」（《五行相生篇》），仍襲莫匡，誦習奚資？爰萃輯校義，末附逸文，成書二卷，顏曰《斠補》。閎說詭詞，概屏弗道。宼儒夸士，以不賢識小相詬病，固所甘也。

◎孫殿起《販書偶記》卷二：《春秋繁露斠補》三卷，儀徵劉師培撰。傳抄本。近寧武南氏鉛字排印本多補遺一卷、校勘記一卷。

◎孫殿起《販書偶記》卷十八《集部‧別集類》「《左盦集》八卷」：揚子劉師培撰。有目錄，無序跋。無刻書年月，約宣統間刊。此初刊本版心卷字下及頁數間皆屬墨丁。近北平修緶堂重刊。師培著有《周書補正》。其未刊者，《春秋繁露》《斠補》《周書王會篇補釋》《穆天子傳補釋》《白虎通德論補釋》《白虎通義定本》，見傳抄本。

◎劉師培（1884～1919），字申叔，號左盦，曾化名金少甫、劉光漢。江蘇儀徵人。劉貴曾子、劉文淇曾孫。嘗任成都國學院副院長、北京大學教授。與謝無量、廖季平、吳虞等創四川國學會，與黃侃、朱希祖、馬敘倫、梁漱溟等組「國故月刊社」。著有《尚書源流考》、《毛詩禮記》、《毛詩詞例舉要》、《西漢周官師說考》、《周書補正》、《周書王會篇補釋》、《周禮古注集疏》、《禮經舊說考略》、《逸禮考》、《春秋繁露斠補》三卷、《春秋繁露逸文輯補》一卷、《春秋古經箋》、《春秋古經舊注疏證》一卷、《春秋左氏傳古例詮微》、《春秋左氏傳例略》一卷、《春秋左氏傳傳例解略》一卷、《春秋左氏傳傳注例略》

一卷、《春秋左氏傳答問》一卷、《春秋左氏傳時月日古例考》一卷、《讀左劄記》、《爾雅蟲名今釋》、《小學發微補》、《國學發微》、《群經大義相通論》、《古書疑義舉例補》、《讀書隨筆》、《讀書隨筆續筆》、《國語補音》、《燉煌新出唐寫本提要》、《讀道藏記》、《左盦題跋》、《周末學術史序》、《兩漢學術發微論》、《漢宋學術異同論》、《南北學派不同論》、《古政原論》、《古政原始論》、《荀子補釋》、《荀子斠補》、《荀子逸文輯補》、《荀子詞例舉要》、《穆天子傳補釋》、《管子斠補》、《晏子春秋補釋》、《晏子春秋校補》、《晏子佚文輯補》、《老子斠補》、《莊子校補》、《墨子拾補》、《韓非子校補》、《賈子新書校補》、《賈子新書佚文輯補》、《白虎通義校補》、《白虎通義闕文補訂》、《白虎通義定本》、《白虎通義源流考》、《白虎通德論補釋》、《揚子法言校補》、《理學字義通釋》、《論文劄記》、《中國中古文學史》、《左盦詩》一卷、《左盦長律》一卷、《楚辭考異》、《琴操補釋》、《左盦集外集》、《詩錄詞錄》、《論文雜記》、《文說》、《經學教科書》、《中國歷史教科書》、《中國地理教科書》、《倫理學教科書》、《中國文學教科書》、《中國民族志》、《攘書》、《中國民約精義》、《論小學與社會學之關係》等。主要著作由南桂馨、錢玄同等搜集整理為《劉申叔先生遺書》。

劉師培 春秋繁露逸文輯補 一卷 存

1936 年寧武南氏排印劉申叔先生遺書本（春秋繁露斠補附）

◎卷首：《繁露》自北宋中葉書已殘佚，樓郁序稱書十卷，歐陽修《書後》亦謂纔四十餘篇，所據疑即郁本。書後又謂館中所見有八十餘篇，民間又獻三十餘篇，數篇在八十篇外。《崇文總目》亦言《繁露》八十二篇，蓋修於館中所見者即《總目》所著之本。校以民間所獻，仍缺數篇，則八十二篇亦非完本矣（宋館閣本亦有缺頁，袁褧《楓窗小牘》卷下言家藏《繁露》缺兩頁，館閣訂本亦復爾爾。後從相國寺資聖門買得抄本，兩頁俱全）。晁公武《郡齋讀書志》亦言八十二篇，則所藏同閣本。至於南宋黃東發《日抄》謂《中興館閣書目》止存十卷三十一篇（案《南宋館閣書目》祇言十卷），程大昌《秘書省繁露書後》謂《繁露》十七卷紹興間董某進，又謂《通典》《寰宇記》所引多今本所無，則南宋館閣計有二本，一為十卷三十七篇本，一為十七卷本。胡榘所刊羅氏本亦三十七篇，或即館閣十卷之本，較修所稱四十餘篇復有所缺。然樓鑰謂程引三書之言皆在其中，則三十七篇之本又較十七卷之本不同。嗣樓鑰得潘氏八十二篇本

刊之江西，校以北宋閣本及毛氏藏本，篇目均合，然樓跋已言缺三篇。時別有
十八卷寫本亦缺一篇，見陳氏《直齋書錄解題》。明人所刊均本樓刻，惟復有
訛挩。乾隆聚珍版本據《大典》所存樓本以正明本缺失，近盧、凌二本均以聚
珍本為主。盧氏校本兼以明蜀本、何本、程本相勘，斯均七十九篇之本也。夫
八十二篇尚非完書，況於七十九篇之本？茲取古籍所引確為本書佚文者，輯錄
如左。其挩句已見《斠補》中者不具錄。

◎春秋繁露爵國篇斠補案語：

《繁露》詮制，以《爵國篇》為詳，顧掌禮者鮮稱引。蓋唐宋而降，譌挩
孔多，諟正偶施，旁徵復斠，繹詞既昧，眇旨焉窮。近刊舍殿本外，盧校、凌
注援文增媘各數十事，俞氏《平議》亦多理董。今取諸校所未及者，牮事嚴訂，
錄為《斠補》。學者合前校觀之，故本之真，庶可復乎？！

案《爵國》之文今挩附庸節後半篇，非完帙。自此以外，有漢人旁釋之詞
併入正文者，如各節所云今「六百石」「今三百石」是也。後儒弗察，遂疑此
篇為漢制，不知篇首引徵概屬《春秋》篇內所詮次與相應，則西漢《春秋》師
說也。所云婦官及世子僚屬，其官經說概未詳陳，惟此篇獨存概略。何邵公說
軍制與此弗符，則彼為東漢《春秋》說，且與博士不同。亦猶董云黑統、何云
赤制也，孰何疑董，夫豈可哉？！

右〔註129〕《爵國篇斠補》，前後案語各一則，見《四川國學雜誌》第一期
中，因本書已印成，故補錄於此。鄭裕孚誌。

劉師培 春秋古經箋 存

1936年寧武南氏排印劉申叔先生遺書本（原僅存卷七至九）

◎倫明《辛亥以來藏書紀事詩》七八「劉師培」：

向歆傳世闡絕學，妙義時參新舊間。稿草不隨黃土沒，故人高誼邈難攀。

儀徵劉申叔先生師培，記誦該博，手所校注纂錄至多。余於己未始得識面，
身頎而瘦，沉默寡言笑，手不釋書，汲汲恐不及。逾年病歿，年止三十八。遺
稿散佚，余所得除印本外，另從友人家抄得十餘種。南君桂馨，先生故友也，
託鄭友漁介於張次溪而識余，述南君意，余盡舉所有與之。南君捐資十萬，屬
友漁主任校事，已將次竣工矣。其目有《尚書源流考》、《毛詩禮記》、《毛詩詞
例舉要》、《荀子詞例舉要》、《禮經舊說考略》、《逸禮考》、《周禮古注集疏》、

〔註129〕此段原低一格。

《西漢周官師說考》、《春秋古經箋》、《讀左劄記》、《春秋左氏傳時月日古例考》、《春秋左氏傳傳註例略》、《春秋左氏傳答問》、《春秋左氏傳古例詮微》、《春秋左氏傳例解略》、《周書補正》、《周書王會篇補釋》、《爾雅蟲名今釋》、《小學發微補》、《群經大義相通論》、《古書疑義舉例補》、《國語補音》、《穆天子傳補釋》、《管子斠補》、《晏子春秋補釋》、《晏子春秋校補》、《晏子佚文輯補》、《老子斠補》一卷、《莊子校補》一卷、《墨子拾補》、《荀子補釋》、《荀子斠補》、《荀子逸文輯補》、《韓非子校補》、《呂氏春秋斠補》一卷、《賈子新書校補》一卷、《賈子新書佚文輯補》、《春秋繁露斠補》、《春秋繁露佚文輯補》、《白虎通義校補》、《白虎通義闕文補訂》、《白虎通義定本》、《白虎通義源流考》、《白虎通德論補釋》、《揚子法言校補》、《理學字義通釋》、《讀道藏記》、《讀書隨筆續筆》、《左盦題跋》、《國學發微》、《周末學術史序》、《兩漢學術發微論》、《漢宋學術異同論》、《南北學派不同論》、《古政原論》、《古政原始論》、《燉煌新出唐寫本提要》、《楚辭考異》八卷、《琴操補釋》、《左盦集外集》、《詩錄詞錄》、《論文雜記》、《文說》、《經學教科書》、《中國歷史教科書》、《中國地理教科書》、《倫理學教科書》、《中國文學教科書》、《中國中古文學史講義》、《中國民族志》、《攘書》、《中國民約精義》等。友漁主矜慎，一字不敢刪削，惟原稿多屬未完。又先生操筆時恃其強記，不暇覆審原書，加以印本草率，字多魚魯。始事時，余曾約余季豫共任讎對，既而俱苦其煩，改由趙羨漁專任之，恐未能盡善而無憾也。至先生《左傳疏證稿》失於四川者，竟不可返。或云為天津某家收得，俟詳訪。

劉師培 春秋古經舊注疏證 一卷 存

1936 年寧武南氏排印劉申叔先生遺書本

◎錢玄同附記：按劉氏家藏申叔遺稿中有此《春秋古經舊注疏証》零稿三頁，係申叔手書，所用之稿紙版心刻有《春秋左氏傳舊注疏証》字樣。蓋申叔欲續其先世纂述而未完成之《左疏》，先從事於疏證經文也。申叔纂此稿之時當在民元前三年己酉至前一年辛亥之間，以原稿「儀」字缺筆作**儀**而知之（歷字亦均借用麻字）。此稿止疏標題及鄭伯克段節而皆未全，中間尚有空白未填之處，蓋甫屬草而即輟筆者。因其為零稿，故比次於《春秋古經箋》之後作為附錄。中華民國廿有六年歲在強圉赤奮若六月十有九日，鮑山疒叟錢玄同附記。

劉師培 春秋左氏傳例略 一卷 存

1936 年寧武南氏排印劉申叔先生遺書本

◎卷末校記云：案此篇與《春秋左氏傳傳注例略》實為一書而詳略大異，屬稿先後亦無可考，故並存之。裕孚校記。

◎《劉申叔遺書》卷首張繼《劉申叔先生遺書序》：申叔務為深湛之思，經學最勝，中以《春秋左氏傳》、《周禮古注集疏》致力尤勤。《春秋》明大義，嚴夷夏之防；《周官》隆禮制，植人倫之本。此申叔微旨也。

劉師培 春秋左氏傳傳例解略 一卷 存

1913 年國學雜誌 12 號排印本

1936 年寧武南氏排印劉申叔先生遺書本

◎《劉申叔遺書》卷首陳鐘凡《劉先生行述》：先生少承先業，服膺漢學，以《春秋三傳》同主詮經，《左傳》為書說尤賅備，審其儀例，或經無傳著，或經略傳詳，以傳勘經，知筆削所昭，類存微悒。漢儒說《左氏》，據本傳以明經義，凡經字相同，即為同悒。又引月冠事，明經有繫月不繫月之分。創獲實多，亦較二傳為密。

劉師培 春秋左氏傳傳注例略 一卷 存

1936 年寧武南氏排印劉申叔先生遺書本

◎支偉成《清代樸學大師列傳》：幼拘嚴訓，既長莫識世務情偽，時為壬僉所牽引，入于坎陷；且《左氏舊注》，傳家絕業，秘諸枕中，弗思表闡，時論惜之。

◎《劉申叔遺書》卷首蔡元培《劉君申叔事略》：向使君委身學術，不為外緣所擾，以康強其身而盡瘁于著述，其所成就寧可限量？惜哉！

劉師培 春秋左氏傳答問 一卷 存

1936 年寧武南氏排印劉申叔先生遺書本

◎卷首：民國元年薄游蜀都，承乏國學院事，兼主國學學校講習。諸生六十人，人習一經，習《春秋左氏傳》者計十有一人。講授之餘，課以劄記。有以疑義相質者，亦援據漢師遺說，隨方曉答。壁山鄭君刈生（蘭），輒事纂錄，輯為一編，計二十有七條，名曰《春秋左氏傳答問》云。

劉師培 春秋左氏傳古例詮微 不分卷 存

國圖藏 1936 年寧武南氏排印劉申叔先生遺書本

齊魯書社 2011 年清經解三編影印 1936 年寧武南氏排印劉申叔先生遺書本

◎目錄：崇經篇第一、續經篇第二、明傳篇第三、簡策篇第四、明作篇第五、非從史篇第六、詮凡例篇第七、釋赴告篇第八、內事篇第九、闕非例篇第十、箴闕篇第十一、時月日篇第十二、名例篇第十三、禮例篇第十四、地例篇第十五、事例篇第十六、詞例篇第十七、錯文篇第十八、變文篇第十九、序師法篇第二十。

◎摘錄序師法篇第二十：序曰：經傳傳授之迹，劉向《別錄》述之詳矣。劉、賈、許、穎銳精幽贊，以經為作，大體概同。二鄭、彭、服說亦名家，經傳相明，咸主義例。證經之要，莫尚於斯。何則？言有壇宇，文有坊表，例生于義，義炳于經，經無非例之條，傳以揭凡為主。兩漢先師依例為斷，是以辭無凌越而言成文典，誦數以貫，思索以通，足以壹統類而綦文理。杜例既作，于說僻違繆學，雜舉以箴昔失。嗚呼，文久而息節，族久而絕劉，賈、許、穎之說閉，《春秋》之誼幾乎息矣。杜序之言曰：「古今言《左氏春秋》者，大體轉相祖述，進不成為錯綜經文，退不守丘明之傳」，是杜以錯經綜傳為注例也。今攷彼注文，合以《釋例》「以云守傳則引《公》《穀》為文，以云錯經則曰經無義例」，衡以舊說，於例轉疏。夫今密昔疏，于術為進；例疏于昔，未之或聞。迹彼說經，義趨平易。是由紬經若史，遂以恆識測經，是以傳誼彌乖、經旨彌淺，愚而無說，陋而無度，約言推例則較略而不盡，具文見意則紃察而無歸，顧復特舉昔違以見同異，堅摧漢說，伐本竭源，蕩厥藩籬，抉其閫奧。用是魏晉而下穎、許說微，賈、服之書迄唐而佚。六藝之儒，服習杜說，入耳著心，化性成積，以為東魯之策書、衰周之記注，致使素王之貴下儕班、馬，素臣之賢夷于晏、陸。下迄北宋，遂替《春秋》。跡其以史儗經，大慮薶蘊杜說。杜氏上侱師傳，下叢經詁，明其恢誕則罪踰輔嗣，抉彼撟誣則謬浮梅賾，信夫嚮壁之虛言、無當之卮說矣。近儒箴杜說者，有崑山顧炎武、元和惠棟、吳沈欽韓、山陽丁晏，其所發正，率詁故章句之微。別有陽湖洪亮吉、嘉興李貽德粗治漢說，其于義例復尟會通。既摭今文，兼淆杜義，散儒察辨，亦非詮經之要也。師培束髮受學，耽味古經，以為經者制作之微言、傳者經文之通釋，至於文質詳略，不必盡同。雖制象曲成，而善言應類。杜例所汩，宜有糾繩。漢

說既微，寔資闡發。用是紬漢說而張微學，退杜例而簡異端。撰書廿篇，名曰《甄微》。始于《宗經》，終于《序師灠》。所以明是非、昭然否、擊蒙後學也。至于綜釋經文以成義類，別詳《偶箋》，非此編所著也。

劉師培 春秋左氏傳時月日古例考 一卷 存

1936 年寧武南氏排印劉申叔先生遺書本

齊魯書社 2011 年清經解三編影印 1936 年寧武南氏排印劉申叔先生遺書本

劉師培 讀左劄記 一卷 存

1936 年寧武南氏排印劉申叔先生遺書本

◎卷首：昔先曾祖孟瞻公昌明左氏之學，以左氏古義阨於征南，因掇拾賈、服、鄭三君之注，疏通證明，作《左傳舊注疏證》。上徵子駿、叔重之師說，近采顧、惠、焦、洪之遺編，末下己意以定從違。長編甫具，纂輯未成。伯父恭甫公賡續之，至襄公四年後成絕筆，旁治左氏凡例，亦未成書。予束髮受經，思述先業，牽率人事，理董未遑，先成《讀左劄記》一書，雖采輯未豐，亦考訂麟經之一助也。

◎繆荃孫《續碑傳集》卷七十四《儒學四·劉文淇傳》：三世一經，未能畢業。今子孫惑溺邪說，離經畔道，此事殆無望矣。

劉始興 左氏春秋傳志 未見

◎孫殿起《販書偶記》卷一：《詩益》二十卷，金壇劉始興撰。乾隆五年刊。內分《詩本傳》八卷、《詩次問補言》三卷、《詩表》二卷、《雜辨》七卷。另著有《尚書古文語錄》《左氏春秋傳志》《楚辭新義》《史記指意》諸書，未見。

◎同治《霍邱縣志》卷八《職官志》二：曾著《詩益》二十卷行世，及《左氏春秋傳志》《古文尚書語錄》《周禮官屬譜說》《楚詞新義》《史記指意》《史記刪》數種。兩江督憲黃公行文各府縣購訪遺書，採錄其《詩益》一書頒發鐘山書院。又檄縣令丁侯捐貲抄寫，未經刊刻諸繕本申送。嗣奉安撫衛公札，論呈送已未刻諸書一百八十餘卷，特加優獎保薦經學。

◎同治《霍邱縣志》卷八《職官志》二：著有《詩益》二十卷、《左氏春秋傳志》、《古文尚書語錄》、《周禮官屬譜說》、《楚詞新義》、《史記指意》、《史記刪》。

◎劉始興，浙江金壇人。雍正元年（1723）舉人。授霍邱教諭。著有《詩益》二十卷（內分《詩本傳》八卷、《詩次問補言》三卷、《詩表》二卷、《雜辨》七卷）、《古文尚書語錄》、《周禮官屬譜說》、《左氏春秋傳志》、《史記指意》、《史記刪》、《楚詞新義》。

劉士毅 春秋疑義錄 二卷 存

中科院藏乾隆刻本

南京藏光緒元年（1875）刻本

國圖、北大、上海、浙江、湖北、遼寧、遼寧大學藏光緒六年（1880）重刻本

四庫未收書輯刊影印乾隆刻本

◎春秋序：《春秋》何為而作也？孔子以清議正人心而作也。《詩》曰：「天生蒸民，有物有則。民之秉彝，好是懿德」，則，法也；彝，常也；懿，美也。以法為常，以美為好，率是道也，雖人盡堯舜可也。然善之所在，理雖可好，而害或中之；惡之所在，情雖可惡，而利或伏之。懼害之心勝則從善之力微，嗜利之情殷則去惡之意怠，貪亂之風用是滋矣。聖人有作，端好惡以立人極，慎刑賞以昭天命，故率性而行者五服章焉，觸情而動者五刑用焉。夫以人心固有之良，而加以王者之勸懲，則經德所存、典訓所著、天下以死守之而弗敢越三代聖王所以鼓舞人心而比戶可封者，用此道也。周室東遷，祭號僅存，王者賞罰不復行於天下，是以亂臣賊子接跡於時，然賴當世君子以歌詠之文，寓美刺之義，王澤雖竭，清議明焉。夫好惡之在人心，有不言而同然者：反人心而逆施之，則雖王者之賞罰，其勢積輕，以其僭濫所加，不為榮辱；因人心而順導之，則雖庶人之褒譏，其勢積重，以其根據之確，無能更易也。詩人議論，皆本至公；勸懲之行，何必勢位？是以揄揚所及，不褒封而知榮焉；譏貶所加，不篾奪而知辱焉。當是時，周道雖衰，乾坤未毀，揆厥由來，豈非清議之為功哉。及時之衰，清議漸泯，屢道者無珥筆表章之榮，攻難者無有青簡誅伐之懼，孔子恐清議不存則三綱淪而九法斁也，故修魯史之文以繼詩人以存清議。其重婚姻離合則關雎起化之思也，其惡無禮於君則揚水、白石之刺也，其謹受命於父則惠於宗公之情也。周襄以天子而言出，衛文以諸侯而生名，則巷伯之疾不避尊貴矣。子哭以下士而稱字，紀叔姬以妾媵而書歸，則緇衣之好不遺微賤矣。引伸觸類，無非繼美刺以立文，奉命討而起義。然後清議明、人心正、亂臣賊

子始有所忌而不敢肆，故曰「王者之迹熄而《詩》亡，《詩》亡而後《春秋》作」，又曰：「孔子成《春秋》而亂臣賊子懼」，此《春秋》之所以作，既作之所以為功也。或曰：「先儒之論《春秋》為後世王者而修」，又曰：「文成，口授以辟時患，信乎？」曰：孔子作《春秋》，孟子闢楊墨，皆因救時起見，故以次禹周之功而列為一治。若使口授辟患，則《春秋》成而孔子懼矣，其何以懼亂賊耶。或曰：「孔子匹夫也，進退予奪天子之事也。以匹夫而代天子之事，尊卑之分安在？」曰：大義之在天下，不可一日不明。道在上者上明之，道在下者下明之。明於上者，萬世之經可以垂法；明於下者，一時之權可以建利。故成王幼弱，則周公以冢宰而制禮作樂也；平王東遷，則齊桓以諸侯而專征伐權也。夫權之所通，冢宰可以代天子、諸侯可以代天子，則冢宰諸侯之窮而通其變於匹夫一致之理耳。然而孔子之心終恐來世以為口實也，故正其名曰竊取，言非所據也；引其責曰罪我，言不可訓也。後世史體有是非而無褒貶，其知孔子引罪之心乎？或曰：「春秋之後，百家爭鳴，今欲折衷歸一，其將孰從而可？」曰：孔子因魯史而作《春秋》，其間孰為舊文孰為新例，必親見國史始能知之。而親見國史者，左氏也。今觀《左傳》卜筮鬼神雖似不軌於正，至其正色談經，簡而明，信而通，推以理而可據，參以勢而可行，乃知造膝真傳，非道聽塗說所敢望。間有不備，闕疑致慎，正不必以揣測妄參也。公羊氏新周故宋得罪聖門，穀梁氏日月為例小言破道，程胡氏二傳微言奧旨，卓有可採。然其失也，以刻為明，以鑿為細，不稽周典而援夏商之古禮以為言，不考策書而取傳聞之浮說以為信。至若啖、趙諸家憑臆說經，雖有弋獲，偏蔽深矣。韓文公曰：「觀孔子之道者，必自孟子始」，毅亦曰治《春秋》之經者必自《左傳》始。宗主既得，然後旁參眾說以盡其蘊，則聖人經世之書明行於天下矣。乾隆十年歲次乙丑冬十月中旬，棗強劉士毅題。

◎春秋疑義錄序：或問：「聖人之經不可使易知歟？」楊子曰：「不可。天俄而可測，則其覆物也淺矣；地俄而可測，則其載物也薄矣。」由是言之，六經之旨無窮如天地，苟非期之皓首，未可易言窮經。況《春秋》為撥亂反正之書，其文約，其旨隱，史官舊注既闕落而不全，先儒新說又紛紜而無主。夫以游夏文學親炙聖旨，然於麟經之作，恂恂然莫能贊一辭，況以孤陋寡聞之身，去聖久遠，而欲於眾言淆亂之餘，獨窺筆削之宗旨，豈不難哉！雖然，古也有志，學乃有獲，思則無違，學思不已，幽渺可接，矧聖經之文字可憑，傳疏可參者其何遠之有。毅自成童受讀《左氏春秋》，其時幼年好奇，頗疑此傳說經

平淺少理致。繼見《公／穀傳》而善之，繼見《胡氏傳》而又善之。採茲奧賾，益覺向者所讀《左氏傳》真如嚼蠟也。其後四五年，涉獵既廣，漸苦諸說之紛如，岐中又岐，莫逐亡羊。又其甚者，一人之口，自為異同，如一室之中矛盾相刺，於是始為折衷歸一之計，錄《春秋》分類以備檢尋，聚《大全》諸書以資討論。設有疑難，輒為覃精研思，參互考訂，推之以理，要之以勢，酌之本事以尋旨歸，參之他事以觀同異，如是者既久，然後知《左傳》之平正通達真得聖人本意。其餘若《公》之斷決、《穀》之精嚴、程胡之廣博深厚，皆有新義以相發明。然義其所義，非《春秋》之義者，亦多矣。往聞先儒博學詳說，多有讀書錄，因做其意，錄經義之疑而願有質者。始於辛亥，迄今乙丑，凡閱十五歲，四易稿而得若干篇。夫智者千慮不無一失，愚者千慮不無一得，今茲所錄，謂為愚者千慮之一未敢信，然以得自苦思不忍捐棄，故寄之筆札，藏之篋笥，庶藉手以就正有道，亦以示子弟輩，使知讀書之不可苟而已。若曰志存翼經，遂欲躋於先儒之列，則其敢！劉士毅又題。

◎目錄：

上卷：

敗績（九年）、公敗齊師于長勺〇夏六月齊師宋師次于郎公敗宋師於乘丘（十年）、齊師滅譚譚子奔莒（十年）、齊侯宋人陳人蔡人邾人會于北杏（十三年）、齊人滅遂（十三年）、齊人殲于遂（十七年）、陳人殺其公子御寇（二十二年）、蕭叔朝公（二十三年）、八月丁丑夫人姜氏入（二十四年）、陳侯使女叔來聘（二十五年）、曹殺其大夫（二十六年）、齊人伐衛衛及齊人戰衛人敗績（二十八年）。

僖公：齊師宋師曹伯次于聶北救邢（元年）、秋七月戊辰夫人姜氏薨于夷齊人以歸（元年）、楚人伐鄭（元年）、夫人氏之喪至自齊（元年）、齊人執陳轅濤塗秋及江人黃人伐陳〇冬十有二月公孫茲帥師會齊人伐陳衛人鄭人許人曹人侵陳（四年）、晉侯殺其世子申生（五年）、杞伯姬來朝其子（五年）、秋七月禘于太廟用致夫人（八年）、晉里克殺其君之子奚齊（九年）、諸侯城緣陵（十四年）、沙鹿崩（十四年）、晉侯及秦伯戰于韓獲晉侯（十五年）、公子季友卒（十六年）、宋公衛侯許男滕子伐鄭（二十二年）、天王出居于鄭（二十四年）、楚人滅夔以夔子歸（二十六年）、會王人晉人宋人齊人陳人蔡人秦人盟于翟泉（二十九年）、夏四月四卜郊不從乃免牲猶三望（三十一年）、晉人及姜戎敗秦師於殽（三十三年）。

下卷：

文公：公即位（元年）、晉侯及秦師戰于彭衙秦師敗績（二年）、大事于太廟躋僖公（二年）、公子遂如齊師納幣（二年）、晉人殺其大夫先都〇晉人殺其大夫士縠及箕鄭父（二年）、楚子使椒來聘（九年）、太室屋壞（十三年）、宋司馬華孫來盟（十五年）。

宣公：宋公陳侯衛侯曹伯會晉師于棐林伐鄭（元年）、晉趙盾弒其君夷皋（二年）、夏六月乙酉鄭公子歸生弒其君夷（四年）、冬十月乙丑葬我小君敬嬴雨不克葬庚寅日中而克葬（八年）、齊侯使國佐來聘（十年）、楚子伐鄭（十年）。

成公：王師敗績于茅戎（元年）、晉侯使荀庚來聘衛侯使孫良夫來聘丙午及荀庚盟丁未及孫良夫盟（三年）、杞伯來逆叔姬之喪以歸（九年）、公會晉侯齊侯宋公衛侯曹伯伐鄭（十年）、仲嬰齊卒（十五年）、晉侯執曹伯歸於京師（十五年）。

襄公：莒人滅鄫（六年）、季孫宿會晉侯鄭伯齊人宋人衛人邾人齊世子光滕子薛伯杞伯小邾子伐鄭（十年）、盜殺鄭公子騑公子發公孫輒（十年）、作三軍（十一年）、會于蕭魚（十一年）、叔老會鄭伯晉荀偃衛甯殖宋人伐許（十六年）、蔡殺其大夫公子燮（二十年）、陳侯之弟黃出奔楚（二十年）、晉欒盈復入于晉入于曲沃（二十三年）、齊崔杼弒其君光（二十五年）、諸侯同盟于重丘（二十五年）、

衛侯入于夷儀（二十五年）、夏叔孫豹會晉趙武楚屈建蔡公孫歸生衛石惡陳孔奐鄭良霄許人曹人于宋（二十七年）、春王正月公在楚（二十九年）、五月甲午宋災宋伯姬卒（三十年）。

　　昭公：公如晉至河乃復季孫宿如晉（二年）、陳災（九年）、晉侯彪卒（十年）、季孫意如會晉韓起齊國弱宋華亥衛比宮括鄭罕虎曹人杞人子厥愁（十一年）、楚公子比自晉歸于楚弒其君虔于乾谿（十三年）、楚公子棄疾殺公子比（十三年）、公不與盟（十三年）、意如至自晉（十四年）、許世子止弒其君買（十九年）、曹公孫會自鄸出奔宋（二十年）、盜殺衛侯之兄縶（二十年）、大蒐于昌閒（二十二年）、王室亂（二十二年）、劉子單子以王猛居于皇（二十二年）、王子猛（二十二年）、吳敗頓胡沈蔡陳許之師胡子髡沈子逞獲陳夏齧（二十三年）、尹氏立王子朝（二十三年）、公孫于齊次于陽州（二十五年）、公至自齊居于鄆（二十六年）、公圍郕（二十六年）、天王入于成周（二十六年）、楚殺其大夫郤宛（二十七年）、公在乾侯（三十年）。

　　定公：春王（元年）、晉人執宋仲幾于京師（元年）、夏六月癸亥公之喪至自乾侯戊辰公即位（元年）、九月大雩（二年）、齊人來歸鄆讙龜陰田（十年）、晉趙鞅入于晉陽以叛（十三年）。

　　哀公：晉趙鞅帥師納衛世子蒯瞶於戚（二年）、蔡人放其大夫公孫獵于吳（三年）、盜殺蔡侯申○夏蔡殺其大夫公孫姓公孫霍（四年）、晉人執戎蠻子赤歸于楚（四年）、閏月葬齊景公（五年）、用田賦（十二年）、公會晉侯及吳子于黃池（十三年）、西狩獲麟（十四年）。

　　◎孫殿起《販書偶記》卷二：《春秋疑義錄》二卷，棗強劉士毅撰。光緒六年重刊。

　　◎劉士毅，河北棗強人。著有《春秋疑義錄》二卷、《讀詩日錄》十三卷。

劉曙　詩春秋註解　佚

　　◎張泰來《劉闇夫傳》〔註130〕：劉曙，字闇夫，湖北沔陽人。其先世為儒家，代有聞人。曙二歲而孤，適母生母撫育之。稍長，以家貧，偕老僕捕魚，供母膳。生母老而多疾，冬日盛寒，常負向南榮以就曦光，族黨以仁孝稱之。幼穎異，為文援筆立就。其季父喜曰：「他日當亢吾宗矣。」族有大儒曰掞，古今書無所不窺，而以十三經為歸宿，推闡聖道，簡要詳明，其教人主乎砥行

〔註130〕錄自甘鵬雲等《湖北文徵》卷八。

而經世。曙以諸父而折節師之，用傳其學。所讀經史子集之書，義理所在，欣然有會，必檢察於身心。至於朝章國典、吏治民情，每體究其措注之方，期有濟實用。至登甲科，家居待選者不下十載。一以自守為兢兢。其同年進士何愚來知州事，曙歲時不一見。有以行賄鬻獄託之者，曙正色曰：「是夫本廉清，即使貪墨，正當怨及朋友，吾方有責善之義，豈可助其簠簋不飭耶？」己酉以需次應得縣令，赴部就選，會逢濡滯，居京師歲餘，惟乘薄笨車訪其同年友法式善於詩龕。至則流連竟日，論文談心晏如也。迨辛亥出試江蘇，始攝高淳縣令。縣故多獄訟，累年積案紛亂如絲，曙一舉而廓清之。次攝安東，地最卑濕，舊有民便河，由北門水關通海潼，附郭積潦賴以消泄。自丙午大河堤潰，民便淤塞，每值驟雨，城內外田廬盡淹沒。曙嘆曰：「水道蕪沒，吏民艱虞，此守土者之咎也，吾不可不為民請命。」即懇求大吏請帑銀萬數千兩，殫力浚疏。俄而代者至，未得蕆其事云。尤勤於治盜，攝揚州總捕同知。其地為東南都會，五方民雜處，凶險剽悍之徒多縱橫出沒。曙嚴立偵伺防禦之法，緝捕周密，吏胥無敢延緩鬻法者。時為甲寅恩科，曙充同考官，閱文精審，丙夜研核，得陳鍾麟等八人，半江左知名士。初，曙之廷試也，時為高宗純皇帝四十五年萬壽恩科。從前交卷或遲至次日，曙於是日午真草皆畢，殿上諸大臣覽之驚異曰：「是何速之甚。」明年即奉上諭：「向來殿試新進士，有至次早始交卷者，更長人倦，防閑未周。」嗣後殿試交卷，以日入為度。至今定為本日納卷，自曙始也。然曙僅得外用，其後門下某獻詩有「天子無由知倚馬，書生有筆不登瀛」之句，蓋深惜之。曙所攝皆日淺，多者纔六七月耳。而心力俱竭，宵晝不遑，究莫能竟其施設。其間居旅邸時，每以志未遂、功未成、地治瘡痍未復，時切窹嘆，至於囊橐蕭然資用匱乏則安之若素，未嘗他有營求也。乙卯春正月卒於客館，家無長物，所有惟藏書數麓而已。所著有《四書講義》《詩春秋註解》若干卷。子四人：源道，庚子舉人；泗道，貢生；沚道，庠生；泳道。論曰：莊周之誇大緩儒曰：「河潤九里，澤及三族」，陋矣。而又云「詩禮發冢」，何其甚也。學業未廣，俗士八股發身，或難免於詬厲。觀曙之講習正學，切要恢宏，本源至深遠矣。以之入世，而進則利民勤職，退則得己居貞。守身守官，皆幾於道，儒者之古處，斯其皎然光明乎（《補希堂文集》）。

◎劉曙，字闇夫，湖北沔陽人。著有《詩春秋註解》《四書講義》。

劉坦 春秋別錄初稿 存

天津市武清區藏左傳橫紀稿本附本

武清圖書館編國家圖書館出版社 2018 年中國古代紀年叢考影印稿本

◎劉坦（1910～1960），天津武清王慶坨鎮人。1956 年出席全國第一次自然科學史大會唯一民間學者。著有《禮記別錄目初稿》、《春秋別錄初稿》、《左傳別纂》、《左傳橫紀》、《公羊史纂》、《後漢經學史料》、《史記紀年考》、《論星歲紀年》、《星歲紀年之研究》、《論殷曆紀年》、《四十自紀》、《國語別錄》、《史記別錄》、《前漢經學史料》、《管子史引》、《山海經史纂引目》。2018 年武清圖書館編、國家圖書館出版社出版其《中國古代紀年叢考》全四十四冊，收錄其手稿十餘種，整理編排為著述／別錄／整編／索引四類。

劉坦 公羊史纂 存

天津市武清區藏左傳橫紀稿本附本

武清圖書館編國家圖書館出版社 2018 年中國古代紀年叢考影印稿本

劉坦 左傳別纂 存

天津市武清區藏稿本

武清圖書館編國家圖書館出版社 2018 年中國古代紀年叢考影印稿本

劉坦 左傳橫紀 存

天津市武清區藏稿本

劉廷鑾 春秋義疏 四十卷 佚

◎劉世珩《貴池先哲遺書》卷首《貴池先哲遺書待訪目》「劉廷鑾」：《春秋義疏》四十卷（縣志誤吳世尚著）、《唐池上詩人》八卷、《詩顛》八卷、《梅根集》二卷（均見舊志）、《尚書年曆》、《春秋日曆》（縣志作《月曆》，誤）、《明詩爾雅》、《貴池掌故》、《池州文選》、《九華散錄》（以上俱見《通志》）、《建文遜國之際月表》二卷（已訪得，編入《先哲遺書續刻》，凡二卷。案縣志無卷數，無「建文」二字）。

◎光緒《貴池縣志》卷四十一《藝文志》：吳世尚〔註131〕《易經注解》（見

〔註131〕吳世尚，字六書，號羣玉。安徽貴池人。肆力於六經子史，手自鈔覽至腕脫，以左手作字，名其居曰易老莊山房。食餼郡庠，未貢而卒。傳見光緒《貴池

《舊志續編》)、《老子宗旨》(見《通志》)、《春秋義疏》四十卷(見本集)、《莊子解》、《楚辭疏》(均見《舊志續編》)。

◎劉世珩《貴池先哲遺書》卷首《貴池先哲遺書待訪目》「吳世尚」：吳世尚《易經註解》(見《舊志續編》)、《禮記章句》(見《南湖集序》。按縣志有《春秋義疏》，考章、吳各序並無是書。乃劉霆鑾所著，誤為羣玉之作，今特正之)、《老子宗旨》(見《通志》《南湖集序》)、《楚辭疏》(見《舊志續編》)。

◎劉廷鑾(1614～1665)，一稱劉鑾，字在公，一字得輿，號奧父。安徽貴池人。劉城子。吳應箕婿。承家學，又師事吳應箕，盡得其傳，一時壇坫推重之。應箕死，撫成其孤。康熙二年(1662)以恩貢考授州同知，未仕卒。著有《尚書年曆》、《春秋義疏》四十卷、《春秋日曆》、《建文遜國之際月表》二卷、《獻徵錄》、《池州文選》、《貴池掌故》、《九華掌故》、《九華散錄》三十卷、《梅根集》二卷、《唐池上詩人》八卷、《明詩爾雅》、《詩顛》八卷，與纂順治《貴池縣志略》。

劉廷鑾 春秋日曆 佚

◎光緒《貴池縣志》卷四十一《藝文志》：劉廷鑾《唐池上詩人》八卷(見《通志》)、《梅根集》二卷(見舊志。皆傳記之文，多備池州故實)、《尚書年曆》、《春秋月曆》、《遜國之際月表》、《明詩爾雅》、《詩顛》八卷、《池州文選》、《九華散錄》、《貴池掌故》(以上俱見《通志》)。

◎劉世珩《貴池二妙集》附錄卷第四「劉廷鑾所著書目」：《尚書年曆》、《春秋日曆》、《遜國之際月表》、《獻徵錄》、《九華散錄》、《九華掌故》、《梅根集》、《唐池上詩人》、《明詩爾雅》、《詩顛》八卷。

劉文龍 春秋論說 未見

◎劉文龍，字體先，號生明，又號平野。福建寧化人。雍正諸生。讀書不依傍前人，冥搜默索，不獲不休，忽有領會，不煩言而自解。著有《古易彙詮》不分卷、《大學摘要》、《中庸餘論》、《毛詩參注》、《春秋論說》、《四書質疑》、《周子注》、《莊子注》。

縣志》卷二十七《人物志・文苑》。著有《周易本義啟蒙通刊》十六卷首一卷附《周易經》二卷、《周易本義啟蒙》八卷、《易經注解》、《禮記章句》、《老子宗旨》、《楚辭疏》、《莊子解》八卷。

劉文淇 劉毓崧 劉壽曾 春秋左氏傳舊注疏證 八卷 存

上海藏稿本（不分卷）

中央民族大學藏道光十八年（1838）劉氏青溪舊屋刻本

光緒三年（1877）湖北崇文書局輯刻崇文叢刻三十三種本

國圖、北大、中科院、上海、首都圖書館藏光緒十四年（1888）南菁書院刻皇清經解續編本

國圖、上海、首都圖書館藏光緒十五年（1889）上海蜚英館石印皇清經解續編本（一卷）

續修四庫全書影印上海藏稿本

科學出版社 1959 年排印中科院歷史研究所整理本

臺灣明倫出版社 1970 年排印本

臺灣明倫出版社 1971 年排印再版本

北京燕山出版社 2019 年朱德慈主編揚州學派叢書影印稿本

◎一名《左傳舊疏》《左傳舊疏考正》。

◎左傳舊疏考正目錄：卷第一（十四則）、卷第二（十八則）、卷第三（二十七則）、卷第四（二十六則）、卷第五（三十一則）、卷第六（二十七則）、卷第七（二十二則）、卷第八（二十則）。

◎序：西漢傳經，主於誦習章句而已，其訓故惟舉大旨，記說或非本義，但取通藝，不尚多書，此秦燔後經學之權輿也。逮後漢廣為傳註，然後語必比附經文，字承句屬，靡有漏缺。至魏晉而解義大備，此既傳後經學之宗會也。泊齊宋以降則多取儒先傳註，條紬縷繹，各騁辨釋，而疏學以興。浸及於隋，撰著弗輟，此既解後經學之要歸也。蓋古者徵實之詣，至是而大具矣。夫授經及為傳註，惟主一家之義疏，則兼舉眾說疏通證明。明傳註乃所以明經，故研覈之事日繁，而輔翼之功滋大。其疏曰義疏、曰講疏，亦專曰疏。然疏者乃其一時著書之體，並非其書必名曰疏，故當時成書亦多謂之義。若以義配他字，則如義宗、義記、大義、雜義之類，即前代之誼也。亦有專名義者，若范歆、伏曼容、崔靈恩、孔子祛等之書皆孤謂之義，其書大都疏體。如皇侃《論語／禮記義疏》，其《梁書》本傳乃專稱《論語／禮記義》；沈重《周禮／毛詩》等義疏，其《北史》本傳亦專稱義。則義疏二字可以分隸，不定以疏名書。是以當時凡稱某某為義疏者，率通指體例，並非即其卷之命名。即孔穎達《春秋正義序》稱沈文何為《左氏傳義疏》，《經典釋文》亦云

沈麟《春秋義疏》王元規續成，而沈所著及元規所續書乃名《義略》。又孔序謂劉炫亦作《左氏傳義疏》，而炫書乃名《述議》，議與義古字通用，如《後漢書》許慎撰《五經異義》，《鄭元傳》則作《異議》。即《隋書》炫本傳謂炫著《論語／孝經／春秋／尚書／毛詩述議》，而《經籍志》皆作《述義》。《隋書》非出一手，是以各書，其志中《孝經》類謂王劭訪得孔傳送炫，炫因述其《議疏》者，即指炫所作之《述議》，《議疏》即《義疏》也，《志》文並未兼舉義議兩字，邢昺《孝經疏》采襲志語而不達其文義，乃揣義、議為二，謂述其義疏議之，非也。且《志》辭方謂炫序述己書專伸孔義，由是乃與鄭氏並立，豈反主於取他本之義疏議之？蓋議故即義，即可見炫所著諸《述議》或攄發由己，或裒取損益，亦非必盡出一狀。若其《左傳述義》，就孔氏《正義》逆之，則必兼采舊說，錄其姓名，以分別引伸駁正，如吾友劉君孟瞻所云者。假令炫書而存，即謂炫以前諸儒之訛並存可也。炫傳載炫著《春秋攻昧》十卷、《春秋述議》四十卷，而《新唐書・藝文志》則載炫《攻昧》十二卷，又《規過》三卷、《述議》三十七卷。《規過》不見於《隋書》，蓋即從《述議》四十卷分出，故《述議》止三十七卷，然亦可以見歐、宋之疎矣。至《宋史・藝文志》則載炫《春秋述議略》一卷，又《春秋義囊》二卷，或亦《述議》中展轉脫餘之帙，幾不可考。夫學者援後徵前，顧難傳信。又如《隋志》載《春秋左氏傳杜預序集解》一卷劉炫注，而朱氏《經義考》乃不言注，竟似序為炫作，設無左證，何以示諸後人？故就考敘炫書名且致溷，遑問其餘。夫經賴傳註以傳，傳註又藉疏義以傳，凡漢人傳註，其不繫以正義者，悉多湮沒，即賈、服之《春秋解誼／解詁》皆是，足見疏學為用至鉅。然人知《正義》功在貞觀，而不知此學之貫穿明贍萃於南朝，執守精專又盛於河北。當時南北分途講學，及會歸隋氏，二劉實經學之大宗。故如炫之《述議》，設非唐人刪為《正義》，則其書可至今存，即炫以前之說舉可存。自有《正義》而後炫書廢，而諸儒之說盡廢。且不獨疏家之說廢，即傳註之說之存于《述議》中者亦廢。然則唐人之《正義》襲故冊而掩前編，乃唐人之過也。嘗慨《左氏傳》一書，凡杜氏以前習為此學者，其書皆廢于杜氏；凡孔氏以前之習為此學者，其書皆廢于孔氏。何則？杜氏之書名曰《集解》，集解者，自必滙諸解而集之，乃其註中更不指係一人，其序內則以經傳集解之目位置於「分經與傳」數語之下，而與上文劉、賈、許、潁反若相離，於是孔氏遂筦稱其集由經傳，與何晏之《論語集解》不同。楊士勛《穀梁疏》亦如其說。然試問

取傳附經，何名《集解》？文義不待再思而明。蓋杜意正以集解之名混於經傳相交，又復盡乳羣言歸其釋例，藉以遏先儒而不覺。專名之心，重若沉碑，可想證也。故自《集解》行而賈、服諸家之書遂以日汨，此傳註之廢於杜氏者也。孔氏之書名曰《正義》，正義者，蓋謂正前此之疏義，即前所云諸書之名為義者，非空義也。其名奉詔更裁，意在不甘居贊。定名曰正，則必先有委棄前疏之心，故其例必守一家之註而不祔，然後可以進退眾義而不復更舉其人。至如《禮記疏》間涉皇／熊而體段背然不見、《毛詩疏》空言焯／炫甯一而標著聞爾無聞，雖復蕭／毓時陳、崔／盧偶掇，然疏中精義之出於誰何，祗成虛粕。又況《左傳》之顛倒彌甚矣！此固其臣之攘善，或亦其主之忌名，一紙《蘭亭》尚圖專殉，可想證也。故自《左傳正義》行而沈、劉諸家之書遂以日汨，此義疏之廢于孔氏者也。然他經之有眾說固不可廢，而《春秋》尤不可廢。蓋《易》與《詩》虛而有，則《書》與《禮》實而可憑，雖有異轍，未容離畔。《春秋》介虛無之間，一義之岐，眇不易斷，故其中大事非可取決一家。乃自杜註出而諸解盡亡，後人惟知有杜。《正義》又例不破杜，然惟杜氏輒即假傳以貢其私，其短長之說久為前人訾議。至其申釋「弒君稱君，君無道；稱臣，臣之罪」二語，則吾友焦君里堂切譏之。雖舊註此說多同，不盡如焦所論，然杜每及是條，率為深曲，非若出于無心。昔樂遜發杜違，諒抑有當，而其書弗傳。若非畸餘炫說尚可僅見規摘前言，則後人奉杜將謂可懸諸日月，其義允協于《春秋》矣，何可訓也！孟瞻近著《春秋左氏傳舊疏考正》一書，鉤稽《正義》中所藏炫說及炫所采故義，逐為釐出，使陳簡中混殽覆匿之跡朗若撥雲。凡昔之自有而無者今復自無而之有，黐實之思等於叩寂，可云用心之勤。即觀宋督弒君一則，謂稱督以弒罪在督，而又以孔父為禍及其君。夫弒君之罪既在督，則孔父無罪也，於此而猶文致之，豈不督之弒君隱然翻列孔父首惡？此杜以為「稱臣臣之罪」者，其深曲尚如此。今孟瞻揭明正義，《公》《穀》句下應具駁辭，則必當有辭嚴義毅足以令杜氏心愓者，語雖不存，實可想見。《正義》削而去之，反空折劉之《規過》責以阿謬，其亦奚辭？然則著此書以尋炫說，雖意不主于非杜，而《春秋》之大義躍如。不獨釋辭講詁之是區、繼絕存亡之可貴矣。夫杜氏《左傳》之癖醰飫一生，豈遂遜慚前昔？《正義》葺經多彥，粹古鎔今，詎非精藝？惟察其所短，則不能盡予其長。且《正義》畫杜而袒杜，則杜氏雖短亦長；募人以毀人，則眾氏雖長亦短。又況泯其籍號、紊厥指歸，罔非短人之長、長己之

短。平心以論，良復可嘆。夫紲注所以伸經，何形食蠹？信今斯為傳後，豈預鳴蟬？竊怪當時既欲黜劉，又以為本。及鬻之而督所從來，坐使周行之助反喪于印須，胠篋所開致流為疇孰，其於蟬蠹抑又奚如？就使刪定為辭，意殊乾沒。而難杜申杜、是劉非劉，且槧不知所屬，則其蔽已多矣。孟瞻敦愿樸學，非故發唐人之覆，訖以蕲舊疏之真也。舊疏明則傳註明而經亦明，綴殘理缺之為不在自撝別論，蓋較諸陸、傅、二顧、兩惠諸家補正杜書，尤為能得其要。且此緒一出，則使他端悉可類推，爰以訂六代流風，不徒婟雅兩河舊宿。自有典型，知人論世之衡，於茲未墜，行觀次第，而暨於諸經也。道光乙未夏四月，黃承吉序。

◎自序〔註132〕：六朝諸儒說經之書，百不存一，使後人略有所考見者，則以唐人《正義》備載諸儒之說也。然唐制試明經一依《正義》，非是黜為異端，遂使諸儒原書漸就亡佚，故昔人謂唐人《正義》功過相等。世知孔沖遠與諸儒刪定舊疏非出一人之手，又永徽中就加增損，書始布下，知非孔氏之舊。至於舊疏原文與夫孔沖遠等所刪定、于仲謐等所增損者，雖復覺其踦駁，概謂無跡可尋。近人有以《舜典》《武成》〔註133〕《呂刑》疏中每〔註134〕引「大隋」，謂非唐人之語。然僅此孤證，於全書體例未嘗細為區分。文淇質性駑鈍，年二十始從友人所借得《毛詩〔註135〕疏》，手自繕寫。後乃得《十三經注疏》，依次校勘，朝夕研究。竊見上下割裂，前後矛盾，心實疑之久矣。近讀《左傳疏》，反覆根尋，乃知唐人所刪定者，僅駁劉炫說百餘條，餘皆光伯《述議》也。文十三年傳「其處者為劉氏」，疏云：「討尋上下，其文不類，深疑此句或非本旨。蓋以為漢室初興，捐棄古學，《左氏》不顯於世，先儒無以自申，劉氏從秦從魏，其源本出劉累。插注此辭，將以求媚於世。」此疏未著何人之說，無以知為光伯語。及檢襄二十四年傳「在周為唐杜氏」，疏云：「炫於『處秦為劉』謂非邱明之筆，『豕韋』『唐杜』不信元凱之言」，則前疏為光伯語顯然可見。襄二十九年傳「為之歌《頌》」，疏云：「成功者，營造之功畢也。天之所營在於命聖，聖之所營在於任賢，賢之所營在於養民。民安而財豐，眾和而事濟，如是則司牧之功畢矣，故告於神明也。劉炫又云：干戈既輯，夷狄來賓，嘉瑞悉臻，遠近咸服，羣生遂其性，萬物得其所，即功成之驗也」，此疏似前

〔註132〕又見於劉文淇《青溪舊屋文集》卷五，題《春秋左氏傳舊疏考正序》。
〔註133〕劉文淇《青溪舊屋文集》卷五《春秋左氏傳舊疏考正序》無「武成」二字。
〔註134〕劉文淇《青溪舊屋文集》卷五《春秋左氏傳舊疏考正序》「每」作「兩」。
〔註135〕劉文淇《青溪舊屋文集》卷五《春秋左氏傳舊疏考正序》「詩」作「氏」。

為唐人之說。及檢《詩‧關雎序》「頌者美盛德之形容」〔註136〕，疏文義與此大同，惟刪去「劉炫又云」四字。據《詩疏》知此疏皆光伯語，據此疏知《詩疏》皆非沖遠筆也。約舉二端，足見唐人勦襲之跡已然。按孔氏《左傳疏序》云：「其為義疏者則有〔註137〕沈文何、蘇寬、劉炫。沈氏於義例粗可，於經傳極疏；蘇氏則全不體本文，惟旁攻賈、服，使後之學者鑽仰無成。劉炫於數君之內實為翹楚，然聰惠辨博固亦罕儔，而探賾鉤深未能致遠。又意在攻伐，性好非毀，規杜氏之失凡一百五十餘條。習杜義而攻杜氏，猶蠧生於木而還食其木，非其理也。然比諸義疏，猶有可觀。今奉敕刪定，據以為本。其有疏漏，以沈氏補焉。」既云「據以為本」，原非故襲其說。又序以「旁攻賈、服」為非，而疏中攻賈、服者正復不少，豈孔氏既斥其非，而復躬犯其失？光伯亦攻賈、服，非止蘇氏。序稱辨博寡儔，即指疏中駁正賈、服者。光伯之疏本名《述議》，《隋經籍志》及《孝經疏》云：「述議者，述其義疏議之。」雖指《孝經述議》而言，其餘《詩》《書》及《左氏傳》，光伯皆名《述議》，應亦述其義疏議之。然則光伯本載舊疏，議其得失。其引舊疏，必當錄其姓名，而或引伸其說，或駁正其非。永徽中將舊疏姓氏削去，襲為己語，便似光伯申駁唐人。《唐書》孔穎達本傳云〔註138〕：「本名《義贊》，後詔改為《正義》。」今《左傳疏》閒有刪改未盡，言「今贊」者（隱元年，襄元年、二十九年，昭二十年），即是《義贊序》所謂特申短見者也。其言「今贊」，皆在舊疏之後，而別為一說。又疏凡云「今刪定知不然」者，斯則沖遠之筆，與序「奉敕刪定」之言合，其無「刪定」之文，必是光伯原本，足知勦襲舊疏斷非沖遠之意，而出於永徽諸臣之增損也。又按《唐會要》云：「貞觀十二年，國子祭酒孔穎達撰《五經義疏》，馬嘉運駁正其失，有詔更令詳定（《會要》不載詳定年月，據孔氏序云『至十六年又與前修疏人復〔註139〕更詳審』，知為貞觀十六年）。永徽三年詔太尉趙公無忌等（穎達本傳云于仲謐等就加增損）刊正，四年進之，頒於天下，以為定式。」然則沖遠受詔刪定在貞觀十二年，更令詳定在十六年，沖遠卒於十九年，而永徽中諸儒考正僅及一載，期限更促，乖謬宜多。宋端拱閒，孔維表上《五經正

〔註136〕劉文淇《青溪舊屋文集》卷五《春秋左氏傳舊疏考正序》無「頌者美盛德之形容」句。
〔註137〕劉文淇《青溪舊屋文集》卷五《春秋左氏傳舊疏考正序》「有」作「為」。
〔註138〕劉文淇《青溪舊屋文集》卷五《春秋左氏傳舊疏考正序》此句上有「將謂光伯《述議》在唐人《正義》後乎」句。
〔註139〕劉文淇《青溪舊屋文集》卷五《春秋左氏傳舊疏考正序》「復」作「覆」。

義》云：「孔穎達考前代之文，採眾家之說，用功二十餘年，成書百八十卷。」是乃未經考詳，失其事實者也。或又謂疏中每引定本（《易・繫辭》引定本二條，《書》《禮》各數條，《毛詩》《左傳》所引最夥），定本出於顏師古，則疏為唐人之筆可知。近世諸儒咸同斯論。按顏師古本傳云：「帝嘗歎《五經》去聖久遠，傳習浸訛，招〔註140〕師古於秘書省考定，多所釐正」，是師古原有定本。然漢魏以來校定書籍者正復不少，即如北齊郎茂于秘書省刊定載籍、隋蕭該開皇初奉詔與何妥正定經史，又《劉焯傳》云「焯與諸儒於秘書省考定羣言」，是齊隋以前皆有定本（《詩關雎序》「故正得失」，疏云：「今定本皆作正字」。襄二十三年傳「申鮮虞之傅摯為右」，杜注：「傅摯，申鮮虞之子」，疏云：「俗本多云『申鮮虞之子』，今案注云『傅摯，申鮮虞之子』，若傳先有子字，無煩此注。故今定本皆無。」皆之云者，非一本之詞也）。疏中所云「今定本」者，當係舊疏，指齊隋以前而言。必知非師古定本者，其驗有十焉：《禮記》「匹士太牢而祭，謂之攘」，疏云：「盧、王《禮》本並作『匹』字，今定本及諸本並作『正』字。熊氏依此而為『正』字，恐誤也。」據此是定本乃在熊氏前。《檀弓》「弁絰葛而葬」注：「既虞卒哭乃服，受服也。」疏云：「皇氏云：《檀弓》定本當言『既虞與喪服』，注會云『卒哭』者，誤也。」《文王世子》：「諸父守貴宮貴室」，疏云：「此貴宮貴室總據路寢。皇氏云：『或俗本無貴宮者，定本有貴宮』」，據此是定本亦在皇氏前。其驗一也。襄二十七年傳「取其邑而歸諸侯，諸侯是以睦於晉」，疏云：「古本亦有不重言『諸侯』者，今定本重言『諸侯』。劉炫云：『晉宋古本皆不重言諸侯，不重是也。』」劉炫豈及見師古定本而以定本為非？其驗二也。《詩疏》多引定本、《集注》，《集注》乃梁代崔靈恩所作，若唐人引師古定本，不應定本、《集注》並列而定本反在《集注》之前，其驗三也。師古但定《五經》，未聞更校《公》《穀》。宣十七年《左傳疏》引《穀梁》定本作「晉卻克眇，衛孫良夫跛」，《公羊疏》云：「案舊題云《春秋隱公經傳解詁第一公羊何氏》，今定本則升『公羊』字在『經傳』上，退『隱公』字在『解詁』下，未知自誰始也。」則是《公》《穀》皆有定本，其驗四也。《孔穎達傳》：「與師古同受詔撰《五經正義》」，今疏中有以定本為非者，夫豈師古自駁其說？其驗五也。顏之推《家訓》云：「『齊侯疥遂痁』世間傳本多以疥為痎，俗儒就為通云：『病痎令人惡寒，變而成瘧』，此臆說也。」今《左傳疏》云：「今定本亦作『疥』。」若謂師古所定，則是數典忘祖，其驗六也。《匡謬正俗》云：「襄

〔註140〕劉文淇《青溪舊屋文集》卷五《春秋左氏傳舊疏考正序》「招」作「詔」。

五年楚公子王夫字子辛，今之學者以其字子辛，遂改王夫為壬夫。此與庚午不相類，固宜依本字讀為王夫。」此書亦師古所作，其定本應與之同。今《左傳疏》作「壬夫」，不云定本作「王夫」，其驗七也。又師古本傳云：「詔師古於祕書省考定，既成，悉詔諸儒議。各執所習，共相非詰。師古輒引晉宋舊文，隨方曉答，人人歎服。帝因頒所定書於天下。」定本既已奉敕頒布，《正義》豈能復議其非？其驗八也。《舊唐書》云：「貞觀七年頒新定《五經》於天下」、「永徽四年頒孔穎達《五經正義》於天下，每年明經依此考試」，是則二書並行，不聞以師古定本載入《正義》，其驗九也。陸德明卒於高祖末年，貞觀四年師古始受詔考定《五經》。《詩・兔爰箋》云：「有所操戚也」，《釋文》云：「操，七刀反。今作躁，與定本異，與箋義合。」《魚麗傳》云：「草木不折不芟，斧斤不入山林」，《釋文》云：「定本乃作操，草刀反。」陸氏不見師古定本，《釋文》乃兩引之，且為之作音，其驗十也。凡此證驗，易為討竅〔註141〕，定本既非師古書，則疏安見盡皆唐人筆耶？今一依孔氏序例，細加析別，得若干條，釐為八卷〔註142〕。其餘《易》《尚書》《毛詩》《禮記》諸疏猶將次第考正，庶冀六朝舊疏稍還舊觀云爾。嘉慶庚辰春二月上旬，儀徵劉文淇撰〔註143〕。

◎序〔註144〕：義疏之學，六朝尚矣，百川並流，盡以唐人《正義》為壑谷，迄今惟皇氏一家傳自海島，真贗莫辨；其他則姓名僅見，條貫無存。若二劉之於《詩／書／左傳》、皇／熊之於《禮記》，所載較多，然擷其菁華，訾其糟粕，棄若弁髦，淪於朽蠹，曾不甚可惋惜哉！初唐之世，碩儒凋盡，詞藝盛行，故瀛洲觴詠彌覺風流，容臺講論便成鄙倍。孔沖遠等奉敕撰定《五經正義》，以昏耄之年膺刪述之任，觀其尚江左之浮談、棄河朔之樸學，《書》《易》則屏鄭家，《春秋》復廢服義，尤專護前非，自阿私好，攻擊鄭、服不遺餘力。而杜氏之學顯然窮屈者不容置喙，於是崔靈恩、衛冀隆、劉光伯等讜言新義，或不挂於齒頰，或顯肆其雌黃。加之坐麋官廩，愧少發明，且吹毛求疵，剗肉為創，掇其所駁之短以誣彼短，襲其所解之長以矜己長，篇幅之內割裂顛倒，剽竊搏揜，豈惟范氏襲華嶠之書，寶同顏籀攘《漢書》之解。至馬嘉運等所糾摘，

<hr>

〔註141〕劉文淇《青溪舊屋文集》卷五《春秋左氏傳舊疏考正序》「竅」作「觳」。
〔註142〕劉文淇《青溪舊屋文集》卷五《春秋左氏傳舊疏考正序》「得若干條，釐為八卷」作「凡得二百餘條，釐為六卷」。
〔註143〕劉文淇《青溪舊屋文集》卷五《春秋左氏傳舊疏考正序》無「嘉慶庚辰春二月上旬，儀徵劉文淇撰」句。
〔註144〕又見於沈欽韓《幼學堂文稿》卷六，題《劉文淇左傳疏考證序》。

永徽中所增損，不過因疵謬難掩，稍用文飾，何能有加於貞觀？何嘗有諍於沖遠，遂乃覥然居其名，為絕智之學以昧天下之目，錮學者之聰，豈非儒林之恨事哉！吾友劉子孟瞻，慨然發憤，暇乃博究經史檢尋文句，得其脈絡之隔閡、枝葉之苯蕁、前後之不相稱、新故之不能掩，其聰明辨決若易牙之嘗水、庖丁之解牛，夫乃投隙抵巇，顯豁呈露，未去葛、龔之姓名，已詭法、盛之撰述，而沈之《義略》、劉之《述義》，隱然若古碑之洗剔。至沖遠等竄定之小智、乾沒之鄙心，其亦難逃於然犀之照也己。余嘗泛濫於宋人之學，見陳祥道、鄭樵之徒，其攻擊鄭、孔本皆鄭孔之所駁，其引伸己義即亦鄭孔之定論，哆然笑之。此其圖回鈔略之技，即效法唐人。常恨天壤閒寶事求是之學少，橫竊大名之人多。劉子年壯學富，於實事求是之志甚博且勤。觀此所著，象之一牙、鳳之一毛，足知其非凡品，他日必能發揮先儒之蘊，啟牖後生之智，余又樂俟其成書也。道光四年九月十一日，吳沈欽韓序。

◎張之洞《書目答問》卷一《經部》：《左傳舊疏考證》八卷（劉文淇。道光十八年刻本。原書十二卷）。

◎本書《注例》：釋《春秋》必以《周禮》明之。

◎科學出版社排印本內容簡介：這是劉文淇、劉毓崧、劉壽曾等祖孫數代治《左傳》的總成果。清道光年間劉文淇首先作了長編數十巨冊，他的兒孫劉毓崧、劉壽曾等，累世相承，都在這個基礎上對《左傳》的疏通證明加了工。所以這部稿子，在舊時代很早就名滿學林。為了保存這個成果，我們把它印了出來，供治《左傳》的學人參考。歷史研究所第一、二所資料室，對原稿做了一番清理的工作，但同時也注意到盡力保存劉氏原稿的本來面目。為使其清晰易讀，給它斷了句；有些引文不正確或篇名脫佚者，也都盡可能查對原書予以改正填補；實在解決不了的問題，就給它注了出來。

◎孫殿起《販書偶記》卷二：《左傳舊疏考正》八卷，儀徵劉文淇撰。道光戊戌青溪舊屋刊。

◎李慈銘《越縵堂讀書記・經部・春秋類》：閱劉孟瞻《左傳舊疏考正》，其大指以唐人作《五經正義》，多用舊疏而沒其名，《左傳》尤甚。孔沖遠序謂以劉光伯《述義》為本，而劉頗規杜過，孔專申杜，因取劉之申杜者襲之，攻杜者芟之，間一二存其規語，而復駁之，以致出入紛錯，辭氣不屬，而《正義》成後，太宗復詔詳定，高宗又勅更正，已非沖遠之舊，而舊疏益以泯沒。今取疏文之隔閡者，尋其脈絡，較其從違，為分條別出之，孰為沈氏（文阿）之文、

孰為劉氏之說、孰為孔氏增加、孰為唐人改竄，皆援據證明，其用力可謂勤而用心亦良苦。然唐初儒學尚盛，況其時沈之《義疏》、劉之《述議》，遍布人間，世所共習，沖遠以耆儒奉敕撰述，而盡掩前人攘為己有，獨不畏人言乎？太宗非可欺之君，士亦何能盡罔，恐非甚無恥者不肯出此也。蓋《正義》之病在於筆舌冗漫，故複遝迂回，接續之間多不連貫，其間用舊說而失繫姓名者或亦有之。若以為一部書中惟駁光伯之語出於沖遠，餘皆襲舊義，毋乃言之過歟？孟瞻此書，存此一段公案可耳。光緒戊寅四月十八日。

　　◎劉毓崧《通義堂文集》卷六《先考行略》：生平湛深經術，於《春秋左氏傳》致力尤勤。嘗謂左氏之義為杜注剝蝕已久，其稍可觀覽者皆係襲取舊說，爰輯《左傳舊注疏證》一書。先取賈、服、鄭三君之注，疏通證明，凡杜氏所排擊者糾正之、所勦襲者表明之，其沿用韋氏《國語注》者亦一一疏記；他如《五經異義》所載左氏說皆本左氏先師，《說文》所引《左傳》亦是古文家說，《漢書・五行志》所載劉子駿說實左氏一家之學；又如經疏史注及《御覽》等書所引《左傳》注，不載姓名而與杜注異者，亦是賈、服舊說。凡若此者皆稱為舊注，而加以疏證。其顧、惠《補注》及洪穉存、焦里堂、沈小宛等人專釋左氏之書，以及錢、戴、段、王諸通人說有可采，咸與登列。末始下以己意，定其從違。上稽先秦諸子下考唐以前史書，旁及雜家筆記文集，皆取為證佐，期於實事求是，俾左氏之大義炳然著明。草創四十年，長編已具。然後依次排比，成書八十卷。又以餘力輯《左傳舊疏考正》一書，自序謂世知孔沖遠刪定舊疏，非出一人之手。至於舊疏原文，槩謂無迹可尋。近讀《左傳疏》，反覆根尋，乃知唐人所刪定者僅駁劉炫說百餘條，餘皆光伯《述議》也。今細加析別，凡得二百餘條，釐為八卷。釋經之暇，好讀史鑑。於地理之沿革、水道之變遷尤所究心。據《史記・秦楚之際月表》知項羽曾都江都，核其時勢，推見割據之迹，輯《項羽王九郡考》一卷、《十八王分地考》二卷，總名之曰《楚漢諸侯疆域志》。又據《左傳》《吳越春秋》《水經注》等書，謂唐宋以前揚州地勢南高北下，且東西兩岸未設隄防，與今運河形勢迥不相同，爰博稽載籍，詳加考證，作《揚州水道記》四卷。自少至老，手不釋卷。無論經史子集，遇有心得，輒隨時記錄，積成巨冊若干，薈萃貫穿，成《讀書隨筆》二十卷。為文淹茂典實，大抵有關於經史同異、金石源流以及表微闡幽之作居多。偶有吟詠，亦意存寄托，不為空泛之詞，著有《青溪舊屋文集》十卷、《詩集》一卷。精於校讎之事，為人校勘書籍不啻如己之撰

述。搜羅鄉先輩及亡友之書，醵金付刊，汲汲然願其行世，視他人營謀切己之事更為過之。

◎劉毓崧《先考行略》：其顧、惠補注及洪稚存、焦里堂、沈小宛等人專釋左氏之書，以及錢、戴、段、王諸通人說，有可采，咸與登列。

◎劉毓崧《先考行略》：上稽先秦諸子，下考唐以前史書，旁及雜家筆記文集，皆取為佐證。期於實事求是，俾《左氏》之大義炳然復明。

◎劉文淇《青溪舊屋文集》卷三《與劉楚楨書》：楚楨足下，前以拙箸《左傳舊疏考證》奉質，承荷校勘，謹嚴精確，獲益良多。惟《隋志》亡書為《正義》所引者，弟據以為非唐人，此確有關係。據《唐書》，貞觀三年魏徵監修《隋書》，又奏顏師古、孔穎達、許敬宗三人同撰，徵為其序論（貞觀十年奏上之志則二十年上之），又云：貞觀中魏徵、虞世南、顏師古相繼為秘書監，請購天下書（據《冊府元龜》，正以修史而購書），選五品以上子孫工書者為書手。按徵本傳，貞觀三年為秘書監，虞顏貞觀七年為秘書監秘書少監，是時方購求遺書，沖遠又預修《隋志》，豈有私家自見其書乃不上官局，而又於志內云「李巡等注已亡」，揆之事理，必不其然。至來教謂為闇記，按新舊《唐書》僅云「闇記《三禮義宗》」，不言其他，且疏中所云亡書不下二十餘條，豈皆闇記？又既能闇記，即何不錄出副本上之？如謂慎疑而不上之於官，則《正義》亦官書，胡不慎疑而乃載之也？至謂沖遠與光伯同時，光伯所見之書沖遠亦無容不見，是已。然隋亡之後典籍缺如，沖遠等作《隋志》已云所存者十之一；又唐高祖、太宗兩下詔求書，亦皆以亂後亡失，故求之極殷，雖同時習見之書而不能無昔存今亡之慨，亦載諸正史，可考而知。沖遠學識無愧通儒，然此書乃未成之作，又經後人刪竄，多失其真。且沖遠在時，馬嘉運頗駁正其失，當時服其精博，是其書在唐初已有疑議矣。自來官書，成非一手，其刪定者又皆身領數職或兼修數書（如《左傳疏》《隋／晉／五代書》沖遠同時修），期限迫促，難免疏漏，不能如士子閉戶纂述，瞻前顧後，積數十年精力而成，故無大疵謬也。拙箸首卷兄粘籤處，慎翁贊歎，謂語語允當，可稱良友直諒之義，吾輩共勉為之！

◎劉文淇《青溪舊屋文集》卷四《劉楚楨江淮泛宅圖序》：吾友寶應劉君楚楨，就館郡城，於嘉慶戊寅攜家來揚，道光壬午還寶應，癸未遷儀徵，丙戌又由儀徵遷揚。九年之間凡四遷，此《江淮泛宅圖》所為作也。圖成即屬余序，余諾之而未果作。壬辰冬楚楨復攜家歸寶應，而獨來郡城舍館他氏，

屢責前諾，余不可無以應之也。余弱冠後與里中薛子韻、涇縣包季懷／包孟開、旌德姚仲虞、丹徒柳賓叔泛覽經史，楚楨因余得與諸君交，相與切磋，為友朋之極樂。未幾而季懷、子韻先後奄沒，仲虞、孟開、賓叔又蚤反里門，惟楚楨嘗客郡城，中間移家與余鄰者且七年，朝夕相見，兩人相資益者實多。楚楨嘗與余約各治一經，楚楨占《論語》，余占《左傳》，以《論語》皇疏多涉清玄，邢疏更鄙陋無足觀，而何氏《集解》亦採擇未備；《左傳》賈、服舊說為杜氏所乾沒者不少，唐人又阿杜注而攻賈、服，皆為鮮當。因各為二書疏證，蓋為是約十餘年而未有成書，過從時嘗以是為歉。顧楚楨奔走長途，浮家南北，又身羸多疾，其作輟也有故。余自嘉慶庚辰一遊京師，即杜門不出，無僕僕道途之勞，身又彊健，而亦無所成就。且楚楨編輯《論語》之餘，已成《寶應圖經》《漢石例》各若干卷，博而有要，好古者已傳抄其書。余則《左傳》之外別無事事，猶時作時輟，此則重余荒落之懼者也。楚慎既諈諉作序，余因述曩時之約如此。雖非圖中之意，其亦楚楨意所欲言而感歎不能自己者歟！

◎劉文淇《青溪舊屋文集》卷十一《歲作別席號舍詩再疊別號舍詩舊韻》（并序）：

余自辛卯場後，作《別號舍詩》。壬辰秋未赴省試，復疊前韻。甲午乙未，為及門牽率，不能堅守舊約。丁酉頭場坐席號，甚委頓。己亥科諸生復有勸行者，賦此示之：

漫言廣廈萬千間，一宿蘧廬鬢更斑。似此折磨真不少，也應參透利名關。

諸生懇款願依劉，勸我重吟白下秋。蒲柳自慚衰鈍質，銀河那許汎仙舟。

附和詩《孟瞻以別席號舍詩見示次韻奉荅》，孫應科：

聲名突過杜林間（君著有《左傳舊注疏證》），鬢已星星戲彩斑（尊公琢齋先生年踰九旬）。梅柳紛紜占春色（謂蘊生、賓叔），推君詞賦動江關。

從來鼎峙說孫劉，改歲聯吟白下秋。喬梓同登應不遠（雍正癸卯科先高祖及先曾祖同捷道光庚子科，盛事屬君家矣），莫教散髮掉扁舟。

◎丁晏《頤志齋感舊詩·劉孟瞻明經》：

名文淇，儀徵人。余己卯優貢同年，見重於蕭山師。經傳洽熟孰，卓為純儒。長余五歲，余兄事之。刻有《左傳舊疏考正》《陽州水道記》。令子伯山名毓崧，研貫六經，嗣其來學。道光庚子，優貢與兒子壽昌同譜，兩世締交，老而彌篤。

結交遍寰宇，服膺惟孟瞻。光風一何霽，守道心綦嚴。湛深究經術，六藝通儒兼。箕裘繼家學，華戶安虀鹽。歆傳更生業，砥隅尤厲廉。寇至負書去，幸免崑岡炎。

◎同治《續纂揚州府志》卷十三《人物志》五劉文淇：文淇學綜羣經，尤肆力於《春秋左氏傳》，嘗取賈、服鄭三家之注疏通證明，以正杜氏之失，著《左氏舊注疏證》八十卷，又著《左傳舊疏考證》八卷；據《史記・秦楚之際月表》，謂項羽曾都江都，著《項羽王九郡考》一卷、《十八王分地考》二卷；又據《吳越春秋》《水經注》等書，謂唐宋以前揚州地勢南高北下，東西兩岸未築隄防，與今運河形勢迥殊，著《揚州水道記》四卷；又著《青溪舊屋文集》十卷、《詩》一卷、《讀書隨錄》二十卷。卒年六十六（《家傳》）。

◎同治《續纂揚州府志》卷十三《人物志》五劉文淇：子毓崧字伯山，道光二十年優貢，父子並膺是舉。毓崧幼從父受經，長益致力於學。以文淇故治《左氏》學，續述先業，著《左氏傳大義》二卷；又以文淇嘗考訂《左傳》舊疏，因承其義例，著《周易／尚書／毛詩／禮記舊疏考正》各一卷；又著《經傳通義》十卷、《諸子通義》四卷；論次劉氏先世有學行者，著《彭城徵獻錄》十卷、《舊德錄》一卷；又著《通義堂筆記》十六卷、《文集》十六卷、《詩集》一卷，卒年五十。子壽曾同治三年副貢，貴曾、富曾、顯曾皆諸生（《家傳》）。

◎同治《續纂揚州府志》卷二十二《藝文志》上：《左傳舊注疏證》八十卷、《左傳舊疏考正》八卷（劉文淇撰）。

◎趙爾巽《清史稿》卷一百四十五志一百二十《藝文》一：《左傳舊疏考正》八卷，劉文淇撰。

◎上海古籍出版社 2015 年《續修四庫全書總目提要・春秋類》「《春秋左氏傳舊注疏證》不分卷」：是書緣起於道光八年（1828）秋，劉文淇與友人劉寶楠、包慎言，門人陳立等赴金陵應試不第，幾人相約各治一經，加以疏證。劉寶楠治《論語》，陳立治《公羊》，劉文淇治《左傳》。文淇嘗謂，左氏之義，為杜注剝蝕已久，其稍可觀覽者，大抵襲取舊說。爰輯《左傳舊注疏證》一書，取賈、服、鄭三君之注，疏通證明。凡杜氏所排擊者糾之，所剿襲者彰之，其沿用韋昭語注者，亦一一標記云云。書中採賈逵、服虔、鄭玄諸人舊義，加以疏證，以糾杜氏之失，尤重典章制度之考證。於孔氏所採舊疏及所增之處，亦標明出處。於近人顧炎武、惠棟等苟有可採者，咸與登列，末始下以己意，定

其從違。又旁稽博考，詳為證佐。考證重於「禮」與「事」，使左氏之微言大義昭然。沈玉成《春秋左傳學史稿》中評論是書云：「對《左傳》的漢人舊注作了集大成式的總結，賈、服舊說收羅之完備，歸納之清晰都罕有其匹。此外，他還收集其他古文家研究《左傳》的成果，突破了賈、服的局限。他尊崇漢人而不薄後人，對清代學者的成果也擇善而從……此書取材廣泛，而且不乏個人的論斷，但並不因此而抹殺與自己相反或不同的意見，態度客觀……體現了一個考據學者在處理文獻資料上所具有的熟練技能和清晰頭腦。」是書被譽為集採古注此本據上海圖書館藏稿本影印。隱公元年至四年為十一行二十六字，小字雙行同，其他皆無框格，全書字體多變，多眉批及添加修改痕迹。內含隱公元年至隱公二十二年提綱稿，可窺其成書過程之端倪。（潘華穎）

　　◎劉文淇（1789～1856），字孟瞻。江蘇儀徵人。嘉慶二十四年（1819）優貢生，候選訓導。少家貧，從學于舅父凌曙，以淹通經史，人稱揚州純儒，與劉寶楠有「揚州二劉」之稱，曾相約為諸經各作新疏。著有《左傳舊疏考正》八卷（僅成一卷）、《讀書隨筆》二十卷、《楚漢諸侯疆域志》三卷、《揚州水道記》四卷、《奇門行軍要略》、《青溪舊屋集》十二卷、《青溪舊屋尺牘》、《藝蘭記》，總纂《重修儀徵縣志》。

　　◎劉壽曾（1838～1882），字恭甫，號芝雲。江蘇儀徵人。文淇孫、毓崧子。同治三年（1864）、光緒二年（1876）兩中副榜，入金陵書局校定羣籍。著有《春秋五十凡例表》、《讀左雜記》、《昏禮重別論對駁義》、《臨川答問》、《傳雅堂集》、《芝雲雜記》，總修《江都縣志》，分纂《江寧府志》、《上元縣志》。

劉文淇 左傳舊注疏證 八十卷 未見

　　◎同治《續纂揚州府志》卷二十二《藝文志》上：《左傳舊注疏證》八十卷、《左傳舊疏考正》八卷（劉文淇撰）。

　　◎同治《續纂揚州府志》卷十三《人物志》五劉文淇：文淇學綜羣經，尤肆力於《春秋左氏傳》，嘗取賈、服、鄭三家之注疏通證明，以正杜氏之失，著《左氏舊注疏證》八十卷，又著《左傳舊疏考證》八卷；據《史記・秦楚之際月表》，謂項羽曾都江都，著《項羽王九郡考》一卷、《十八王分地考》二卷；又據《吳越春秋》《水經注》等書，謂唐宋以前揚州地勢南高北下，東西兩岸未築隄防，與今運河形勢迴殊，著《揚州水道記》四卷；又著《青溪舊屋文集》十卷、《詩》一卷、《讀書隨錄》二十卷。卒年六十六（《家傳》）。

◎同治《續纂揚州府志》卷十三《人物志》五劉文淇：子毓崧字伯山，道光二十年優貢，父子並膺是舉。毓崧幼從父受經，長益致力於學。以文淇故治《左氏》學，纘述先業，著《左氏傳大義》二卷；又以文淇嘗考訂《左傳》舊疏，因承其義例，著《周易／尚書／毛詩／禮記舊疏考正》各一卷；又著《經傳通義》十卷、《諸子通義》四卷；論次劉氏先世有學行者，著《彭城徵獻錄》十卷、《舊德錄》一卷；又著《通義堂筆記》十六卷、《文集》十六卷、《詩集》一卷，卒年五十。子壽曾同治三年副貢，貴曾、富曾、顯曾皆諸生（《家傳》）。

劉握　左傳類編　佚

◎民國《南陵續志》卷三十《人物》：著作甚夥，《算學三法》一書，指點直截。大興朱文正公撫皖時序行之（按劉握著述尚有《左傳類編》《宣城詩箋注》《史書刊誤》《讀史盲言》《一隅閣詩集》等書，均見徐《志・藝文》，傳未採列，茲補注以紀崖畧）。

◎民國《南陵續志》卷四十三《經籍》：《算學三法》十六卷（宗志、省志）、《左傳類編》、《史書刊誤》一卷（徐志、宗志）、《讀史盲言》一卷（宗志）、《謝宣城詩箋注》（徐志、宗志）、《一隅閣詩集》二卷（宗志）。

◎劉握，一名倫，字天一。安徽南陵人。幼以耳受書輒不忘。著有《左傳類編》、《史書刊誤》一卷、《讀史盲言》一卷、《算學三法》十六卷、《謝宣城詩箋注》、《一隅閣詩集》二卷。

劉獻廷　左傳快評　八卷　存

哈佛大學、北大、上海、華東師大、河南大學藏康熙四十五年（1706）蕉雨閒房刻本

線裝書局 2020 年何俊主編左傳評注文獻輯刊影印康熙四十五年（1706）蕉雨閒房刻本

◎各卷卷首題：劉繼莊先生評定，宜堂金成棟輯，同學諸子參校。

◎目錄：卷第一：鄭伯克段于鄢，周鄭交質，宋穆公屬孔父，石碏諫寵州吁，衛州吁伐鄭，衛人殺州吁于濮，公矢魚于棠，鄭人大敗我師，滕侯薛侯爭長，公及齊侯鄭伯入許，納郜大鼎于大廟，蔡人衛人陳人從王伐鄭，楚武王侵隨。卷第二：鄭太子忽辭齊昏，楚子伐隨，鬬廉敗鄖師，楚屈瑕伐羅，楚武王荊尸伐隨，齊無知弒其君諸兒，曹劌論戰，鄭厲公入鄭，陳人殺其公子御寇。

晉獻公嬖姬，荊伐鄭公會齊人宋人救鄭，晉侯使太子申生伐東山，公會齊侯宋公陳侯衛侯鄭伯許男曹伯侵蔡蔡潰遂伐楚次于陘陽，晉人執虞公。卷第三：公會齊侯宋公陳世子肆鄭世子華盟于甯母，公會宰周公齊侯宋子衛侯鄭伯許男曹伯于葵丘，晉里克殺其君之子奚齊，晉侯及秦伯戰于韓獲晉侯，晉陰飴甥會秦伯盟于王城，宋公及楚人戰于泓宋師敗績，晉懷公執狐突殺之，晉公子重耳出亡，呂郤焚公宮，介之推不言祿，富辰諫以狄伐鄭，齊人伐我北鄙。卷第四：蔿賈不賀，楚人陳侯蔡侯鄭伯許男圍宋，晉侯齊師宋師秦師及楚人戰于城濮楚師敗績，衛侯鄭自楚復歸于衛衛元咺出奔晉，晉人秦人圍鄭，晉侯重耳卒，秦人入滑，晉人及姜戎敗秦師于殽，楚世子商臣弒其君頵，秦人伐晉，衛侯使甯俞來聘，秦伯任好卒，晉侯驩卒，晉人及秦人戰于令狐先蔑奔秦。卷第五：晉人秦人戰于河曲，晉復士會，邾子蘧蒢卒，齊侯侵我西鄙遂伐曹入其郛，諸侯會于扈，莒弒其君庶其，楚子伐陸渾之戎，楚子圍鄭，晉荀林父帥師及楚子戰于邲晉師敗績，晉士貞諫殺桓子。卷第六：季孫行父臧孫許叔孫僑如公孫嬰齊帥師會晉郤克衛孫良夫曹公子首及齊侯戰于鞌齊師敗績，晉師歸，晉侯歡捷于周，晉知罃對楚，季孫行父如宋致女，晉侯問楚囚，晉郤至聘楚，呂相絕秦，晉侯及楚子鄭伯戰于鄢陵楚子鄭師敗績楚殺其大夫公子側，魏絳戮楊干之僕。

卷第七：叔孫豹如晉，晉魏絳和戎，公冠，季孫宿叔老會晉士匄齊人宋人衛人鄭公孫蠆曹人莒人邾人滕人薛人杞人小邾人會吳于向，邾庶其以漆閭丘來奔，鄭人病晉重幣，鄭子產獻捷于晉，晉程鄭卒，楚伍舉出奔聲子復之，吳子使札來聘，鄭子產相鄭伯如晉，鄭人游于鄉校以論執政，鄭子產諫使尹何為邑，叔孫豹會晉趙武楚公子圍齊國弱宋向戌衛齊惡陳公子招蔡公孫歸生鄭罕虎許人曹人于虢。卷第八：鄭游吉如晉送少姜之葬，齊請繼室于晉，鄭罕虎如晉賀夫人，楚使椒舉如晉求諸侯晉侯許之，楚子蔡侯陳侯許男頓子沈子徐人越人伐吳，鄭人鑄刑書，鄭伯嘉卒，楚子伐徐，晉荀吳帥師伐鮮虞，晉荀櫟如周葬穆后，晉韓起聘于鄭，宋衛陳鄭災，叔詣會晉趙鞅宋樂大心衛北宮喜鄭游吉曹人邾人滕人薛人小邾人于黃父，天王入于成周尹氏召伯毛伯以王子朝奔楚，齊侯與晏子坐于路寢，王使富辛與石張如晉請城成周，吳人敗越于夫椒，楚子西不懼吳。

◎題辭：自有天地以來即有至文，有至文即有尚論之作。六經史傳，天地之至文也，然不得聖人刪定之、贊修之、訓詁而羽翼之，何能成其文之至？！譬如日月之照臨，未撥雲霧，何由見其明之至；江河之浩瀚，未遡淵源，何由

見其深之至哉。是故立言不貴乎能言，而貴乎不能不言。生千古之下而讀千古以上之書，不能闡發其深微、分疏其意旨，呫唔對壁，皓首窮經，雖讀盡聖賢之書，猶弗讀也。即有二三英傑之士特起其間，以著述自任，而徒剽竊唾餘，浮辭膚說，雖連篇累牘，儼然作者，吾安得而許之耶？！故曰「文章千古事，得失寸心知」而已矣。繼莊劉先生，抱經濟之學，於時不偶，著書等身。其他無論，即評定《左氏傳》諸篇，無微不抉，無隱不窺，吸精洗髓，妙解瀾翻，自有《左氏》以來無此尚論，幾成千古缺陷。急與坊客謀壽諸梨，刻成而題之曰《左傳快評》，以公天下之讀至文者。歲在游兆閹茂，海陽金成棟天三氏拜手題。

◎王源《劉處士墓表》：其生其死固世運消長所關，而上下千百年中不數見之人也。

◎劉獻廷（1648～1695），字繼莊，一字君賢，別號廣陽子。直隸順天府大興（今北京）人。曾遷居蘇州。精輿地。萬季野引參《明史》館事，顧景范、黃鴻引參《一統志》事。著有《左傳快評》八卷、《左傳摘文》二卷、《新韻譜》、《明初官制》一卷、《楚水圖記》、《廣陽雜記》、《四瀆入海圖》、《秦邊紀略》、《廣陽詩集》、《離騷經講錄》、《秦邊九衛圖》、《水經注疏》、《江漢沅湘記》、《陞官圖說》、《續竹書紀年草稿》、《綱目紀年》、《論宗法》。

劉獻廷評 左傳摘文 二卷 存

乾隆抄本
◎明鍾惺注。清秋崖子錄。

劉學寵輯 春秋感精符 存

道光刻青照堂叢書本
◎劉學寵，陝西朝邑（今大荔）人。著有《五經通義》、《五經析疑》、《史編雜錄》，輯有《易巛靈圖》一卷、《易洞林》一卷、《易飛候》一卷、《易通卦驗》一卷、《春秋緯》、《春秋說題辭》、《春秋孔演圖》、《諸經緯遺》一卷、《春秋合誠圖》等。

劉學寵輯 春秋合誠圖 存

道光刻青照堂叢書本

劉學寵輯 春秋孔演圖 存

道光刻青照堂叢書本

劉學寵輯 春秋說題辭 存

道光刻青照堂叢書本

劉學寵輯 春秋潛潭巴 存

道光刻青照堂叢書本

劉學寵輯 春秋緯 存

道光刻青照堂叢書本

劉學寵輯 春秋文曜鉤 存

道光刻青照堂叢書本

劉學寵輯 春秋元命苞 存

道光刻青照堂叢書本

劉學寵輯 春秋運斗樞 存

道光刻青照堂叢書本

劉學寵輯 春秋佐助期 存

道光刻青照堂叢書本

劉以貴 春秋集解 二百四十卷 佚

◎孫葆田《山東通志》卷百二十七《藝文志》第十：是書卷數見《採訪冊》。

◎劉以貴，字滄嵐。山東濰縣（今濰坊）人。康熙二十六年（1687））舉人、二十七年（1688）進士。康熙三十五年（1696）任廣西蒼梧縣知縣，革除陋習，營茶山書院。年四十告歸，杜門著述。卒年六十五。著有《周易古本》十六卷、《周易本義析疑》二十卷、《周易探原》十卷、《古文尚書》五卷、《尚書集解》五十八卷、《三禮通解》、《春秋解》九卷、《三傳公案》、《滄嵐辨真文》二卷、《初學正鵠》一卷、《正命錄》、《蒼梧縣志》、《萊州名賢志》、《文法真傳》、《萊州府志》十六卷、《藜乘初集》一卷、《藜乘二集》二卷。

劉以貴 春秋解 九卷 佚

◎民國常之英《濰縣志稿》卷三十七《藝文》：劉以貴《周易古本》十六卷、《周易析疑》十四卷、《周易探源》八卷、《春秋解》九卷（《山東通志》：「《春秋集解》二百四十卷」，疑誤，或別係一書）、《古文尚書》五卷、《三傳公案》、《尚書集解》五十八卷、《三禮通解》、《藜乘集》二卷、《滄嵐辨真文》二卷、《初學正鵠》一卷、《正命錄》、《蒼梧縣志》、《萊州名賢志》、《文法真傳》、《萊州府志》十六卷。

◎《劉秉經重訂春秋解記》〔註145〕：滄嵐公諱以貴，余之五世叔祖也。康熙舉人、進士，銓選得蒼梧縣，蒞任三年，惠政屢施，俱載於南誌。是後解組歸家，杜門著書，其用力之精勤、著作之宏富，營陵懷庭閻老先生曾為立傳，載於劉氏家乘，言之甚詳。至於著作，其已付梓者有《初學正鵠》一卷、《辨真文》二卷、《藜乘集》二卷，今板皆不存。余嘗於同人案頭鈔寫《藜乘集》詩古文數十篇、《辨真文》選入黃際飛《今文大小題》，商次白《劉大中丞山東文鈔》；其未付梓者，五經皆有解義，《詩經》《周禮》余未及見，所見者《易經探源》八卷、《易經析疑》十四卷、《古文尚書》五卷、《春秋解》九卷，皆係公手寫原本。《易經探源》落櫻桃園莊族人手，未知存否；《易經析疑》余於所讀《易經》鈔其數解，而族人景愷攜至京師，後竟失去；惟《古文尚書》、《春秋解》尚存余家，《春秋解》又少序文。昌樂聘三趙七先生曾借二書去，有鈔本。余恐其久而二書亦失也，亟將二書訂裁成部，盛以書櫝，使後人什襲藏之，庶先人手澤不至盡泯爾。訂裁成，爰係之詩以誌感：傳來祖德百年新，緒衍箕裘啟後人。華國文章稱國瑞，談經傳註足經綸。衰門落寞寒煙鎖，斷簡蕭條夜雨淪。悵望千秋誰繼起，遺編重整幾沾巾。

◎《劉掄升春秋解跋》〔註146〕：滄嵐先生，予七世旁族也。生平著作極富，其最著者已載於昌樂閻考功所為立傳，及族祖此序中。但分存各家，每多散佚。予十三四時，僅於堂伯篋中得其《漢易例》一卷、古文八篇、時文二十一篇而已，其他除已刻之《藜乘集》《初學正鵠》《滄嵐辨真文》外，概未得讀。今年春，始於族人借得此書，披讀之下，不勝舊德之感焉。

〔註145〕錄自民國常之英《濰縣志稿》卷三十七《藝文》。
〔註146〕錄自民國常之英《濰縣志稿》卷三十七《藝文》。

劉以貴 三傳公案 佚

◎孫葆田《山東通志》卷百二十七《藝文志》第十：二書見韓騰所撰傳。《府志》「析疑」上有「本義」二字。從之。傳論云：經說皆未行，若得有力者刊布之，洋洋乎可以備儒林之盛矣。

◎民國常之英《濰縣志稿》卷三十七《藝文》：劉以貴《周易古本》十六卷、《周易析疑》十四卷、《周易探源》八卷、《春秋解》九卷（《山東通志》：「《春秋集解》二百四十卷」，疑誤，或別係一書）、《古文尚書》五卷、《三傳公案》、《尚書集解》五十八卷、《三禮通解》、《蔾乘集》二卷、《滄嵐辨真文》二卷、《初學正鵠》一卷、《正命錄》、《蒼梧縣志》、《萊州名賢志》、《文法真傳》、《萊州府志》十六卷。

劉蔭樞 春秋蓄疑 十一卷

◎大易蓄疑自序〔註147〕略謂：余至黔，不揣固陋，為《春秋／大易蓄疑》二作，欲蓄疑而待問也。其《春秋》一作，為好事者刊刻成集。惟《大易》稿尚未理，改換塗抹至於字畫不辨。

◎提要：是編以治《春秋》者信傳而不信經，故於經文各條下列三傳及胡氏《傳》為案，而以己意斷其得失。於《胡傳》尤多駁正，頗能洗附會穿鑿之習。其或並《左傳》事實疑之，則師心太過矣。

◎錢儀吉《衍石齋記事稾》卷八《故資政大夫貴州巡撫劉公事狀》：著《春秋蓄疑》四卷、《易經解》二卷、《宜夏軒雜著》二卷，德州孫勳刊行之。又有《梧垣奏議》若干篇。

◎劉蔭樞（1637～1723），字相斗，別字喬（矯）南，晚自號秉燭子。陝西韓城潭馬村人。康熙十五年（1676）進士。官至河南蘭陽知縣、江西按察使、雲南按察使、廣東布政使、貴州巡撫、雲南巡撫、刑科給事中。著有《大易蓄疑》七卷、《易經解》二卷、《春秋蓄疑》四卷、《梧垣奏議》、《宜夏軒雜著》二卷。

劉應標 春秋解 佚

◎劉應標（～1903），字紫巖。河南確山人。同治十二年（1873）舉人。《確山縣志》有傳。沉潛經史，深有造詣。著有《簡貫易引》八卷、《折中

〔註147〕原文殘缺。

參義》一卷、《書經解》、《春秋解》、《四書解》、《曲禮月令解》、《訓俗輯說》等。

劉應秋 草堂說春秋 二卷 存

清刻五經說本

◎嘉慶《安康縣志》卷十三：邑人又稱其撰《五經說》《史說》《南山草堂詩》，皆未見。

◎劉應秋（1633～1702），字體元，一字霜威，號玉屏山人，晚號夢覺道人。金州（今安康）人。劉紹基姪。康熙二十四年（1685）歲貢，除神木訓導不就，家居教授後進，稱良師。與廣濟金德嘉、吳門張翬、安慶朱書、南豐梁份、姑蘇陳昱、楚南李百第、福建哈麟昭／郭贊梁相友善。工真草書，以古文詩詞見重。讀書博贍，操行高潔，多習掌故，佐王希舜纂修《興安州志》。著有《五經說》（《草堂說春秋》二卷、《草堂說經》、《草堂說禮》）、《一硯齋集》五卷（括《殘蕉葉集》、《大隱居草》、《長安旅詠》、《山居記事》、《懷新草堂》、《燕遊草》、《拾遺詩文》諸集），纂修《白河縣志》《紫陽縣志》。

劉有綸 麟旨 佚

◎嘉慶《重修揚州府志》卷六十二《藝文志》一：《麟旨》（劉有綸撰）。

◎光緒《山西通志》卷八十七《經籍記》上：《麟旨》，河津劉有綸撰。

◎光緒《山西通志》卷一百五十五《文學錄》中：著《四書自言》《明誠續言》《三忠詩文》《保甲議》《鹽法條議》《麟旨》諸書。

◎劉有綸，字代予。山西河津人。萬曆四十年（1612）舉人。事親至孝，兄弟友愛無間言。僑居廣陵，講學興教寺。崇禎中，佐江都令甃城，淮撫朱大典擬薦修《實錄》，因官之，堅辭。尋選桐鄉知縣，未任卒。著有《麟旨》《四書自言》《明誠續言》《三忠詩文》《保甲議》《鹽法條議》。

劉毓崧 春秋左氏傳大義 二卷 佚

◎同治《續纂揚州府志》卷十三《人物志》五劉文淇：子毓崧字伯山，道光二十年優貢，父子並膺是舉。毓崧幼從父受經，長益致力於學。以文淇故治《左氏》學，纘述先業，著《左傳大義》二卷；又以文淇嘗考訂《左傳》舊疏，因承其義例，著《周易／尚書／毛詩／禮記舊疏考正》各一卷；又著《經傳通義》十卷、《諸子通義》四卷；論次劉氏先世有學行者，著《彭城徵獻錄》

十卷、《舊德錄》一卷；又著《通義堂筆記》十六卷、《文集》十六卷、《詩集》一卷，卒年五十。子壽曾同治三年副貢，貴曾、富曾、顯曾皆諸生（《家傳》）。

　　◎劉毓崧（1818～1867），字伯山，一字松崖。江蘇儀徵人。劉文淇子。道光二十年（1840）優貢生。從父受經，長益致力於學，傳父《左傳》學，旁通經史及諸子百家，校於校勘。著《春秋左氏傳大義》二卷、《周易舊疏考正》一卷、《尚書舊疏考正》一卷、《毛詩舊疏考正》一卷、《周禮舊疏考正》、《禮記舊疏考正》一卷、《史乘》四卷、《經傳通義》十卷、《諸子通義》四卷、《王船山先生年譜》二卷、《彭城獻徵錄》十卷、《彭城舊德錄》一卷、《通義堂筆記》十六卷、《通義堂集》二卷、《通義堂文集》十六卷、《通義堂詩集》一卷、《伯山文集》不分卷、《克復金陵勳德記》一卷、《王船山先生年譜》、《程可山先生七十壽序》一卷、《輿地紀勝》二百卷補闕十卷校勘記五十二卷。

劉沅　春秋恆解　八卷　存

重慶、吉林大學、齊齊哈爾藏咸豐二年（1852）雙流劉氏豫誠堂刻本
南京藏咸豐十年（1860）虛受齋刻本
江蘇省海安縣藏同治九年（1870）北京道德學社刻本
重慶市北碚藏同治十一年（1872）玉成堂刻本
洛陽藏同治石印本（存卷一）
國圖、上海藏光緒三十一年（1905）劉根文刻本
上海藏宣統元年（1909）玉成堂刻本
遼寧、吉林、齊齊哈爾藏 1922 年北京道德學社印刷所鉛印本
上海藏 1926 年致福樓重刻槐軒全書本
上海、南京藏 1931 年西充鮮于氏持園刻本
南京藏 1935 年鉛印本

◎春秋恆解（晚年定本）凡例（附辨正）：

一、《春秋》為魯史，凡史紀事皆必詳其本末，夫子取而筆削之，因其事具在史策，故止論其是非。而是非之所以辨，則於書法見之。其初特為訓告門人之作，因左丘明為史官，受經於孔子，雖未得孔子之道，而知尊孔子，於是即孔子所書為之傳。亦有經之所無而丘明自傳之者，是丘明自以其事可傳而傳之。秦火以後魯史舊文俱泯，幸此書為孔門授受私書，後裔珍藏久而遂顯，後人乃得知夫子筆削之故。然左氏荒漏亦多，公穀更不待言，學者當分別觀之。

　　一、左氏本魯史官，曾從孔子學而親炙不久，故其所得不深。即文章甚工，亦未嘗與游夏同科，則其所造可知矣。《論語》記巧令足恭恥之，夫子許以同志，其人品正大亦非常侶。特聖人筆削精意原不易知，游夏不能贊一詞，又何況丘明耶？其義頗舛，記事亦有疏謬，或晚年病盲，未及校定傳者之誤。今將發明聖人，自不能曲從傳說，非必與爭辨也。丘明為孔門弟子無疑，唐趙匡始倡議左氏非丘明，朱子亦因「虞不臘」疑之。然周有臘事而非祭名，諸儒未察，愚於《詩經‧載芟章》附解詳之，茲不贅。

　　一、《公羊傳》舊傳公羊高作，高傳其子平，平傳其子地，地傳其子敢，敢傳其子壽。然其中有子、沈子、司馬子、子女、子子、北宮子、高子等語，則非公羊一人之詞。穀梁子名俶，字元始，一名赤，然其傳中「初獻六羽」條云「穀梁子曰」、「尸子曰」，尸子名佼，與商鞅同時，舊云穀梁受經於子夏，若與尸子同時，則不合。二人舊云皆受學於子夏，然子夏晚年深造，夫子告以三無等義，非苟為言者。二人果為弟子，何不聞引述其師之言，而鑿空妄語者甚多？則決非子夏之徒矣。

　　一、夫子因空言不如實事，筆削《春秋》以示門人時中之道。則當時師弟必有問答之言，因秦火不傳，惟《左氏》以國史尚在，《公》《穀》則不知何人剿襲傳聞遂為作傳，乖謬甚多。而至漢《公》《穀》先出《左氏》最後出，於是《公》《穀》遂與《左氏》並行。儒者以為孔門遺裔，不敢輕議。不知三傳之謬不削則經義不明，而沿三傳之說者且橫流無已。愚故一一辨正，務使聖人之心明白共知，豈矜意見而好反前人哉！

　　一、理一而已，著為萬事萬物，而其原皆本於心。心純乎理，則在我者即天之理，盡其性而盡人物之性，無不可一以貫之。常人無聖人之心，由未踐聖人之事，又安能知聖人之言？天下古今情事萬變，豈可勝窮，然要不外五倫。道在五倫，五倫本於五性，五性止是一性。不能窮理盡性以至於命，而以一知半解釋《春秋》，此三傳所以多謬而諸儒是非淆亂日甚也。

　　一、孔子作《春秋》，即事明理，未嘗自言可以懼亂賊正人心。孟子時知孔子者鮮，又何知《春秋》？故孟子表孔子《春秋》，以明此書維持世教，原是為當時諸侯放恣而言。後人遵孟子之言，知《春秋》尊周攘夷，而不知仁管仲、錄霸功，夫子節取之意；知誅亂臣賊子，而不知夫子尤責重三綱。凡若此類，似是而非，明者甚少。今一一詳明之，雖多與前人異說，實乃以中庸之道折衷至是，期於不悖聖人。其諸儒之論，亦不能一一詳辨也。

一、讀聖人書，原欲學聖人，學至於聖，亦祇全得個為人之理，忠孝節義，其大端也。晚近以聖人為不可學，於聖人之行既不則效，而於聖人之言卻又好為議論，欲以此矜博雅、居高明。然無聖人之實，妄生臆說，貽誤後來，其罪更甚，不可不知，不可不戒也。

雙流劉沅識。

◎春秋恆解序：是非者天下之公理也，孔子曰：「人之生也直」、「斯民也，三代之所以直道而行」，聖王在上，禮樂明而教化興，所以修身飭紀者，無貴賤皆同，即所以立德成名者，舍大學無自。唐虞三代，道一風同，雖其主極使然，亦以民之秉彝好是懿德，天性之自然有不容外也。周室既衰，列國之凌夷雖甚，文武之方策猶存。孔子苟得志於時，舉而措之，損益以歸中和，其道則猶是二帝三王之道，其心亦猶是天地生成之心，無他異也。奈當途既鮮知音，而及門或懷疑貳，故子嘗曰：「我欲託諸空言，不如見諸行事。」蓋事者人所共知，聖人之行事又人人天理所咸有，即所行以證，而知聖人非空言，亦可知聖人無奇術，此夫子惓惓之衷耳。古史記言記動以警人君，且以為後來之規戒。聖人在上則惟知修德承天而已，豈計將來之毀譽哉。聖治漸微，聖蹟將墜，夫子刪書，斷自唐虞，以聖王之法貽後。其書有褒無貶，冠履猶存謹度者，其亦當知率由矣。乃春秋變亂，無復知有聖王之道者。夫子懼大義之凌夷，不得已而筆削魯史以存是非，亦惟是天下之公理與生民之常經，不容或淆。然以匹夫而進退公卿，私為賞罰，故孟子以為天子之事，其實猶是民彝正直之理而已。自來傳註諸家能發明聖人之意者不少，而拘泥三傳過為艱深以晦本文者亦多。愚淺陋，幸生聖人之時，竊謂以聖人之心求聖人之事，則知聖言不能外民彝而別有是非。其苦於難解者，非是非之難明，而以至理為是非者寡也。及門多從事此書，時以大義相質。久乃成編，不忍捐棄，聊書之以俟高明。後之君子，其亦諒愚之庸妄也夫！時道光十有八年孟夏，雙流劉沅書，咸豐二年重校定，時年八十有五。

◎四川總督臣錫良跪奏為故紳學行可風懇恩宣付史館立傳以勵儒修恭摺仰祈聖鑒事，竊據四川在籍紳士翰林院編修伍肇齡／胡峻、庶吉士顏楷等呈，稱已故國子監典簿劉沅，四川雙流縣人。生秉異姿，幼承禮訓。蜚聲黌序，早登拔萃之科；振藻藝林，旋列賢書之薦。道光六年選授湖北天門縣知縣，不願外任，改國子監典簿。廉退本於性成，孝行孚於鄉里。裁成後進，親炙者數千人；著作等身，手訂者百餘卷。優游沐德，純固葆真。念懿行之宜彰，懼遺書

之就失，謹呈該故紳所著《易／書／詩／三禮／春秋恆解》暨《四書恆解》《孝經直解》《古本大學質言》《史存》等書共十一部，計一百四十三卷，並開具事實，清摺呈請具奏。前來臣覆查該故紳劉沅至性純厚，內行篤誠。編纂羣經，歷耄年而不倦；楷模多士，育英俊以成材。允足標示夫儒風，宜荷褒揚之令典，合無仰懇天恩，俯准將已故國子監典簿劉沅遺書事實宣付史館立傳，以勵潛修，出自鴻施逾格。除將該故紳遺書事實清冊咨送國史館查核外，理合恭摺具陳，伏乞皇太后、皇上聖鑒剖示。謹奏。光緒三十一年十月二十四日奉硃批，著照所請該衙門知道，欽此。中書科中書臣劉梫文敬刊。

◎國史館本傳：劉沅字止唐，四川雙流人。乾隆五十七年由拔貢中式舉人，道光六年選授湖北天門縣知縣。安貧樂道，不願外任，改國子監典簿。尋乞假歸，遂隱居教授。博覽羣書，過目不忘，人咸服其掩洽。兄澤嘉慶元年進士，由庶吉士改工部主事，屢書趣其北上，沅曰：「顯揚之事兄已遂矣，犬馬之養願得身任之。」母向氏遘疾困瘁，沅求索醫藥不遠千里，齋戒請禱，朝夕弗遑，母病尋愈。其事親，敬養兼隆，克諭於道。兄弟之間，力行仁讓。兄沒，撫猶子如己出。姪婦孀居無子，急為立嗣，飲食教誨，勞怨不辭，宗族鄰里助其婚嫁喪葬者不一而足。先是沅幼羸善病，父汝欽精易學，洞澈性理，謂河出圖洛出書，聖人則天，實天啟聖人以明道化，不僅在數術也。伏羲主乾南坤北，文王主離南坎北，即先天後天所由分。且連山首艮、歸藏首坤，艮止坤藏之義即大學止至善、中庸致中和之學。文王之緝熙敬止、成王之基命宥密，胥不外此。沅因仰承庭訓，更求存養之功，內外交修，久而知愚必明、柔必強、仁者壽、大德必壽，聖人窮理盡性神通造化非若道流欺世之談也。讀《左氏傳》至劉子曰「民受天地之中以生，所謂命也」，稱其言至為精粹。於四子書中極為發明，如以集義為養氣之原，斥修士為襲取，以「反身而誠欲仁，仁至必有事焉，勿忘勿助長」等語為治心之本，殊釋子之頑空。又謂喜怒哀樂之未發謂之中，發而皆中節謂之和，積中以求和則可寡尤悔，以底於純粹而無欲，且能知行合一，以身教人，故師取者多此理。其解經盡除門戶之見，不苟異同，務求當於經義。乃至語氣抑揚之間，必悉脗合。論史事如湯武放伐，其先本自為一國，不過以小事大，並非以臣伐君；夷齊叩馬不見經傳，《史記》但因采軼詩而記之，然謂當取信於六藝，則史公固不信此事，故引孔子求仁無怨之言以駁之。其他所發明多類此。又以老子書每多誤解，明瞿曇氏亦有人倫，謂學者但學孔氏，而釋道之真者即不能出此範圍，偽託者不得藉口以為世害。成都南郭外漢昭烈祠

墓傾地，沅鳩率修治，因撰《明良志略》，闡蜀漢討賊之義，以正《三國志》之誤。平日裁成後進，循循善誘，著弟子籍者前後以千數，成進士登賢書者百餘人，明經貢士三百餘人，薰沐善良得為孝子悌弟賢名播鄉間者指不勝屈。咸豐中侯官林鴻年為雲南布政使，至蜀得沅書，讀之驚喜，求問時沅已死，因受業於沅弟子內閣中書劉芬，盡購其書去。及罷官歸，遂以其學轉相傳習，閩人稱沅為川西夫子云。所著書有《周易恆解》六卷、《詩經恆解》六卷、《書經恆解》六卷、《周官恆解》四卷、《儀禮恆解》四卷、《禮記恆解》十卷、《春秋恆解》八卷、《四書恆解》十卷、《大學古本質言》一卷、《孝經直解》一卷、《史存》十六卷、《槐軒文集》四卷《詩集》二卷、《約言》一卷、《拾餘》四種一卷。又有《蒙訓》《豫誠堂家訓》《保身立命要言》《下學梯航》《子問》《又問》《俗言》等篇，皆言顯理微，足資啟發。咸豐五年卒，年八十有八。沅先無子，六十後連舉八男，皆能傳其學。長子崧雲，咸豐二年舉人，沅是科重宴鹿鳴，儒者榮之；椅文，拔貢小京官，同治庚午舉人；桂文，光緒丁丑進士，歷官編修、御史、梧州府知府；棟文，順慶府訓導；根文、檍文，生員。孫咸榮，拔貢；咸焌，舉人；咸燿、咸燡俱生員。

◎劉沅（1768～1855），字止唐，一字訥如，號清陽（居士）。四川省雙流縣人。道光五年（1825）授文職正二品資政大夫，六年（1826）選授湖北天門縣知縣，不願外任，改國子監典簿，尋乞假歸，遂隱居教授，人稱川西夫子。子崧雲、椅文、桂文、棟文、根文、檍文，孫咸榮、咸焌、咸燿、咸燡。著有《周易恆解》六卷、《詩經恆解》六卷、《書經恆解》六卷、《周官恆解》四卷、《儀禮恆解》四卷、《禮記恆解》十卷、《春秋恆解》八卷、《春秋恆解餘傳》一卷、《四書恆解》十卷、《大學古本質言》一卷、《孝經直解》一卷、《史存》十六卷、《槐軒文集》四卷、《槐軒詩集》二卷、《槐軒雜著》、《槐軒約言》一卷、《拾餘四種》一卷、《醫理大概約說》、《法言會纂》、《法言外集》、《參同秘解》、《悟真玄要》、《赤鳳髓丹旨》、《俗言》、《壎箎集》、《尋常語》、《正譌》、《子問》、《又問》、《下學梯航》、《自敘示子》、《性命微言》、《蒙訓》、《明良志略》。

劉沅 春秋恆解餘傳 一卷 存

同治刻槐軒全書本

◎卷首云：聖經絕筆於獲麟，《公》《穀》皆然。而《左氏》獨至孔子卒，

蓋尊孔子，志其終也，弟子之宜也。其下又記事終哀公之世，亦史之宜。至悼之四年一節，則或門人所記，既以終荀瑤事，且以見三晉分而周更微，亦無譏也。非夫子所作，故皆曰傳。

◎摘錄卷末：按左氏為魯史官，則其記魯事自不止此。特因夫子修《春秋》以教門人，丘明在門人之列，故傳終於孔子卒，以全其為師書。至記事終哀公，則史官之職。其終言荀瑤事至悼四年，或左氏長年自記，或孔門弟子所記，均不可知，要知三傳皆多荒謬，而《左氏》較《公》《穀》為優。經義賴之以考，固宜後人重之也。

劉曾騄 春秋三傳約注 十八卷 存

光緒至民國祥符劉遵海、劉曾騄撰輯刻暨油印劉氏叢書十種本

◎劉曾騄（1845～1926），字驤臣，號新里，晚號夢園。河南祥符（今開封）人。劉遵海子。少與同鄉邵蘭賓、沈生甫、王介艇、趙耐卿、丁濟先合稱梁園六子，與馮伯驤、鄭廷驤並稱祥符三驤。同治三年（1864）舉人，光緒二年（1876）進士。歷知山東鄆城、郯城、菏澤、茌平等縣。光緒十九年（1893）致仕。光緒二十年（1894）主辦瓣香、宛南書院，繼任河南大學堂編書處總纂。著有《春秋三傳約注》十八卷、《公羊約解》五卷、《穀梁約解》五卷、《左傳約解》二十二卷、《論語分編》、《論語約注》、《皇清經解通志堂經解輯要》、《五經約解注》、《九經約解》、《列女補傳》五卷、《循吏補傳》四卷、《高風集》二卷、《先觀察公年譜事畧》一卷、《吏視》九卷、《夢園公牘文集》十八卷、《夢園公牘文稿》一卷、《祥符風土記》六卷、《夢園蒙訓》十八卷、《夢園詩集》四十六卷《文集》十二卷《詞集》一卷、《夢園二集》、《夢園律賦》一卷、《夢園駢體文集》六卷、《夢園制藝》六卷補遺一卷、《夢園經藝》一卷、《夢園書藝》一卷、《夢園聯語》十三卷、《祥符劉氏叢書十種》、《劉氏家約》、《劉氏家禮》、《古逸民史》、《浚史》、《祥符耆舊傳》、《循吏傳》、《吏鑒》、《河洛詩則》、《文則》、《清文獻約徵》、《咸同光宣四朝文獻約徵》。

劉曾騄 公羊約解 五卷 存

國圖藏光緒至民國劉遵海、劉曾騄撰輯刻暨油印本祥符劉氏叢書十種本

劉曾騄 穀梁約解 五卷 存

國圖藏光緒至民國劉遵海、劉曾騄撰輯刻暨油印本祥符劉氏叢書十種本

劉曾騄 左傳約解 二十二卷 存

國圖藏光緒至民國劉遵海、劉曾騄撰輯刻暨油印本祥符劉氏叢書十種本

劉曾璿 春秋書法比義 十二卷 存

國圖、北大、南京、湖北、開封、中科院藏道光十九年（1839）濮州劉氏蓮窗書屋刻本

國家圖書館出版社 2014 年晁岳佩宋志英選編春秋研究文獻輯刊影印道光十九年（1839）蓮窗書屋刻本

◎孫殿起《販書偶記》卷二：《春秋書法比義》十一卷，鹽山劉增璿撰。道光十九年蓮窗書屋刊。

◎劉曾璿，直隸鹽山（今河北鹽山）人。著有《春秋書法比義》十一卷、《蓮窗書室詩鈔》二卷。

劉溁 讀左比事 十二卷 存

光緒十九年（1893）刻本（一卷）

北大藏光緒二十八年（1902）刻本

◎雷夢水《販書偶記續編》卷二《經部・春秋左傳類》：《讀左比事》十二卷，清黃岡劉溁撰。光緒壬寅春仲刊。

◎劉溁，字霽先，號芙裳。湖北黃岡人。著有《讀左比事》十二卷、《左緯》三卷、《小隱山房駢體文續鈔》文一卷詩三卷附《詩餘賸稿》。

劉溁 左緯 三卷 存

中科院藏光緒十九年（1893）刻本

劉執經 推春秋魯隱西元年春王正月朔細草 佚

◎民國常之英《濰縣志稿》卷三十七《藝文》：劉執經《三角鈎沉》六卷、《天元勾股細草》二卷、《代數勾股細草》二卷、《推春秋魯隱西元年春王正月朔細草》、《推魯僖公五年正月辛亥朔旦冬至細草》、《推昭公二十年正月己丑朔旦冬至細草》、《推隱公三年二月己巳日有食之細草》、《推漢太初元年氣朔細草》、《後漢建武元年氣朔細草》。

◎劉執經（1829～1878），字益堂。山東濰縣（今濰坊）人。精數學。著有《推春秋魯隱西元年春王正月朔細草》、《推魯僖公五年正月辛亥朔旦冬至細

草》、《推隱公三年二月己巳日有食之細草》、《推昭公二十年正月己丑朔旦冬至細草》、《推漢太初元年氣朔細草》、《後漢建武元年氣朔細草》、《三角鉤沉》（一名《三角鉤沉算書》）六卷、《天元勾股細草》二卷、《代數勾股細草》二卷。

劉執經 推魯僖公五年正月辛亥朔旦冬至細草 佚

◎民國常之英《濰縣志稿》卷三十七《藝文》：劉執經《三角鉤沉》六卷、《天元勾股細草》二卷、《代數勾股細草》二卷、《推春秋魯隱西元年春王正月朔細草》、《推魯僖公五年正月辛亥朔旦冬至細草》、《推昭公二十年正月己丑朔旦冬至細草》、《推隱公三年二月己巳日有食之細草》、《推漢太初元年氣朔細草》、《後漢建武元年氣朔細草》。

劉執經 推隱公三年二月己巳日有食之細草 佚

◎民國常之英《濰縣志稿》卷三十七《藝文》：劉執經《三角鉤沉》六卷、《天元勾股細草》二卷、《代數勾股細草》二卷、《推春秋魯隱西元年春王正月朔細草》、《推魯僖公五年正月辛亥朔旦冬至細草》、《推昭公二十年正月己丑朔旦冬至細草》、《推隱公三年二月己巳日有食之細草》、《推漢太初元年氣朔細草》、《後漢建武元年氣朔細草》。

劉執經 推昭公二十年正月己丑朔旦冬至細草 佚

◎民國常之英《濰縣志稿》卷三十七《藝文》：劉執經《三角鉤沉》六卷、《天元勾股細草》二卷、《代數勾股細草》二卷、《推春秋魯隱西元年春王正月朔細草》、《推魯僖公五年正月辛亥朔旦冬至細草》、《推昭公二十年正月己丑朔旦冬至細草》、《推隱公三年二月己巳日有食之細草》、《推漢太初元年氣朔細草》、《後漢建武元年氣朔細草》。

劉志士 春秋集解 佚

◎光緒《湖南通志》卷二百四十六《藝文志》二：《春秋集解》，安鄉劉志士撰（《澧州志》。增）。

◎劉志士，字修甫。湖南安鄉人。志騫弟。乾隆三十九年（1774）舉人。博通群書，才力尤豪放，為學政褚廷璋所賞拔。著有《春秋集解》、《古泮池詩》、《遊泰山記》、《孔林墟墓辨》。

劉鍾英 春秋左傳辨偽 存

清至民國抄本

國家圖書館出版社 2012 年宋志英選編左傳研究文獻輯刊影印清至民國抄本

◎劉鐘英（1843～1918），河北大城縣人。拔貢。著有《分段評註東萊博議》四卷、《加批輯注東萊博議》四卷、《增批輯註東萊博議》四卷、《春秋左傳辯偽》、《七家詩注》、《全唐詩補遺》、《芷衫詩話》、《試貼舉隅》、《愚公紀談》、《三餘堂全集》。

劉鍾英輯注 分段評註東萊博議 四卷 存

丹東藏 1923 年崇文書局鉛印本

◎宋呂祖謙原撰。

劉鍾英輯注 加批輯注東萊博議 四卷 存

國圖藏光緒二十八年（1902）天津義合堂石印本

首都圖書館藏光緒二十八年（1902）上海文瑞樓石印本

國圖、北大、濟南、河北、內蒙古、牡丹江藏光緒三十一年（1905）上海寶善齋書莊排印本

溫州藏宣統三年（1911）上海會文堂書局石印本

◎附《增補虛字註釋》六卷。

◎宋呂祖謙原撰。

劉鍾英輯注 增批輯註東萊博議 四卷 存

光緒上海錦章圖書局石印本

遼寧齊齊哈爾藏宣統二年（1911）潤德堂鉛印本

北大遼寧撫順華東師大哈爾濱藏宣統三年（1912）上海會文堂書局石印本

遼寧遼大吉林市黑龍江哈爾濱師大濟南藏 1924 年上海啟新書局石印本

濟南藏 1924 年上海中新書局鉛印本

◎一名《增批輯註東萊博議注釋》。

◎宋呂祖謙原撰。

劉自堂 春秋集傳四卷 朔日表 一卷 朔閏攷 一卷 存

新疆維吾爾自治區藏道光四年（1824）劉氏手抄本

劉自堂 春秋日食交周算稿 一卷 存

上海藏抄本

劉自堂 春秋朔日表 一卷 存

新疆維吾爾自治區藏道光四年（1824）劉氏手抄本

劉自堂 春秋朔閏攷 一卷 存

新疆維吾爾自治區藏道光四年（1824）劉氏手抄本

劉自堂 春秋正朔平實算稿 二卷 存

上海藏抄本

劉作垣 左傳闡義 佚

◎張澍《養素堂文集》卷二四《劉星五先生傳》：所著有《周禮匯解》《左傳闡義》二書，大抵采宋儒之說而參以本朝諸家，于方靈皋尤為服膺，其言平實堅確，不尚新奇，可傳也。

◎劉作垣，字星五。直隸威縣（今河北威縣）人。乾隆二十一年（1756）舉人、二十六年（1761）進士。宰安徽舒城縣，遷泗州知州，以讞鄰縣獄挂吏議歸。嘗掌教酒泉書院，主講天梯書院。著有《周禮匯解》《左傳闡義》。

柳興恩 春秋大義述 不分卷 存

國圖藏道光刻本

◎曾國藩《求闕齋日記類鈔》卷下《品藻》：精於《穀梁》之學。曾在阮文達家課讀十餘年，學術頗有家法也。戊辰十月。

◎戴望《謪麐堂遺集・文》卷一《與曾相國論薦柳興宗書》（摘錄）：伏見丹徒縣孝廉柳興宗，字賓叔，天性篤學，迕於流俗，善為《穀梁春秋》，故相國阮公見其撰述，嘗有推挹之言，且延主其家授諸孫經者十數年。其時耆儒碩德如旌德姚文學配中、涇包孝廉慎言、江都凌布衣曙，皆與交好。蓋亦海內經師之望也。柳君以道光十二年舉於鄉，今行年七十有四矣。遭亂之後，神明不

衰，唯所為書以兵燹佚亡其半。方春禮部試歸，選授句容教諭，自以篤老，不願之官，而其鄉故舊以其獨行，不樂攜妻孥僕從，恐或傾跌，亦不遣也。然實窮悴，不免寒饑。望等同類相求，不忍聽其從孤竹之子。儻辱明公援之以手，不惜獎借，則非特望等銜感而已，亦使文達有知，為頌懿德於九原也。數欲道其進謁左右，而患其過泥，謂恐跡涉干澤，非士所以自處之道。望等具道明公愛士之誠，雖極勤勸，無驕矜色，始驩然首肯。設明公於其造膝之際，視其貌穆然如古鐘磬之陳於前，叩其學淵然如泉之始出而不可窮，或可信箋言之非謬也。望謹上。

◎袁昶《于湖小集》卷五《贈柳賓叔》：阮公猶及侍清光，投老無依屢絕糧。獨耆更生傳古學，還從武子得餘光。鹿裘帶斷繩堪續，竹節丹成眼忽方。且喜禮堂須寫定，瑕邱待辟石渠郎。

◎張之洞《書目答問》卷一《經部》：《穀梁大義述》三卷（柳興宗。有刻本未見。邵晉涵《穀梁古注》、洪亮吉《公穀古義》，未刊）。

◎趙爾巽《清史稿》卷一百四十五志一百二十《藝文》一：《穀梁大義述》三十卷，柳興恩撰。

◎王欣夫《蛾術軒篋存善本書錄・甲辰稿》卷一：

《穀梁大義述》不分卷（一冊），清鎮江柳興恩撰。光緒壬午德化李盛鐸木犀軒重雕本。吳縣曹元忠手跋。

《穀梁》絕學，治之者鮮。賓叔創通大義，作為此書，阮芸臺、陳蘭甫序之，皆深致推服。李越縵日記於「《春秋》託始於隱」說，則斥為誣妄悖誕，傷教害義，所見之不同如此。惜其書猶多闕略，此刻不分卷，共四十九葉，以較南菁書院《經解》所刻三十卷本，述日月例九十一，僅存其六；述禮僅存隱公三條、桓公一條；異文僅存隱、桓二公；師說僅存劉逢祿《廢疾申何》；經師僅至胥君安；長編僅存《尚書》《史記》；相去懸殊。案蘭甫序稱：「賓叔與澧同年舉鄉試，因求其書，得寄示所刻一帙。讀之歎其精博，今年與賓叔遇於京師，遂定交焉。復得贈一帙，較昔所刻倍之，其說益精博，其未刻者尚多也。」然則賓叔此書，雖終未完成，而已先有兩刻。李氏據以重雕者，必其第一刻，故簡略至此，與越縵所見本同。及南菁本出，而此刻可廢，故未收入其《木犀軒叢書》，而印本亦流傳遂希。余以其有君直先生手跋，特收藏之。跋於《春秋》復讎之義有所闡發，其時去甲午之衄未遠，蓋有為而言也。至賓叔原闕者，胡綏之先生已為補完，以贈弟子張慰祖，世多知之。

有「唐天馬鏡室」白文方印、「句吳曹氏收藏金石書畫之印」白文方印。

（是書往屬丹徒包曉村明經購之淮南書局，知先生欲為《正義》而未成，此特長編耳。且長編亦未竟也。然其論《春秋》託始於隱，謂隱於惠公為賊子，於周室為亂臣。微言大義，不絕如線，不意先生綿此墜緒也。余嘗謂齊襄復九世之讎，公羊稱之，非予齊襄也，九世之讎，且復翎父讎乎，予齊襄所以非魯莊，而又深冀魯莊子孫能復其祖父之讎，故曰雖百世可也。屬辭比事，《春秋》教也。《公羊》古義，似乎在是。惜不能起九京而質之。己亥十一月，元忠唐天馬竟室志）

◎上海古籍出版社2015年《續修四庫全書總目提要・春秋類》「《穀梁大義述》三十卷」：柳氏年四十四始治《毛詩》，以毛公師荀卿，荀卿師穀梁，而《毛傳》中多存穀梁之說，然歷來治《春秋》者，《穀梁》學最為微茫。清代雖尚樸學，而三傳之中，又以《穀梁》學最為後起。阮元編纂《皇清經解》，《左傳》、《公羊》皆有專家，而《穀梁》獨缺。興恩乃奮發治《穀梁》，終成此書。全書按照條例，共分七部：既以《春秋》定此經名，即便無事，猶必舉四時之首月，故首為述日月例。《春秋》治亂於已然，而禮乃防亂於未然，故述禮為第二例。《穀梁》之經與《左傳》、《公羊》相異者甚多，按《漢書・儒林傳》，《穀梁》為魯學，《公羊》乃齊學，或由齊、魯異讀，遂有音轉而字異，故述異文列第三。《穀梁》親受子夏，故傳中多用孔子、孟子說，其他暗合者更多，故第四為述古訓。自漢以來，《穀梁》鮮有專家，要不得擯諸師說之外，故列述師說於第五。而漢儒師說之可見者，惟尹更始、劉向二家，然搜獲寥寥，其說已亡而名僅存者、自漢以後並治三傳者亦收錄，此乃述經師第六。《穀梁》久屬孤經，所見典籍凡涉《穀梁》者，循次摘錄，附以論斷，加之本經廢興源流，此乃述長編第七。《公羊》予桓公以宜立，《穀梁》罪桓以不宜立，宜立則罪在桓，不宜立則罪在隱。傳曰先君之欲與桓，非正也，邪也。探先君之邪志，以與桓，是則成父之惡也。如傳意，則隱在惠公為賊子，於周室為亂臣。按鄭玄《六藝論》之說，穀梁子親受子夏，善於經。是興恩以為，《春秋》於隱公元年之不書「公即位」，唯《穀梁》之解合乎誅討亂臣賊子之旨，遠勝《左傳》「攝也」及《公羊》「祖之所逮聞也」之說。而范寧襲杜預之說，以為孔子慨東周之變而接乎隱公，故而托始，是昧於《穀梁》之旨者。阮元評此書為「扶翼孤經」，並為之序。陳澧撰《穀梁箋》，久未成書，既讀其書之後，以為有此作與鍾文烝之《穀梁補注》，遂不復作《穀梁箋》。梁啟超、呂思勉等皆以此書為清代《穀梁》學之翹楚。然亦有批評之者，如皮錫瑞以為，柳興恩以亂臣賊

子斥隱公，而不許為讓國之賢君，則如何處置篡弒之桓公？乃以柳氏之說為過於刻薄。然皮氏之論，明謂《穀梁》不如《公羊》，亦有失公允。此本據清光緒十四年南菁書院刻《皇清經解續編》本影印。（陳峴）

◎柳興恩（1795～1880），原名興宗，字賓叔，號潤江。江蘇丹徒人。受業於儀徵阮元。道光十二年（1832）舉人。勅授文林郎，揀選知縣。道光二十四年（1844）大挑二等。咸豐六年（1856）特授句容縣學教諭，以粵亂未赴為捷足者所佔據，遂告歸。自避居後，稿多不存。著有《周易卦氣補》四卷、《虞氏逸象考證》二卷、《易卦值日用事》八卷、《尚書篇目考》二卷、《毛詩注疏糾補》三十卷、《詩譜考佚》一卷、《續王氏詩地理考》二卷、《儀禮釋官考辨》二卷、《春秋大義述》不分卷、《穀梁春秋大義述》三十卷、《賈孔疏義異同評》二卷、《說文校勘記》、《群經異義》四卷、《劉向年譜》四卷、《史記校勘記》三十卷、《兩漢書校勘記》六十卷、《南齊書校勘記》十五卷、《壹宿齋詩文集》、《達心齋詩文集》、《率土徵獻錄》、《待旌錄》。

柳興恩 穀梁大義述 三十卷 存

湖南、中科院藏道光二十六年（1846）刻本（不分卷）

中央民族大學藏光緒八年（1882）李氏木犀軒叢書續刻本（不分卷）

光緒十四年（1888）南菁書院刻皇清經解續編本

北大藏清抄本（不分卷）

◎穀梁大義述〔註148〕：《六藝論》云穀梁子善於經，蓋以其親受微言於子夏，最近於孔子也。公羊與穀梁同師子夏，而鄭氏《起廢疾》則以穀梁為近孔子、公羊為六國時人。然則善經近孔四字固此傳之確評矣。世之治經者多治《左氏》《公羊》，於《穀梁》慢之。故余整齊百家，為《皇清經解》千五百卷，《左氏》《公羊》皆有專家，《穀梁》無之，心每欿然。道光十六年始聞鎮江柳氏為《穀梁》之學。二十年夏柳氏興恩挾其書渡江來，始得讀之。知其專從「善於經」入手，而善經則以屬辭比事為據，事與辭則以《春秋》日月等名例定之。發憤沈思，久乃卒業。余甚惜見之之晚也，亟望禮堂寫定，授之梓人，補學海堂之缺文，與海內學者共之，是余老年之一快也。揚州阮元譔。

〔註148〕阮元《揅經室再續集》卷一收錄此序，題《鎮江柳孝廉春秋穀梁傳學序》。惟卷末「揚州阮元譔」作「興恩為余門生之門生，貧而好學，鎮江實學敦行之士也。」

◎穀梁大義述敘例：《春秋》終於獲麟而托始於隱公之元年，杜預曰：「因獲麟而作，起獲麟，則文止於所起。」此說允矣。至何以託始於隱元，憶自十歲外讀《左氏傳》時，即懷此疑。見杜預「平王東遷之始王，隱公讓國之賢君」云云，竊以為其詞支。嗣是博訪通人，均未有愷切言之者。及年四十有四，奉諱居憂，向治《毛詩》，知毛公師荀卿，荀卿師穀梁，毛傳中多穀梁說。因即家弟所藏汲古閣毛氏初印注疏本繙閱之，見范寧之序，亦以遭父大故而訂《穀梁》傳注，益覺與蒙之讀禮同也。而專精治之，治之久而不覺數十年來之疑頓釋也。烏乎！穀梁之學之微也久矣，乃今而知《春秋》託始於隱之旨獨在此矣，何言之！公羊予桓公以宜立，穀梁罪桓以不宜立，宜立則罪在桓，不宜立則罪在隱。傳曰：「先君之欲與桓，非正也，邪也；探先君之邪志以與桓，是則成父之惡也。」如傳意，則隱在惠公為賊子。傳曰：「為子（句），受之父；為諸侯，受之君。廢天倫，忘君父。」如傳意，則隱於周室為亂臣。孟子曰：「孔子成《春秋》而亂臣賊子懼。」夫所謂賊者，豈但剚之刃乃為賊哉，成父之惡即為賊子矣；所謂亂者，豈但犯上作逆乃為亂哉？廢倫忘君即亂臣矣。烏乎！以輕千乘之國者而卒不能逃亂賊之誅，則千秋萬世臣子之懼心必自隱公始矣（劉恭冕云：《漢書古今人表》魯隱公與魯桓公同列下下第九等，亦一證也）。況傳曰：「先君既勝其邪心以與隱，是惠公未失正也」，明其不必託始於惠也。傳曰讓桓，不正見桓之弒逆，隱實啟之也？並明其無庸託始於桓也。且惠反諸正以與隱，隱乃不行即位之禮以啟桓，是隱之納於邪也，然則隱之元年尤邪正絕續之交。《春秋》託始於此，即於不書公即位見之。孔子志在《春秋》，故知我罪我之言，亦出於不得已。此《春秋》之微言，即《春秋》之大義也。烏乎！仲尼沒而微言絕，七十子喪而大義乖，穀梁子親受子夏，開宗明義首發此傳，《春秋》之旨炳如日星，以視《左氏傳》「不書即位，攝也」、《公羊傳》曰「《春秋》何以始乎隱？祖之所逮聞也」，果孰當乎？果孰當乎！故鄭康成《六藝論》獨曰「穀梁善於經」，此之謂也。范寧序襲杜預說而小變之，謂孔子慨東周之變於時，則接乎隱公，故因茲以託始，亦豈知《穀梁》之旨者哉？烏乎！自漢以來，《穀梁》師授既不敵二傳之多，至曉曉於廢疾、起廢疾之辨，抑末也。近阮相國刻《皇清經解》凡千四百卷，為書百八十餘種，其中經師七十餘人。《左氏》《公羊》皆有專家，惟《穀梁》缺焉。其著述中兼及之者，如齊侍郎《經傳考證》、王尚書《經義述聞》，又多沿其支流，鮮克舉斯大義。蒙故發憤卒業於此，竝思為《穀梁》集其大成。謹敘其凡例於右：

聖經既以《春秋》定名，而無事猶必舉四時之首月，後儒紛紛競謂日月非經之大例，豈通論哉？況桓五年春正月甲戌己丑陳侯鮑卒，一事而兩日迭書；十有二年丙戌公會鄭伯盟于武父、丙戌衛侯晉卒，二事而一日兩書；僖十有六年春王正月戊申朔隕石于宋五，是月六鷁退飛過宋都，日先書月後書，此即經之自起凡例也。《穀梁》日月之例，泥則難通，比則易見，與其議傳而轉謂經誤（唐啖助、趙匡、陸淳等謂甲戌之下必有脫文、兩書丙戌必有誤字），何如信經而併存傳說之為得耶？述日月例第一（其自然之序說見諸侯卒葬例）。

《春秋》治亂於已然，禮乃防亂於未然。況穀梁親受子夏，其中典禮尤與《論語》夏時周冕相表裏，百世以俟聖人而不惑也。述禮第二。

《毛詩正義》云：「字與三家異者，動以百數」（謂《齊詩》《魯詩》《韓詩》），謹案《穀梁》之經與《左氏》《公羊》經異者，亦以百數。此非經旨有殊，或由齊魯異讀（《漢書‧儒林傳》：《穀梁》魯學，《公羊》迺齊學也），音轉而字亦分也。陸氏《釋文》雖備載之，而未嘗析其源流。今本仁和趙徵君坦《春秋異文箋》以引而申焉。述異文第三。

穀梁親受子夏，故傳中用孔子、孟子說者，如隱元年成人之美不成人之惡（《論語‧顏淵》篇文），僖二十有二年禮人而不答則反其敬、愛人而不親則反其仁、治人而不治則反其智（《孟子‧離婁》篇文），其他暗相脗合者更多。《毛詩‧大雅》云「古訓是式」，竊有志焉。述古訓第四（原闕）。

自漢以來，《穀梁》師授不敵二傳之多。迨唐以後，說經者競治《春秋》，即不束三傳於高閣，其於穀梁，或采用一二焉，或批泊一二焉，無非兼及，鮮有專家，要不得擯諸師說之外也。述師說第五。

漢儒師說之可見者，唯尹更始、劉向二家，然搜獲者亦寥寥矣。其說已亡，而名僅存者，自漢以後併治三傳者亦收錄焉，共若干人。述經師第六。

《穀梁》久屬孤經，今日更成絕學。茲於所見載籍之涉《穀梁》者，以經史子集之序，循次摘錄，附以論斷，並著本經廢興源流，庶為之集其大成。述長編第七。

◎陳澧《柳賓叔穀梁大義述序》〔註149〕：《穀梁春秋》，千年以來為絕學，昔吾友侯君橒著《穀梁禮證》，未成而歿。澧為《穀梁箋》及《條例》，亦久而未成。甲辰春，謁見阮文達公於揚州，公贈以新刻《再續集》，有鎮江柳氏《穀梁大義述序》，乃知海內有為此學者，為之喜慰。柳氏名興恩，字賓叔，與澧

〔註149〕錄自陳澧《東塾集》卷三。

同年舉鄉試。因求其書，得寄示所刻一帙，讀之，歎其精博。今年與賓叔遇於京師，遂定交焉。復得贈一帙，較昔所刻倍之，其說益精博，其未刻者尚多也。賓叔屬澧為序，且徵其說采入之。澧舊稿不在行篋，其說多不能記，謹舉其一以就正焉。孟子曰：「臣弑其君，子弑其父。孔子懼，作《春秋》。《春秋》，天子之事也。孔子成《春秋》而亂臣賊子懼。」《春秋》之義莫大於此，此義為《穀梁傳》得之。桓元年傳曰：「桓無王，其曰王何也？謹始也。桓弟弑兄、臣弑君，天子不能定諸侯，不能救百姓，不能去以為無王之道，遂可以至焉爾。元年有王，所以治桓也。」《穀梁》之說如此。然則世有亂臣賊子，自天子至百姓皆有責焉，故亂臣賊子無所容於天地間，此其所以懼也。天子不能治亂賊，則孔子以為無王而自以王法治之，故曰「天子之事也」。以是推之，凡《春秋》之書「王」，其義皆為「以王法治天下」可知也。孔子懼有弑君弑父者，而作《春秋》，此《春秋》所以始於隱、桓也。隱元年傳曰：「將以惡桓也」，是其義矣。此澧之臆說，賓叔如以為然，異時將盡出其說以備采擇，澧之書可不復作，若鄭康成與服子慎就車講《左傳》故事矣。君模書雖未成，已有刻本，當為賓叔致之，並採錄其說。君模有知，當感歎於地下也。

　　◎陳慶鏞《籀經堂類藁》卷十一《柳賓尗春秋穀梁傳學序》〔註150〕：曰識柳君賓尗於都門，以文字交，聞治《穀梁》學，未覿其書。丙午秋，南旋便道，訪君於鎮江成西柳家祠。一見，師弟滿座，誦讀朗如也。敘畢出，賓尗抱書來舟中，因假一昔喜而讀之。凡類七：首述日月例，著書法也；次述禮，考典要也；次述異文，正音讀也；次述古訓，式先言也；次述師說，羅眾解也；次述經師，明授受也；次述長編，鉤微惜也。凡經史子集片言微義有關於《穀梁》一家之學者，裒輯不遺餘力，成顓門之名業，作後學之津梁。其自序云：「《春秋》訖於獲麟而起於隱元，孔子『知我罪我，其惟《春秋》』託始原非無意，《穀梁》開宗明義，罪桓以不宜立，桓之立非正也，正《春秋》所由作。而《公羊傳》予桓以宜立，《左氏傳》謂『不書即位，攝也』，尚非聖人作經本旨，可謂得是書之竅要矣。《春秋》三傳，《公羊》先出，《穀梁》次之，《左氏》又次之。漢興多習《公羊》，瑕邱公始受《穀梁春秋》於魯申公，傳子至孫為博士，其後浸微，業者唯魯榮廣、王孫皓星公二人。廣曰授沛蔡千秋少君、梁周慶幼君、丁姓子孫千秋，又事皓星公，為學最篤。宣帝即位，聞衛大子好之，曰問韋賢、夏侯勝、史高，皆言宜興《穀梁》，乃擢千秋為郎，選十人從受，

─────────────
〔註150〕又見於《清儒學案》。

而汝南尹更始亦事之。自元康中始講，至甘露九年，積十餘歲乃卒業。於是召諸儒議殿中，內《穀梁》家中郎王亥五人議三十事，多從之。《穀梁》本魯學，《公羊》迺齊學，《穀梁》與《公羊》雖同出子夏，然穀梁子苟卿嘗師之，時於孔子為近。若公羊乃六國時人，故鄭君曰『穀梁善于經』，又曰『《穀梁》四時田者，為近孔子故也』，近故聞知獨確，為能善于經。今觀《春秋》一經多以義書，而《穀梁》能以禮正。隱元年天王使宰咺來歸惠公仲子之賵，傳曰：『母以子氏，仲子者何？惠公之母，孝公之妾也。』文九年秦人來歸僖公成風之襚，傳曰：『秦人弗夫人之也，即外之弗夫人而見正焉。』母以子氏者，謂繫子為號。仲子繫惠公，成風繫僖公，繫於子不繫於夫，《春秋》妾母書法為千古特筆，所以防禮教、正彝倫，即在於此。漢孝文太后、孝昭大后亦繫子為號，不繫高祖、孝武，是即祖《穀梁》之義。《左氏》《公羊》皆以仲子為惠公母，歸賵歸襚，一使而兼二禮。夫仲子成風皆妾母也，一以妾繫夫，一以子先母，自違其體例，《春秋》書法不應前後兩岐。鄭氏《釋廢疾》曰：『若仲子是桓母，桓未為君，則惠公之妾，天王何以賵之？』是可以折二傳矣。僖八年『禘于太廟，用致夫人』，《左氏》以夫人為哀姜，《公羊》以夫人為齊媵女之先至者，據《春秋》之例，至卒稱夫人，薨偁小君，哀姜之薨八年矣，致主於廟，不得猶偁夫人。若以為齊媵女之先至，春秋楚女之至不見於經，何以知夫人之為齊媵？且夫人見廟必祭，若禘於太廟，其禮彌隆，何以譏不敬？《穀梁》言尊成風，其義自磪。傳曰：『用者，不宜用者也。致者，不宜致者也』，言夫人必以其氏，言夫人而不以氏，非夫人也，立妾之辭也，非正也。一則以宗廟臨之而後貶焉，一則以外之弗夫人而見正焉。劉向亦曰：『夫人，成風也。致之於太廟，立之以為夫人』，蓋自僖公立之，然後風氏薨書夫人，然後薨成風書諡書小君，臣子因其偁而書之，無貶君上之文也。《左氏》《公羊》不見隱夫人，《穀梁》以夫人子氏為隱妻。據《春秋》之例，一公之世必書其夫人，隱不宜闕，則知子氏之為隱夫人，《穀梁》之說為長。許慎《五經異義》：『《穀梁》說子爵於母，以妾為妻，非禮也。而《公羊》則以妾子為君得爵命其母；《左氏》謂母以子貴，禮也。』據禮無二適，則從二傳不如從《穀梁》，是皆善於經者也。言經莫善於《穀梁》，則學《春秋》者亦莫善於《穀梁》。」然漢自慶姓為博士，復獨申章昌、尹咸、翟方進、房鳳、胡常、蕭秉數人，酷嗜是經，而其說又弗傳，至隋而學幾絕響。國朝右文稽古，經師代出，顧氏之於《左傳》、劉氏之於《公羊》，具有成書。獨《穀梁》迄無專家。吾師恭甫先生鉤稽條丗，

擬撰《穀梁禮說》，惜未成書，梁木遂萎。近海州許氏桂林著《穀梁時月日書法釋例》，闡發太凡，足開門徑，然於名物象數猶闕如。賓朱治是經，寢饋數十年，三折其厷，上追劉子政、班孟堅、許叔重諸儒，下逮魏糜信、晉徐邈／徐乾／江熙／鄭嗣／劉兆、北周庾信、唐陸淳、宋王應麟，凡眾家遺說，罔不搜羅畢盡以備大觀。又復博訪通人，折衷一是，積帙連篇，浩若淵海。學者循流溯源，進而求之榮、皓諸公之旨，可鈞茅鈎弗而得也。賓朱名興嗣，江蘇孝廉。

◎陳慶鏞《籀經堂類藁》卷十一《陳星槎（煦）所著書序》：耳德化吾宗有窮經之士曰星槎，咸豐辛亥副車也，向未之識。甲寅秋，抱所著書來泉商榷。余見之，其皃古而臞，其言溫而樸，其學老而勤。覽各箸，多能實事求是，統會眾說，而不以一家之言先入為主。於宋確守程朱，旁及橫渠、濂溪，蒐討罔遺餘力。至於古人名物象數、弓盧梓匠、梟栗段桃、鮑韗韋裘、矢磬車軫、陶旊溝洫畛涂，鈎稽輒當務合乎制度之宜而後止。而《讀攷工》以首一段為敘語，有記有傳，如《儀禮・喪服・子夏傳》《大戴禮・夏小正傳》，皆經傳夾行，是古作者著書之例，發前人所未發。敘山川地里江源河源考之甚悉，《禹貢》三黑水以出張掖雞山為雍州黑水、小金沙江會打沖河入江為梁州黑水；其三危入南海據《山海經》「青水、黑水之間若水出焉」，青水在若水東，則黑水當在若水西，正是導川之黑水，可與桑經酈注相發明。窮經之後，繼以讀史。考其論撰霍光留侯設穰侯與范雎辨論、唐高祖尊立代王，語有倫次，不宜苟下雌黃，尤見讀書特識，評騭碻實。而定張耳陳餘曲直、斷武鄉侯司馬懿優劣，雖起馬班范陳諸人而問之，當無以易。倘由是而進焉，糸之祭酒以發其精，融之太史以增其健，異日所造必益廣甄微，藏之名山傳之不朽。余京寓素與有志窮經諸子相過訪，其專門名業者若葉潤臣名灃治《周易》、邵蕙西懿辰之治《尚書》、王芝原佩蘭之治《毛詩》、陳樹滋喬樅之治魯齊韓《詩》、陳卓人立之治《公羊春秋》、柳賓朱興恩之治《穀梁春秋》，咸極苯尊臻奧窔；而治禮則通州王倬人宗涑注《考工》最為詳瞻，覲禮而外，補朝禮一篇，大得高堂氏之遺；福州林薌谿昌彝著《三禮通釋》，其文數萬。王氏其學也窣，林氏其辯也詳，而君其考也細，皆足成一家言，為海內言禮者資考證。計所著凡六種：曰《禮記質疑》、曰《讀禮紀要》、曰《考工記析疑》、曰《山水紀要》、曰《閩儒紀要》、曰《雜丈睿福文存稿》。爰序而歸之，願梓行於世以公同好。付鈔《巴遊誌略》一編，則先世洪照遊海島之所作也，并可採之以為海國聞見錄者補。

◎繆荃孫《國史館儒林柳興恩傳》：治《毛詩》，著《毛詩正義糾補》。知毛公師荀卿，荀卿師穀梁，以穀梁《春秋》千古絕學，纂《穀梁春秋大義述》。

◎陳慶年《賓叔公傳》：其時士大夫講求實學者先後輩出，公遂擯舉子業，治《毛詩》。時劉孟瞻、劉楚楨兩先生病十三經舊疏多踣駁，欲仿江／孫《尚書》、邵／郝《爾雅》、焦氏《孟子》別作疏義。孟瞻任《左傳》，楚楨任《論語》，陳立任《公羊》。公以初治《毛詩》，知毛公師荀卿，荀卿師穀梁，遂任《穀梁》，發憤沉思，久乃卒業……光緒丁亥，長沙師王祭酒益吾屬慶年校理斯稿，編為三十卷，刻入《皇清經解續編》……又著有《虞氏逸象考證》二卷、《周易卦氣補》四卷、《易卦值日用事》八卷、《尚書篇目考》二卷、《毛詩正義糾補》三十卷、《詩譜考佚》一卷、《續詩地理考》二卷、《儀禮釋宮考辨》二卷、《群經異義》四卷、《賈孔疏義異同評》二卷、《說文校勘記》十四卷、《史記校勘記》三十卷、《兩漢書校勘記》六十卷、《南齊書校勘記》十五卷、《劉向年譜》二卷、《達心齋詩文集》、《宿壹齋詩文集》、《率土徵獻錄》、《待旌錄》等書。

◎李慈銘《越縵堂讀書記·經部·春秋類》：閱鎮江柳興恩《穀梁大義述》。僅一冊，前有序例七則，言第七為長編，言取載籍之涉《穀梁》者，以經史子集依次摘錄，附以論斷，今所刻止《尚書》、《史記》寥寥數條；其第二述禮，止賵賻三從庶母祭錫命四條；第五師說，止及何休《廢疾》、鄭君《釋廢疾》四條；第三異文，祗及隱、桓；第四古訓，並無一字，蓋僅刻其略。柳氏畢生治此，其全書當有可觀。然其序有云：「《春秋》托始於隱者，惟《穀梁》得其旨。《傳》曰：先君之欲與桓，非正也，邪也。探先君之邪志以與桓，是則成父之惡也。如《傳》意，則隱於惠公為賊子。《傳》曰：為子受之父，為諸侯受之君，廢天倫、忘君父。如《傳》意，則隱於周室為亂臣。《孟子》曰：『孔子成《春秋》而亂臣賊子懼。』托始於隱者，所以誅亂臣賊子。」則誣妄悖誕，愚儒舞文，悍恣如此，傷教害義，亦《春秋》家學之亂臣賊子矣。光緒乙酉十月二十五日。

◎桂文燦《經學博采錄》：（陳澧）先生於柳君先為神交，道光庚戌相見於京師邸舍，柳君屬先生序其書，且欲先生之說采入……文燦少時，聞鎮江柳賓叔氏者專治穀梁《春秋》之學，著《穀梁大義述》一書，大類凡七……從陳蘭甫先生處得柳氏郵寄先刻之本讀之，纖毫畢具，巨細無遺，於此經大

義嘆觀止矣……比咸豐壬子，文燦再遊京師，而柳氏特枉駕來……壬子夏，柳氏南歸，至癸丑春而鎮江被寇，其所著書藏之名山不可知也，灰於爐煙亦不可知也。

◎周伯義《京江柳氏宗譜序》：賓叔先生亦館阮氏，為太傅所欽崇。

◎《雷塘庵主弟子記》卷八：道光二十年庚子八月，公自訂《研經室再續集》，以《穀梁傳學序》冠其首。

◎顧鎮生《鄉賢公八十壽序》：發憤沉思，積數十年精力，纂成《穀梁春秋通義》百卷。藏於家塾，不求人知，人亦無知之者。儀徵阮太傅請告回揚州，延先生為諸孫授經，索而讀之。喜為年一大快事。特製序文使弁首。且以「亟望寫定授梓，補學海之闕文，與海內學者共之」為屬。不數年，海氛突起，旋又遭粵寇亂，流離遷徙不常，此百卷書竟化為灰燼，可惜也已。乃先生處之泰然，略不介意，偏汲汲以人心世道為憂。

◎劉文淇《青溪舊屋文集》卷十一《懷人六絕句效少陵存歿口號》（并序）：

余素少交游，自姻戚以外，生平相知至厚者不過十數人。就中子韻交最久，季懷、子敬、子駿、孟開次之，楚楨、儉卿、蘊生、仲虞、賓叔、彥之又次之，最後乃得石州。今存歿各半，即其存者亦散處四方，惟賓叔館於揚郡尚得偶相過從。適楚楨自直隸元氏郵書索取近作，爰仿少陵《存歿口號》賦六絕句寄之。以懷人為題，故朝夕相見者如茗香、季子、熙載、西御、句生諸君皆未之及云。道光庚戌十一月朔日識。

搜羅寶應圖經富（楚楨輯《寶應圖經》），續補延昌地志詳（平定張石州著《魏延昌地形志》）。元氏甘棠誰薦達，石州宿草劇淒涼。

丁鴻豪健才猷懋（山陽丁儉卿究心桑梓利病，見所著《石亭記事》），姚信凋零樸學深（旌德姚仲虞深於《周易》，著有《一經廬叢書》）。多口未妨稱國士，苦心何處覓知音。

柳氏文章師子厚（丹徒柳賓叔），梅君詩筆勝都官（江都梅蘊生有《嵇庵集》）。一經行世迂迴待（賓叔精於《穀梁春秋》，著書七種待刊），片石貽孤鄭重看（蘊生家藏唐貞元田府君石）。

五色明珠輝藝社（高郵孫彥之與苹老同族，編《四書說苑》），九苞威鳳耀河東（甘泉薛子韻系出河東，著《說文答問疏證》《文選古字通》等書）。珠光久照人將老，鳳彩先消遇最窮。

廣文有道官偏冷（歙縣閔子敬官全椒學博，有古君子風），公子多才命不猶（歙縣洪子駿為桐生師嗣子）。蓿蓿蘭干情自適，芙蓉搖落稿誰收（子駿工詞，有《殘荷詞》尤佳，今遺集不存）。

大包君與小包君，講藝談經迥不羣（涇縣包季懷撰《毛詩禮徵》，其族子孟開治《公羊》《論語》之學）。鍾阜孤墳悲夜月（季懷葬江寧），金臺旅館悵寒雲（孟開客京師，館於呂鴻臚宅）。

◎劉恭冕《論語正義後序》：及道光戊子，先君子應省試，與儀徵劉先生文淇、江都梅先生植之、涇包先生慎言、丹徒柳先生興恩、陳丈立，始為約各治一經，加以疏證。

◎劉壽曾《傳雅堂文集》卷一《漚宧夜集記》：先大父與諸老輩及門人，為著書之約，疏證群經，廣江、孫、邵、郝、焦陳諸家所未備。

◎趙爾巽《清史稿》列傳二百六十九《儒林》三：初治《毛詩》，以毛公師荀卿，荀卿師穀梁，穀梁《春秋》千古絕學，元刻《皇清經解》，《公羊》《左氏》俱有專家，而《穀梁》缺焉。乃發憤沉思，成《穀梁春秋大義述》三十卷，以鄭六藝論云「穀梁子善於經」，遂專從「善經」入手，而善經則以屬辭比事為據，事與辭則以春秋日月等名例定之。其書凡例謂：聖經既以《春秋》定名，而無事猶必舉四時之首月。後儒謂日月非經之大例，未為通論。《穀梁》日月之例，泥則難通，比則易見。與其議傳而轉謂經誤，不若信經而並存傳說。述日月例第一。謂《春秋》治亂於已然，禮乃防亂於未然。穀梁親受子夏，其中典禮猶與《論語》夏時周冕相表裏。述禮例弟二。謂《穀梁》之經與《左氏》《公羊》異者以百數，《漢書・儒林傳》云：「穀梁魯學，公羊乃齊學也」，此或由齊魯異讀，音轉而字亦分。述異文弟三。謂穀梁親受子夏，故傳中用孔子、孟子說，其他暗合者更多。述古訓弟四。謂自漢以來，《穀梁》師授鮮有專家，要不得擯諸師說之外。述師說弟五。謂漢儒師說之可見者，惟尹更始、劉向二家，然搜獲寥寥；其說已亡而名僅存者，自漢以後並治三傳者亦收錄焉。述經師弟六。謂《穀梁》久屬孤經，茲於所見載籍之涉《穀梁》者，循次摘錄，附以論斷，並著本經廢興源流。述長編弟七。番禺陳澧嘗為《穀梁箋》及《條例》，未成，後見興恩書，歎其精博，遂出其說備采，不復作。他著有《周易卦氣輔》四卷、《虞氏逸象考》二卷、《尚書篇目考》二卷、《賈孔疏義異同評》二卷、《毛詩注疏糾補》三十卷、《續王應麟詩地考》二卷、《群經異義》四卷、《劉

向年譜》二卷、《儀禮釋宮考辨》二卷、《史記／漢書／南齊書校勘記》、《說文解字校勘記》、《宿壹齋詩文集》。

龍啟瑞 春秋古禮輯鈔 佚

◎劉聲木《桐城文學撰述考》卷三「龍啟瑞撰述」：《經德堂文內集》四卷、《經德堂文外集》二卷、《經德堂文別集》二卷、《經籍舉要》一卷、《浣月山房詩內集》三卷、《浣月山房詩別集》一卷、《浣月山房詩外集》一卷、《漢南春柳詞》一卷、《爾雅經註》三卷音釋一卷、《爾雅經註集證》三卷、《古韻通說》二十卷、《南槎吟草》一卷、《粵闈唱和集》一卷、《班書識小錄》、《小學高註補正》、《粵西團練輯略》、《春秋說》□卷（已刊）、《是君是臣錄》□卷（刊未竟）、《通鑑識小錄》、《諸子精言》（未刊）、《莊子字詁》（未刊）、《昌黎詩選》（未刊）、《眉山詩選》（未刊）、《山谷詩鈔》（未刊）、《遺山詩鈔》（未刊）、《浣月山房隨筆》（未刊）、《視學須知》（未刊）、《味道腴室制藝》（未刊）、《霏碧軒詩賦》（未刊）、《春秋古禮輯鈔》、《春秋列國年表》（未成）、《天下金石文字紀略》（未成）、《金石待訪錄》（未成）、《談益錄》（未成）、《談藝錄》（未成）。

◎龍啟瑞（1814～1858），字輯五，號翰臣。廣西臨桂（今桂林市）人。道光十四年（1834）舉人、二十一年（1841）進士，授翰林院修撰。二十四年（1844），充廣東鄉試副考官。二十七年（1847），大考翰詹二等七名，以侍講陞用，七月簡湖北學政。三十年（1850）丁父憂歸。咸豐元年（1851）辦團抗太平軍。咸豐二年（1852）擢侍講學士。咸豐六年（1856）四月授通政司副使，十一月簡江西學政。七年（1857）三月遷江西布政使。八年（1858）卒於官。同治十一年（1872）入祀江西名宦祠。早從呂璜、梅曾亮習古文，與呂璜、朱琦、王拯、彭昱堯合稱「嶺西五大家」；又與王拯、蘇汝謙合稱廣西「三大中興詞人」；與朱琦、汪運、商書浚、楊繼榮、曹克敏、李宗瀛、趙德湘、黃錫祖、彭昱堯等並稱「杉湖十子」，有《杉湖十子詩鈔》。又與邵懿辰、曾國藩、胡林翼等均有交。工書善畫。著有《春秋說》、《春秋古禮輯鈔》、《春秋列國年表》、《爾雅經註》三卷音釋一卷、《爾雅經註集證》三卷、《古韻通說》二十卷、《小學高註補正》、《經籍舉要》一卷、《視學須知》一卷、《粵西團練輯略》、《是君是臣錄》、《班書識小錄》、《通鑑識小錄》、《莊子字詁》、《諸子精言》、《經德堂藏書錄》、《天下金石文字紀略》、《金石待訪錄》、《輶帚集附詞》、《經德堂文內集》四卷、《經德堂文外集》二卷、《經德堂文別集》二卷、《浣月山

房詩內集》三卷、《浣月山房詩別集》一卷、《浣月山房詩外集》一卷、《漢南春柳詞》一卷、《南槎吟草》一卷、《粵闈唱和集》一卷、《昌黎詩選》、《眉山詩選》、《山谷詩鈔》、《遺山詩鈔》、《浣月山房隨筆》、《味道腴室制藝》、《霏碧軒詩賦》、《談益錄》、《談藝錄》。嶽麓書社 2008 年有呂斌編著《龍啟瑞詩文集校箋》，廣西師範大學出版社 2012 年有《桂學文庫・廣西歷代文獻集成・龍啟瑞集》。

龍啟瑞 春秋列國年表 佚

◎劉聲木《桐城文學撰述考》卷三「龍啟瑞撰述」：《經德堂文內集》四卷、《經德堂文外集》二卷、《經德堂文別集》二卷、《經籍舉要》一卷、《浣月山房詩內集》三卷、《浣月山房詩別集》一卷、《浣月山房詩外集》一卷、《漢南春柳詞》一卷、《爾雅經註》三卷音釋一卷、《爾雅經註集證》三卷、《古韻通說》二十卷、《南槎吟草》一卷、《粵闈唱和集》一卷、《班書識小錄》、《小學高註補正》、《粵西團練輯略》、《春秋說》□卷（已刊）、《是君是臣錄》□卷（刊未竟）、《通鑒識小錄》、《諸子精言》（未刊）、《莊子字詁》（未刊）、《昌黎詩選》（未刊）、《眉山詩選》（未刊）、《山谷詩鈔》（未刊）、《遺山詩鈔》（未刊）、《浣月山房隨筆》（未刊）、《視學須知》（未刊）、《味道腴室制藝》（未刊）、《霏碧軒詩賦》（未刊）、《春秋古禮輯鈔》、《春秋列國年表》（未成）、《天下金石文字紀略》（未成）、《金石待訪錄》（未成）、《談益錄》（未成）、《談藝錄》（未成）。

龍啟瑞 春秋說 佚

◎劉聲木《桐城文學撰述考》卷三「龍啟瑞撰述」：《經德堂文內集》四卷、《經德堂文外集》二卷、《經德堂文別集》二卷、《經籍舉要》一卷、《浣月山房詩內集》三卷、《浣月山房詩別集》一卷、《浣月山房詩外集》一卷、《漢南春柳詞》一卷、《爾雅經註》三卷音釋一卷、《爾雅經註集證》三卷、《古韻通說》二十卷、《南槎吟草》一卷、《粵闈唱和集》一卷、《班書識小錄》、《小學高註補正》、《粵西團練輯略》、《春秋說》□卷（已刊）、《是君是臣錄》□卷（刊未竟）、《通鑒識小錄》、《諸子精言》（未刊）、《莊子字詁》（未刊）、《昌黎詩選》（未刊）、《眉山詩選》（未刊）、《山谷詩鈔》（未刊）、《遺山詩鈔》（未刊）、《浣月山房隨筆》（未刊）、《視學須知》（未刊）、《味道腴室制藝》（未刊）、《霏碧軒詩賦》（未刊）、《春秋古禮輯鈔》、《春秋列國年表》（未成）、《天下金石文字紀略》（未成）、《金石待訪錄》（未成）、《談益錄》（未成）、《談藝錄》（未成）。

龍璋輯 鄭玄注公羊 一卷 存

南京、北師大、山東大學藏民國攸縣龍氏鉛印小學蒐佚本

◎漢鄭玄原注。

◎龍祖同《先父龍璋傳略》：少精音律，尤邃小學，著有《小學搜逸》《爾雅邢疏刪繁》《甓勤齋詩文集》若干卷，待編次刊行。

◎龍璋（1854～1918），字研（硯）仙，號特甫，別號甓勤（齋主人），晚號潛叟。湖南攸縣人。龍汝霖子，陶澍孫婿。光緒舉人。歷任沭陽、如皋、上元、泰興、江寧等知縣及候補道，並曾任湖南總商會、工會、農會、公民保礦會、商船公會、出品協會、提倡國貨會等會長。與黃興、蔡鍔、宋教仁、楊篤生、章士釗、周震鱗、焦達峰等交善。嘗創辦經營開濟、利濟輪船公司、中華汽船公司、集成公司、醴陵瓷業公司、貧民工藝廠、如皋小學、泰興第一高等小學、旅寧中學、湖南明德中學、南雲商業學堂、醴陵瓷業學堂、湖南高等鐵路學堂等。辛亥革命後，任湖南第一任民政長、中國國民黨湖南支部評議長、湖南西路巡按使。著有《小學搜逸》《爾雅邢疏刪繁》《甓勤齋詩文集》。

龍璋輯 劉兆注公羊 一卷 存

南京、北師大、山東大學藏民國攸縣龍氏鉛印小學蒐佚本

◎晉劉兆原注。

◎《續修四庫全書提要》：是編為攸縣龍璋從顧野王《玉篇》、釋慧琳《一切經音義》所引，掇拾成編。微言墜誼，頗足以資考鏡。惟陸德明《經典釋文》及李善注《文選》袁陽源《效曹子建白馬篇》引《公羊傳》曰：「曹子劋劍而去之」，劉兆曰：「劋，復辟也，孚堯切。」又僖公四年「卒帖荊」陸《釋文》：「帖，他協反。一本作貼，服也。劉兆同。」二條尚未收入。又《文選》韋孟《諷諫詩》注引劉兆曰：「旁言曰譖」，雖未標明為《公羊傳》之注，然可攷證其為莊四年「紀侯譖之」之釋文也，亦遺而未收。至「『有纍而角』劉兆曰：『纍，麞也』」條，僅知見於慧琳《音義》，不知《文選》鮑明遠《燕城賦》注亦引之。均失之疏略。然群書散見，檢核維艱。璋能排比薈粹，俾學者易於尋省。雖未能盡復原書之舊，而梗概略存。為劉氏一家之學者，或亦有所攷焉。

龍璋輯 劉兆注穀梁 一卷 存

南京、北師大、山東大學藏民國攸縣龍氏鉛印小學蒐佚本

◎晉劉兆原注。

◎《續修四庫全書提要》：楊士勛《穀梁傳序》疏引魏晉以來注《穀梁》者，有尹更始、唐固、麋信、孔演、江熙、程闡、徐仙民、徐乾、劉瑤、胡訥之等十家。儀徵阮元據唐石經本、宋元槧本校其同異，譔《校勘記》云：「劉瑤，隋唐《志》並作劉珧。」今攷之隋唐《經籍志》既無劉瑤之名，亦無劉珧，僅有晉博士劉兆撰《春秋公羊穀梁》十二卷，不知元何所據而云然也。嘉慶盧文弨謂劉瑤為劉兆，攷昭八年秋「流旁握，御轚者不得入」句，疏引陸德明《釋文》曰「轚，古帝反，掛也」、劉兆曰「絓也。本或作擊」；又二十年秋「齊謂之綦，楚謂之踂，衛謂之輒」句，疏曰：「綦音其，又其冀反。劉兆曰『綦，連併也』、『輒，女輒反』，劉兆云『聚合不解也』、『輒，本亦作褻』、劉兆云『如見絆褻也。』」據此，則劉瑤即劉兆，非劉珧，文弨之言是，而元之校誤矣。是編亦龍璋從諸書徵引採掇而成。其見於《穀梁疏》引者二條，雖曾收入，但云見于卷子本《玉篇》。又「一穀不升謂之嗛，劉兆曰：嗛，不足也」條，祇知見《玉篇》欠部，不知《文選》陸士衡《辨亡論》注亦引之，豈舉遠者反略近歟？至《文選》孫興公《游天台山賦》注及李少卿《答蘇武書》注引劉兆《穀梁注》曰「舉，盡也」（案此文公九年「舉天下而葬一人」之釋文也），又《玉篇》土部引劉兆曰「堤，緣逢也」（案此定公九年「得之堤下」之釋文也）二條，尚佚而未載。且書中之單詞隻句，一一彙列，亦未考證其為《穀梁》某經某句之釋文，是直以抄胥為能事，殊為失之。然久佚之書，微而復顯，雖殘章斷句，有裨於經訓者頗多，則表彰之功，固有不可泯沒者矣。

樓卜瀍 春秋三傳錄要 十二卷 佚

◎陳遹聲、蔣鴻藻修纂光緒《國朝三修諸暨縣志》卷四十六《經籍志·經部》：《春秋三傳錄要》，國朝樓卜瀍撰，未見。

◎樓卜瀍（1714～1784），字西濱，號虛白。諸暨（今浙江諸暨）人。雍正十三年（1735）補郡庠生。乾隆二十五年（1760）〔註151〕舉人。二十六年（1761）年掌教毓秀書院，多所栽成。三十一年（1766）就吏部試，以揀選知縣需次。三十四年（1769）主修《諸暨縣志》。四十六年（1781）赴禮部試，欽賜國子監典簿。著有《易例》四十卷、《書傳要旨》四卷、《毛詩訂疑》二十卷、《禮圖約編》八卷、《春秋三傳錄要》十二卷、《經義緯》十卷、《史貫》百

〔註151〕一說雍正十年（1732）。

二十卷、《孔子年譜》十卷、《虛白堂文稿》一卷、《鐵崖古樂府注》十卷、《鐵崖詠史注》八卷、《鐵崖逸編注》八卷、《鳳山草》、乾隆《諸暨縣志》四十五卷。

樓觀 春秋異文補箋 佚

◎陳遹聲、蔣鴻藻修纂光緒《國朝三修諸暨縣志》卷四十六《經籍志・經部》：《春秋異文補箋》，國朝樓觀撰……是書補仁和趙徵君坦《春秋異文箋》所未盡者，采集眾說，斷以己意，細書朱字於眉簡，意欲以墨刻趙氏原書，所補別以朱字也。謀梓行世，卒齎志以沒。

◎樓觀，字曉滄。光緒十年（1886）拔貢生。朝考二等，以教諭候銓。卒於京師。著有《春秋異文補箋》。

盧絳 春秋闡微 三十卷 存

北大、南京、湖北藏康熙四十三年（1704）洛陽王梓崇陽刻本

◎張希良序〔註152〕：五經至帖括而壞，《春秋》為尤壞。棄經而從傳，為比為合為脫，如藏鉤射覆，破碎支離，史外傳心之要典，供後人之侮弄，亦至此極。安石謂《春秋》為斷爛朝報，其亦逆知今日之流弊哉？！本朝刪去傳題，獨用單比合，一洗有明來三百餘年之陋矣。顧前此《指月》《會編》《談虎》《發微》《因是》《參新》諸刻，雖醇駁不一，猶有成書，為後學津梁。自刪去傳題以後，間有小刻，不過擬題家兔園冊子耳。予屢豫闈事，備用書目止有《大全》，主司命題，匆匆常至束手。予視浙學，擬具疏請欽定麟經舊本頒之學官，為場屋永式。會及瓜，匆促未果，至今惜之。荇浦虞君，遠承家學，薈粹眾長，多歷年所，以為《闡微》一編。於單題則抉傳之髓，於比合則屬對精確，其向來游移兩可者，務衷於一是，而紕繆者為駁正之。麟經有此書，從前專門名家之刻，舉可束之高閣，而況近之戔戔者哉！盧君宰絳臺臺，以清廉子惠著聲。行當入備臺垣，拜手而獻之天子，頒布宇內，是予之有志而未逮者，盧君竟之，外史氏其拭目以待（《春秋闡微》）。

◎自序〔註153〕：《春秋》者，聖人假魯史二百四十二年之事襃貶予奪以勸懲千百世者也。文成數千，其旨數萬，當時游、夏輩亦不能贊一辭者，蓋其旨微矣。後之人欲從數百世之後仰體而符合之，不綦難哉。有宋胡文定公出，據

〔註152〕 又見於甘雲鵬等《湖北文徵》卷七，題《春秋闡微序》。
〔註153〕 又見於甘雲鵬等《湖北文徵》卷七，題《春秋闡微序》。

三傳之旨趣，綜百家之論斷，著而為傳，學者翕然宗之。即有明制義以來數百年取士之法，亦未之有易焉。所可異者，人競詭異，家尚新奇，單題之外增為比合，比合之外增為傳題脫母。致令天下聰明才辨之士，束髮窮經，白首而不知其畔岸者比比也。我國家洞晰繁難，刪去傳題脫母，鄉會兩闈獨以單合命題，庶幾《春秋》一書，燦然如日月之經天，秩然如江河之行地矣。第憾繁難既除，業是經者日眾，人無專師，剿竊飷飣，惟擇題之冠冕正大者什之一二，以為捷取功名之具。而場中司衡者，又非本經夙習之人，妍媸不得而識，雷同不得而知，以故近日新科之文，半皆步學邯鄲、矉效西施者也。此其故，總由於場屋之命題者拘於擬題數十首，不知採擇新旨，而學者又舍難就易，不能獨出機杼，以致人人一轍家家一言也。嗟乎！大義微言，何事不可立訓，何語不可示人？而徒欲於鐵板一二擬題內年年求生趣，豈有當乎？且單題之旨，胡傳各有奧義；而比合之旨，又在相題配合，原不拘於一義，神而明之，有無窮意味。惟在其人避實趨虛，推陳出新，事事皆可行其議論，處處皆可供其馳騁。即冷澹隱險之題，愈足徵才人之肇力。如必拘於官板一二熱鬧處，亦多見其量之不廣也。近來作者於單題之文多騁才任氣，縱筆所如，不知體認傳旨；而於比合之文，即仍以單題之文牽強對仗，又全無關合神理。以此言文，其於文定深心、宣聖隱旨，不幾南轅而北轍哉。予治是經二十餘年，甲子秋闈，應聘滇南，闈中於拈題後，即各注題旨以示分衡是經者，瞭如指掌，退而慨然有感於中曰：「何不各題各立一講以曉後人乎？歸來讀禮家居，因遍搜諸講，詳索傳意，凡一切題之大小顯晦者，無不標新出異以立一議。閱二十有四月而其書始成，後之好學深思者，苟取而玩索焉，亦未必於聖人之微言大義無稍補云（《春秋闈微》）。

◎序〔註154〕：六經皆聖人垂教之書，而《春秋》則假魯史寓王法，筆削褒貶，微意在焉。世道賴以維持，人心賴以匡救。千百載下，苟非有好學深思者，起而闡明之，後之學者又惡從而得其旨趣乎？有明三百年來經義設科，於《春秋》獨宗胡氏，蓋以文定公薈萃三傳，別有會心，與宣聖作經之旨相印合也。厥後舉業家逞其聰明，各為臆說，講義日繁，經旨日晦，求其由傳以窮經而不謬於里人之旨者，十不得一焉。予家世業麟經，自為舉子時，亦嘗手輯一帙，藏諸篋笥，而未敢問世。及讀盧君荇浦所撰《闈微》一書，其言簡而核，其義晰而當，體傳合經，真有實獲我心者。蓋緣盧氏先世東河先生潛心理學，

〔註154〕又見於甘雲鵬等《湖北文徵》卷七，題《春秋闈微序》。

素以《春秋》名世，蘊藉數傳，而未獲食報。雖欽父先生於明庚戌大魁天下，然亦以壁經獲售。其青箱秘訣，猶在枕中也。荇浦昆仲取而闡揚之，以故發越甚奇，同胞之內，登賢書者四，成進士者二，如操左券，豈偶然哉。今聖天子崇尚經學，於《春秋》專用單合命題，懸為令甲。世之有志經學者，靡不殫精研思，思所以應上之求。而荇浦是書出焉，洵足以羽翼經傳。使學者得是編而探索之，精融義理，發為文章，於單題則領會傳意，於合題則闡會神情，而又參之左氏、公、穀，議論宏通，神而明之，不拘一格。庶幾經學修明，人材蔚起。即用以定大策、決大疑，坐言起行，俾道術國政胥出於一。則《闡微》一書，其有關於世道人心豈細故哉。昔漢儒董江都作《繁露》，所斷者二百三十二事，而其書遂以不朽。今荇浦闡發全義，苞孕眾美，以視江都何如也？！予固世業麟經者，喜是書之刻，故不辭而序之（《春秋闡微》）。

　　◎傅彥朝序〔註155〕：六經皆載聖道，而《春秋》獨稱史外之傳心。夫心何以傳？有知之者。昔孔子受端門之命，筆削春秋，筮得豫以授子夏，繼有左氏、公、穀、鄒、夾諸傳以羽翼聖經。至胡康侯以大冬嚴雪之姿，憂時作傳，獨會聖人之苦心。數百年來，皆奉胡氏為累黍之式。惟異當日輯經者十有四人，夫子獨授子夏；傳經者二十有三家，而後人獨宗胡傳。何也？蓋宣尼作經、文定作傳，無非為世道人心計，難為門外人語也。自王半山欲廢《春秋》為朝報而經幾廢，惟程明道則尊若日星，藏為不刊之秘。是尼山一段隱衷，安必後人之有知者有不知者？大抵人非具眼慧根，未足窺聖賢之胸突。司馬遷請《晏子春秋》而高之，柳宗元獨疑其近於墨子，若是乎說經之難也。予嘗謂說經者不可以史說經，尤不可以我意說傳。蓋《春秋》非一國之史，而千萬世之史也。胡傳雖文定之傳，而即孔子之傳也。因舉業家創為傳比合脫等題，以聖賢光明正大之旨，盡作影響射覆，懲羹者遂欲尊經廢傳。向使文定當年逆知後來學者將胡傳作欺世魅壓之技，當必奮袂而起，焚其書，直大白於尼山之側，以求無負罪於《春秋》。我皇上崇獎經術，垣中柯素培、太史蔣虎臣兩先生疏請刪去傳比合脫，止用單題。部議慮其太簡，仍存合題，與單題並用，而紛紛之論息。齊安盧荇浦先生素以麟經名世，請盧氏一家言者，鼓斂京洛，乃以石渠天祿之才，偓蹇首蓿，閉戶著書自若也。茲菊月，出所修《闡微》一書問序於予。為之正冠肅容，浣薇讀竟，窺其深心大力，不獨闡胡傳之微，又將由康侯而見公、穀、卜夏以庶幾於孔子。吾楚耿叔臺先生釐正經學，西陵有耿氏《春秋》之目。

〔註155〕又見於甘雲鵬等《湖北文徵》卷七，題《春秋闡微序》。

荇浦與司馬維桑相錯，得其要領，乃質三傳損益於《慜渡》《衡庫》之間，並集《匡解》《指月》《談虎》《明微》諸講說，採切當者錄之上方，參以名家制藝。學者得其一解以當拱璧，一切麟經箋注可以掩卷矣。原是書大旨窮源溯流，以為有經不可無傳，今舉子各守一本擬題，不獨未精三傳，即與胡氏亦南轅北軌而馳，始則信傳遺經，久則並傳而遺之，安得起康侯而問之乎？然予竊為胡傳幸焉，向使荇浦得志，寧有無事之歲月為康侯功臣，今獨得以心力餘閑，闡聖賢心外傳心之隱微矣哉？漢董廣川不理家產，仰觀俯察以成《繁露》，自漢以來，治《春秋》者孰有如廣川者乎？今荇浦披裘烹雪，枵腹而談魯史，是亦廣川知己也。燮山一鐸，豈足以窘先生哉（石榮暐藏《春秋闡微》康熙四十三年刊本）。

◎甘鵬雲等《湖北文徵》卷六：著有《春秋闡微》。

◎盧絳，字紫潭。湖北黃安人。康熙十一年（1672）舉人。任新田知縣。著有《春秋闡微》三十卷。

盧經　春秋文稿　佚

◎甘鵬雲等《湖北文徵》卷六：著有《蒲陽課士錄》《長安秋興稿》《春秋文稿》。

◎盧經，字叔向，號蕙浦。湖北黃安人。順治十五年（1658）進士。官興化、重慶推官。著有《春秋文稿》《蒲陽課士錄》《長安秋興稿》。

盧生甫　左傳八評　佚

◎光緒《平湖縣志》卷十六《人物・列傳》二：著有《孝經注》《左傳八評》《漢書評林》《讀律質疑》《杜詩孟說》《東湖乘》《受中篇》（高《事功》、張《仕績》、王《列傳》）。

◎盧生甫，字仲山。平湖（今浙江平湖）人。康熙四十五年（1706）進士。授山東定陶知縣，尋擢知州，攝廣東臨高縣。再舉卓異，內陞刑部郎中。進解律例稱旨，出知貴州遵義府。卒年六十七。著有《左傳八評》、《孝經注》、《中庸安溪私記四記纂》、《漢書評林》、《讀律質疑》、《杜詩說》二十八卷、《東湖乘》、《續東湖乘》二卷、《受中篇》、《懋敬齋詩稿》。

盧世㴉　春秋闚說　一卷　佚

◎孫葆田《山東通志》卷百二十七《藝文志》第十：是編見《濟南府志》本傳、《山東通志》卷百六十七本傳（無卷數）。

◎盧世㴐（1588～1653），字德水，一字紫房，晚號南村病叟。山東德州人。天啟五年（1625）進士。官監察御史。告病歸。入清起復原官，以病辭歸，縱酒佯狂而終。著有《春秋閒說》一卷、《胥鈔集》（後更名《讀杜私言》）、《尊水園集略》、《春寒閒記》。

盧文弨 春秋左傳序 一卷 存

乾隆五十五年（1790）餘姚盧文弨抱經堂刻群書校補・經部本

國圖藏光緒十五年（1889）會稽徐友蘭鑄學齋刻徐友蘭輯紹興先正遺書・群書拾補初編本

1923年北京直隸書局影印抱經堂叢書本

國圖藏江蘇廣陵古籍刻印社1987年影印乾隆五十五年（1790）餘姚盧文弨抱經堂刻群書校補・經部本

國家圖書館出版社2012年宋志英選編左傳研究文獻輯刊影印1923年北京直隸書局影印抱經堂叢書本

◎卷首小注：以宋本、官本、浦氏正字及足利學考文校於毛本上，是者大書，譌字及小異同作旁注。

◎盧文弨（1717～1795），字召（紹）弓，號磯漁，又號檠齋、抱經，晚更號弓父，人稱抱經先生。浙江仁和（今杭州）人，或謂原籍餘姚後遷仁和。盧存心子。乾隆十七年（1752）進士，授翰林院編修、上書房行走，歷官左春坊左中允、翰林院侍讀學士、廣東鄉試正考官、提督湖南學政等職。乾隆三十四年（1769）乞養歸里，歷主江浙各地書院二十餘年，與戴震、段玉裁交善。以校勘名世。輯印《抱經堂叢書》十七種、《群書拾補》。著有《易經注疏校正》一卷、《周易略例校正》一卷、《周易音義考證》二卷、《周易註疏輯正》二卷、《抱經堂集》三十四卷、《禮儀注疏詳校》十七卷、《鍾山札記》四卷、《龍城札記》三卷、《廣雅釋天以下注》二卷。

盧文弨 春秋左傳注疏校正 一卷 存

國圖藏1923年直隸書局影印乾隆至嘉慶餘姚盧氏刻抱經堂叢書十七種本

國圖藏光緒十五年（1889）會稽徐友蘭鑄學齋刻徐友蘭輯紹興先正遺書・群書拾補初編本

◎一名《春秋左傳注疏》。

盧文弨考證 左傳音義 六卷 存

同治八年（1869）湖北崇文書局刻經典釋文本

國家圖書館出版社 2012 年宋志英選編左傳研究文獻輯刊影印同治八年（1869）湖北崇文書局刻經典釋文本

◎唐陸德明原撰。

盧軒 春秋三傳纂凡表 四卷 佚

◎提要（兩淮馬裕家藏本）：軒字六以，海寧人。康熙己丑進士，官翰林院編修。其書以三傳所言書法之例匯而為表。經文志書為經，傳文橫書為緯。凡分三格，以《左氏》居上格，《公羊》居中格，《穀梁》居下格，皆但列舊文而於其同異是非不加考證。蓋軒欲作《三傳擇善》一書，故先纂此表以便檢閱，尚未及訂正其得失也。

◎《皇朝通志》卷一百十四《圖譜略》二：謹按盧軒以三傳所言書法之例匯而為表，其是非同異未及訂正。

◎盧軒，初名盧輅，字素功，一字巽行，又字六以，號日堂，又號六臣。浙江海寧人。康熙三十五年（1696）舉人、四十八年（1709）進士。改庶吉士，散館授檢討，充武英殿總裁，遷國子監司業。卒年五十六。工古文辭。著有《春秋三傳纂凡表》四卷、《韓筆酌蠡》三十卷、《日堂詩文鈔》一卷等。

盧元昌 左傳分國纂略 十六卷 存

國圖、上海、南京、湖北、吉林、陝西、桂林、中科院、內蒙古、石家莊、曲江區、寧波市天一閣博物館藏康熙二十八年（1689）思美盧刻本（書林孫敬南刻版）

四庫未收書輯刊第三輯影印康熙二十八年（1689）思美盧刻本

◎一名《分國左傳》《春秋分國左傳》《盧文子評閱左傳分國纂略》。

◎各卷首題：華亭盧元昌文子氏評閱，男智心點次。

◎康熙書林孫敬南刻本扉頁：悉遵杜林原註，雲間盧文子先生評閱《左傳分國纂略》。《左傳》一書，邇來苦無善本，先生發其蘊、抉其奧，援今證古，洞心豁目。鐫成，本坊敦請行世，讀者自能珍賞，奉為拱璧也。書林孫敬南梓。

◎左傳分國纂略敘：閱《春秋年表例》得二十國分集，止九國，何也？秦事率綴于晉，不另集；蔡附楚，陳與許亦然；莒人，齊邾也、小邾也，因魯而

見；杞滕薛曹只一二條錯見于晉魯中。周亦國，何？《左氏》曾與鄭平列，云何以不標題？標題後儒之陋也。即以經文，可乎？曰：有有經無傳者，有有傳無經者，未可以概也。既分國，盍紀事而本末之？杜預曰：「先經以始事，後經以終義，依經以辨理，錯經以合異」，尋緒繹之，血脈貫浹，首尾洞然。必如前人牽合而本末焉，固矣。夫《通鑑》之見不可施于《左氏》，是以不為。漢何休目《左氏》曰膏肓、晉范寧曰「《左氏》艷而富，其失也誣」、唐韓愈直以為浮夸，豈通論哉？！余且掇其菁英為學者文庫，組練間有罣漏，故名《纂略》。或曰《左傳》《春秋》功臣，則我豈敢！皇清康熙二十八年己巳，雲間盧元昌題於東柯艸舍。

◎纂例：

一、合註，向列于腹，茲列眉，使讀者于正文全行俱下，稍有增減，總使傳文明豁而已。

一、圈點，非古非此，眼目不醒，但不太濫，使人厭觀。

一、評，發明傳意，非侈臆說與前賢爭幟。

一、《左氏》以文勝，所賞者，不以其人其事之劣，略辭采之優。

一、篇章繁簡，各臻其妙，累百行不厭多，兩三行不嫌少，不以繁飾，不以簡置。

一、《左氏》聖于文，杜公聖于詁，不揣固陋，願學未能，纂述之餘，極知僭妄，庶幾不得志于時之所為也。

一、予弱冠時，方禹修先生有《國瑋》一書，曾將《左傳》分校，彼時見解未徹，晚年略窺其蘊，因有此集。

一、《左傳》外，《史記》、兩《漢》，生平所嗜。少時曾經纂訂，手鈔成卷帙。後館京兆氏，散失無存。天若假年，續成問世。

一、《杜闈》剖厥，王大司農分俸助成。此書勉力為之，遣暮齒、了餘生而已。

一、予無他著述，間有雜撰，隨成隨毀，一二吟詠，《半林集》外，有《東柯草堂未刻稿》。若制義，邇年課孫，有《思美廬詁篇》，未免程夫子晚年見獵之悔。

一、予昔年選評時牘，率被遠賈飜刻，繼唐宋八家飜刻者，到處皆然。此書若蹈前轍，勿怪控憲，爰書從事。

己巳六月，隨庵原字文子偶筆。

◎盧文子評閱左傳分國纂略目次：

卷一周集：周平王：魯隱三年一條。周桓王：魯隱六年一條、十一年一條，魯桓五年一條。周莊王：魯桓十八年一條。周惠王：魯莊十九年二十年合一條。周襄王：魯僖五年至十二年合一條、二十四年一條、二十五年一條。周定王：魯宣十二年一條。周簡王：魯成元年一條、十三年一條，魯襄十年一條、十二年一條、十四年一條。周景王：魯襄三十年一條，魯昭元年一條、九年一條、十一年一條、十五年一條、十八年二條、二十一年一條、二十二年一條。周敬王：魯昭二十三四年合一條、二十四五年合一條、二十六年一條、二十九年一條、三十二年一條，魯定元年一條、六七年合一條。

卷二魯集：魯隱公：元年至十五年合一條、五年一條、八年一條、十二年一條。魯桓公：元年一條、二年一條、三年一條、五年一條、六年一條、九年一條、十七年一條、十八年一條。魯莊公：七年一條、八年一條、十年二條、二十二年一條、二十三四年合一條、二十五年一條、二十八九年合一條、三十二年一條。魯閔公：元年二條、二年一條。魯僖公：五年一條、二十一年二條、二十二年一條、二十六年一條、二十九年一條、三十年一條、三十一年二條、三十三年一條。魯文公：元年二條、元二年合一條、二年一條、二三年合一條、四年二條、六年二條、七年一條、十一年一條、十二年一條、十三年一條、十四五年合一條、十六年一條、十八年二條。魯宣公：四年一條、八年一條、十四年二條、十五年一條、十八年一條。魯成公：元二年合一條，二年一條、三年一條、四年一條、六年一條、八年一條、九年一條、十一年一條、十六年一條、十七年一條、十八年一條。

卷三魯集：魯襄公：二年至四年一條、三年一條、四年一條、六年一條、七年三條、八年一條、九年二條、十一年一條、十五年一條、十六年一條、十七年一條、十九年一條、二十年一條、二十二年一條、二十三年一條、二十四年一條、二十八年二條、二十九年二條、三十一年二條。魯昭公：元年一條、二年一條、三年一條、四年一條、五年二條、五六年合一條、七年二條、九年一條、十年一條、十一年一條、十二年一條、十三年二條、十四年一條、十五年一條、十六年一條、十七年二條、二十一年一條、二十三年一條、二十四年二條、二十五年一條。

卷四魯集：魯昭公：二十五年四條、二十六年一條、二十七年二條、二十七至九年合一條、二十九年一條、三十一年二條、三十二年一條。魯定公：元

年一條、五年一條、六年一條、七年一條、八年三條、九年一條、十年三條、十二年一條、十五年一條。魯哀公：三年二條、七八年合一條、十一年三條、十二年二條、十四年三條、十五年一條、十六年一條、十七年至二十一年合一條、二十三年一條、二十四年一條、二十四五年合一條、二十七年二條。

　　卷五晉集：晉哀侯：魯桓二年一條。晉獻公：魯莊十八年一條、二十三年一條、二十七年一條、二十八年一條、三十二年一條，魯閔元年一條、二年二條，魯僖二年二條、四年一條、五六年合一條、五年一條、八年三條、九年一條。晉惠公：魯僖九十年合一條、十年二條、十一年一條、十三四年合一條、十五年二條、十七年至二十二年合一條。晉懷公：魯僖二十三年二條。晉文公：魯僖二十四年三條、二十五年二條、二十七年一條、二十八年二條。晉襄公：魯僖三十年至三十二三年合一條、三十三年一條，魯文二年一條、三年二條、四年一條、五六年合一條。晉靈公：魯文六七年合一條、七年一條、十二年二條、十三年一條、十四年一條，魯宣二年一條。晉成公：魯宣二年一條。晉景公：魯宣十一年一條、十二三年合一條、十四年一條、十五年三條、十六年一條、十七年二條，魯成公二年二條、三年二條、五年一條、六年二條、六年至八年合一條、八年一條、九年一條、十年一條。

　　卷六晉集〔註156〕：晉襄公：魯僖三十二三十三年合一條、魯僖三十三年一條、魯文三年二條、魯文四年二條、魯文五六年合一條。晉靈公：魯文六七年合一條、魯文七年一條、魯文十三年一條、魯文十四年一條。晉成公：魯宣二年二條。晉景公：魯宣十一年一條、魯宣十二三年合一條、魯宣十四年一條、魯宣十五年三條、魯十六年一條、魯宣十七年二條，魯成二年二條、魯成三年二條、魯成五年一條、魯成六年二條、魯成六年至八年合一條、魯成八年一條、魯成九年一條、魯成十年一條。

　　卷七晉集：晉厲公：魯成十一年二條、十二年一條、十三年二條、十五年二條、十六年二條、十七年一條。晉悼公：魯成十八年二條，魯襄二年一條、三年三條、四年一條、七年一條、九年一條、十年一條、十一年一條、十三年合一條、十四年一條、十二年至十四年合一條、十四年三條。

　　卷八晉集：晉平公：魯襄十八年二條、二十一年一條、二十五年二條、二十六年三條、二十七年一條、二十九年三條、三十年一條，魯昭元年一條、二年一條、三年二條、六年一條、七年一條、八年一條、九年一條、十年二條、

十二年一條、十三年一條、十四年一條、十五年一條、十七年一條。晉平公：
魯昭二十八年二條、二十九年二條。晉定公：魯定四年一條、十三年一條，魯
哀二年一條、五年一條、十七年一條、二十四年一條、二十七年一條，又悼四
年一條。

　　卷九鄭集：鄭莊公：魯隱元年一條、五年一條、六年一條、七八年合一條、
九年一條、十年一條、十一年二條，魯桓十一年一條、十五年一條、十七八年
合一條。鄭厲公：魯莊十四年一條、十六年一條。鄭文公：魯僖五年至七年合
一條、十八年至二十二年合一條、二十四年一條、三十年一條、三十三年一條。
鄭穆公：魯文十七年一條，魯宣三年一條。鄭靈公：魯宣四年至八九年合一條。
鄭襄公：魯宣六年一條、九年至十一年合一條、十二年一條，魯成四年一條。
鄭悼公：魯成六年一條。鄭成公：魯襄八年一條、九年二條、十年二條、十一
年三條、十三年一條、十五年一條、十八九年合一條、二十二年三條、二十四
年一條。

　　卷十鄭集：鄭簡公：魯襄二十四年一條、二十五年三條、二十六年三條、
二十八年三條、二十九年三條、三十年四條、三十一年四條。魯昭元年二條、
二年一條、三年二條、四年一條、七年三條、十二年一條。鄭定公：魯昭十六
年二條、十七八年合一條、十九年二條、二十年一條。鄭獻公：魯昭三十年一
條，魯定九年一條。鄭聲公：魯哀五年一條、九年一條。

　　卷十一衛集：衛桓公：魯隱三年一條、四年一條。衛惠公：魯桓十六年一
條，魯莊六年一條。衛懿公：魯閔二年一條。衛文公：魯僖十八年至二十五年
合一條。衛成公：魯僖二十八年一條、三十一年一條。衛穆公：魯宣十二三四
年合一條，魯成二年一條。衛定公：魯成十四年二條。衛獻公：魯襄十年一條、
十四年一條、十七年至十九年合一條、二十年一條、二十五年一條、二十七年
一條。衛襄公：魯襄三十一年一條，魯昭七年一條。衛靈公：魯昭二十年一條，
魯定七八年合一條、十年一條、十二年一條、十三年一條、十四年一條，魯哀
二年一條。衛出公：魯哀十一年一條。衛莊公：魯哀十五年一條、十六年三條、
十六七年合一條、十七年一條、魯哀十八年至二十五年合一條、二十六年一條。

　　卷十二齊集：齊僖公：魯隱八年一條。齊襄公：魯桓五年至莊公四年合一
條，魯莊八年一條。齊桓公：魯莊九年一條、二十二年一條、三十一年一條，
魯僖三年一條、四年至七年合一條、七年一條、九年一條、十二年一條、十六
年一條、十七年一條。齊昭公：魯文十四年一條。齊懿公：魯文十五年一條、

十六年至十八年合一條。齊惠公：魯宣十八年一條。齊靈公：魯成十七八年合一條，魯襄二年至六年合一條、十九年一條。齊莊公：魯襄二十一年一條、二十三年一條、二十四年一條、二十五年一條。齊景公：魯襄二十七年一條、二十八年三條、二十九年一條，魯昭三年二條、三年至七年合一條、三年至十年合一條、十六年一條、十九年一條、二十年三條、二十二三年合一條、二十六年一條，魯定九年一條、十三年一條，魯哀五年、六年二條。齊悼公：魯哀八年一條。齊簡公：魯哀十四年二條。

卷十三宋集：宋穆公：魯隱三年一條。宋殤公：魯隱五年一條，魯桓元二年合一條。宋莊公：魯桓十四年一條。宋閔公：魯莊十一年一條、魯莊十一二年合一條。宋桓公：魯僖八九年合一條、十九年一條、十九年二十年合一條、二十一二年合一條。宋成公：魯僖二十四年一條。宋昭公：魯文七年一條、八年合一條、十五年一條、十六七年合一條。宋文公：魯宣二年一條，魯成二年一條、五年一條、十二年一條、十五年一條。宋平公：魯成十八年至魯襄元年合一條，魯襄六年一條、九年一條、十五年一條、十七年二條、二十六年一條、二十七年一條、三十年二條，魯昭六年一條、十年一條、二十年一條、二十一年一條、二十一二年合一條。宋景公：魯定六年至八年合一條、九年一條、十年一條，魯哀七年一條、十四年一條、十七年一條、二十六年一條。

卷十四楚集：楚武王：魯桓六年一條、八年一條、九年一條、十一年一條、十二年一條、十三年一條，魯莊四年一條。楚文王：魯莊六年一條、十四年一條、十九年一條。楚成王：魯莊二十八年一條，魯僖五年一條、六年一條、十二年一條、二十年一條、二十三年一條、二十八年一條、三十三年一條，魯文元年一條。楚穆王：魯文四年五年合一條、九年一條、十年二條。楚莊王：魯文十四年一條、十六年一條，魯宣三年一條、四年一條、十一年二條、十二三年合一條、十四五年合一條。楚共王：魯成二年一條、七年一條、八九年合一條，魯襄四年一條、七年一條、九年一條、十三年一條。楚康王：魯襄十四年二條、十五年一條、二十一年一條、二十一二年合一條、二十二年一條、二十四五年合一條、二十五年一條、二十六年一條、二十七年一條。楚郟敖：魯襄二十九三十年一條、三十年一條，魯昭元年一條。

卷十五楚集：楚靈公：魯昭四年三條、五年二條、七年三條、八年一條、十一年一條、十三年一條。楚平王：魯昭十三年一條、十三四年合一條、十五

年一條、十八年一條、十九年三條、二十年一條、二十一年一條、二十三年三條、二十四年一條、二十五年一條、二十六年一條。楚昭王：魯昭二十七年二條、三十一年一條，魯定三年一條、四年一條，魯哀元年一條、四年一條、六年一條。楚惠王：魯哀十六年一條、十七年一條、十八年一條。

卷十六吳集：吳壽夢：魯成七年一條，魯襄三年至十年合一條、十二年一條。吳諸樊：魯襄十四年一條、二十五年一條。吳餘祭：魯襄二十九年一條。吳夷昧：魯襄二十九年一條、三十一年一條。吳王僚：魯昭十七年一條、二十七年一條。吳闔廬：魯昭三十年二條、三十一年一條，魯定二年一條、十四年一條。吳夫差：魯哀元年二條、七年一條、十年一條、十一年一條、十二年一條、十三年一條、十五年一條、二十年一條、二十二年一條。

◎乾隆《婁縣志》卷十二《藝文志・經部・經傳》：《春秋分國左傳》（盧元昌撰）。

◎乾隆《華亭縣志》卷十五《藝文》：《左傳分國纂略》（盧元昌著）。

◎楊開第修、姚光發等纂光緒《重修華亭縣志》卷二十《藝文》：《春秋分國左傳》（國朝盧元昌輯。前志、宋《府志》云十六卷）。

◎嘉慶《松江府志》卷七十二《藝文志》一《經部》：《春秋分國左傳》十六卷（國朝盧元昌文子著）。

◎董含《三岡識略・雲間著述》：盧先生元昌有《分國左傳》十六卷、《杜詩闡》三十四卷。

◎《清詩紀事》引王豫《江蘇詩徵》載阮常生：文子著《杜詩闡》，輯《唐宋八家文選》、《分國左傳》等書。

◎盧元昌（1616～1695），又名駱前，字文子，號觀堂，晚號半林居士。華亭（今上海松江）人。幾社名士。工詩詞。室名思美廬。諸生，入清坐逋賦削籍，以著述老於鄉。著有《左傳分國纂略》十六卷、《杜詩闡》三十三卷、《半林集》、《半林詩集》、《半林詞》、《稻餘留稿》、《東柯鼓離草》、《思美廬刪存詩》、《唐宋八大家集選》十二卷，又訂孫月峰等評《唐韓文公集選》二卷、《宋曾文定公集選》一卷。

盧浙 春秋三傳評注 佚

◎尚鎔《太僕寺卿盧公家傳》〔註157〕：自少至老學無虛日，所著有《周

〔註157〕摘自繆荃孫《續碑傳集》卷十六。

易說約》《春秋三傳評注》《讀史隨筆》《三惜齋詩文》與《周易經義審》共數
十卷行於世。

　　◎盧浙（1760～1830），字讓潤，號容葊（庵）。江西武寧長樂鄉人。乾
隆五十三年（1788）鄉試中式，嘉慶元年（1796）舉孝廉方正不就。嘉慶四
年（1799）進士，授戶部主事。又曾任河南督學。道光二年（1822）疏請湯
斌從祀孔廟。道光四年（1824）遷內閣侍讀學士，歷通政司副使，晉太僕寺
卿。曾為白鹿洞主，以明經衛道為己任。又官新疆多年。著有《邵子易卦次
序橫圖辨》一卷、《筮策訂誤》一卷、《周易經義審》七卷首一卷、《周易說約》
一卷、《春秋三傳評注》、《三芝山房讀史隨筆》二卷、《西域記》八卷、《奏疏
存稿》一卷、《三惜齋散體文》五卷、《三惜齋詩文》、《為學須知》一卷、《制
藝》一卷。

盧祖潢　春秋三傳要旨　佚

　　◎張文虎《舒藝室雜箸》乙編卷下《文學盧君墓志銘》：箸《讀易要義》、
《書／詩／春秋三傳要旨》、《三禮彙說》、《十三經臆說》、《讀史信筆》、《香草
編》、《蓀塘偶筆》、詩文集凡若干卷。

　　◎姚光《金山藝文志・經部・春秋類》：《春秋三傳要旨》，清盧祖潢撰。

　　◎盧祖潢（1750～1822），字申濤，號蓀塘，門人私謚文蕭先生。世籍范
陽，再遷至松江之張堰鎮。自未冠補博士弟子員，十應鄉舉不得志，乃絕意進
取，閉戶著述，視榮祿利達蔑如也，竟卒以老。著有《讀易要義》、《書要旨》、
《詩要旨》、《春秋三傳要旨》、《三禮彙說》、《十三經臆說》、《讀史信筆》、《香
草編》、《蓀塘偶筆》。

魯鴻　春秋意測　佚

　　◎劉聲木《桐城文學撰述考》卷四「魯鴻撰述」：《詩誦繹志》、《春秋意測》、
《周官塾訓》、《四禮從俗》、《厚畬詩稿》、《信州府志》□□卷。

　　◎魯鴻（1722～1789），字懷遠，號厚畬。江西新城（今黎川）人。乾隆
六年（1741）舉人、二十八年（1763）進士。二十年（1755）任江西萬載教諭，
後任河南孟縣、沈邱、滎澤等知縣，陞至州府同知。後貶歸居南城，以詠詩自
娛，期有用於世。著有《周官塾訓》、《四禮通俗》、《春秋意測》、《厚畬初稿》
四卷、《厚畬詩稿》等。

陸光祖 春秋三傳分類異同考 佚

◎甘鵬雲等《湖北文徵》卷九：有《周易象義釋要》二卷、《春秋三傳分類異同考》。

◎陸光祖，字太初。湖北沔陽人。陸建瀛孫。咸豐十年（1860）進士。官刑部郎中。著有《周易象義釋要》二卷、《春秋三傳分類異同考》。

陸桂森 春秋左傳類聯 一卷 存

國圖藏 1919 年吳江沈廷鏞重刻道光吳江沈氏世楷堂刻昭代叢書本

◎條目：君德、臣道、父子、夫婦、朋友、家國、用人、政治、禮樂、賞罰（訟獄附）、朝聘會盟宴享、武事上、武事下、城邑宮室、田獵、人品、言語、辭受取與、施報、譏刺規諫、天文時令、祭祀、卜筮、妖祥、疾病喪葬、形體、車馬、飲食、服飾、鳥獸魚蟲、草木蔬果。

◎春秋左傳類聯跋：澹明先生《春秋左傳類聯》雖為制義而設，然獨出機杼，工于翦裁，徘徊宛轉，自成文章，較之宋徐氏《類對賦》、元吳氏《蒙求》有過之無不及也。先生為吳中老名宿，乾隆庚寅歲曾為余點定會業，數加激賞，且許以秋闈必售。今遊道山已久，校錄之下，蓋不勝一人知己之感云。己巳七夕，震澤楊復吉識。

◎陸桂森，字澹明。長洲（今江蘇蘇州）人。乾隆七年（1742）進士。著有《春秋左傳類聯》一卷。

陸基仁 春秋刪補胡傳 佚

◎光緒《平湖縣志》卷二十三《經籍》：《春秋刪補胡傳》（陸基仁。《浙江通志》）。

◎許瑤光修，吳仰賢等纂光緒四年《光緒嘉興府志》卷五十九《列傳十‧平湖縣》：著有《易元》《尚書傳鉢》《詩說纂元》《禮記道竅》《春秋刪補胡傳》《史記寶鏡》諸書（平湖程《志》。參平湖張《志》）。

◎許瑤光修，吳仰賢等纂光緒四年《光緒嘉興府志》卷八十《經籍一》：陸基仁《春秋刪補胡傳》（《浙江通志》）。

◎陸基仁（1559～1629），字元卿。平湖（今浙江平湖）人。太學生。篤學不倦，嘗師事袁了凡，得其穎悟，篤學不慕榮利。著有《易元》《尚書傳鉢》《詩說纂玄》《禮記道竅》《春秋刪補胡傳》《史記寶鏡》《明性理翼》《家塾養正編》。

陸嘉顯 三傳便覽 不分卷 存

復旦藏清抄本

◎陸嘉顯，字元身，號耐道人。嘉定（今屬上海）人。明諸生。精醫理。
著有《三傳便覽》不分卷、《蓬軒集》四卷。

陸奎勳 春秋義存錄 十二卷 卷首一卷 存

國圖、北大、清華、上海、南京、復旦、浙江、山東、湖北藏康熙五十三
年（1714）嘼陸氏小瀛山閣刻陸堂經學叢書本

◎卷首一卷為《春秋綱領三十條》（引先賢議論）、《春秋或問》。

◎自序：少閱胡氏《春秋》，喜其筆之清剛而寓襃貶於一字，竊疑聖人之
書未必爾爾。年過四十，專心說經，於《詩》《禮》既卒業，乃豁然心解曰：
孔子之作《春秋》，史文之外，別自有義，與贊《易》、說《詩》其揆一也。微
獨《左氏》所引仲尼之言彰彰炳據，若《魯論》中辯桓、文之正譎，責武仲為
要君，《檀弓》之卿卒不繹，《坊記》之「天無二日士無二王」、「取妻不取同姓」，
微言大義散見經子。秦火雖酷，烏得而滅沒諸？！惜乎《孔子家語》漢後已失
其真，梁武帝所輯《孔氏正言》二十卷唐人罕有見者。藉令二書尚存，則余之
說《春秋》得以逐條援引，不至如是殘闕矣。然即此經傳子緯，存者什之三四，
可以想見聖人當年述作，又何敢以愚陋自諉而不為之編輯成書也！再更寒燠，
屬藁凡十二卷。本孟子「其義竊取」之言，題曰《春秋義存錄》。卷首採摭《春
秋綱領》三十四條以備參考。別撰《春秋或問》一篇，以破千古疑端。夫聖人
析義之精豈特以警亂臣賊子而已哉，舉凡朝會戰伐郊禪卒葬與夫天災物異以
至一言一動，極人事之微末，斷自聖心，均足垂教。子不云乎：「君子之於天
下，無適無莫，義之與比」，又云：「可與立，未可與權」，是乃作《春秋》之
大旨也。嘼康熙乙未歲冬十月望日，平湖後學陸奎勳自序。

◎摘錄卷首《春秋或問》：或問於余曰：「孔子作《春秋》，未作之先即名
《春秋》否與？」余應之曰：「名豈創自孔子？《左傳》昭公二年韓宣子來聘，
見《易象》與《魯春秋》，曰：『周禮盡在魯矣』，《晉語》司馬侯對悼公曰：『羊
舌肸習於《春秋》』，《楚語》申叔時論傅太子之法亦云『教以《春秋》』，是《春
秋》之名其來已久，因也，非創也。」或曰：「鄭氏《通志》引《汲冢瑣語》
內有《魯春秋》，記魯獻公十七年事，是可信與否與？」曰：「《瑣語》不足信
也。魯之《春秋》始自隱公元年耳。」或曰：「何所據而云然？」余曰：「《春

秋》之名，舊有數說：賞以春夏，刑以秋冬，一說也；一褒一貶，若春若秋，又一說也；春獲麟，秋成書，謂之《春秋》，其說尤謬。惟杜預所謂『年有四時，錯舉以為所記之名』，是說得之。顧亦知其然而不知其所以然，未足破千古之疑也。」或曰：「表年首事，錯舉四時，名不爽矣。其必托始於隱，何與？」余曰：「漢後諸儒見不及此，請黜其謬而歸於一是。有謂托始於隱之被弒者，有謂隱為讓國之賢君者，有謂自隱訖哀凡十二公以象天之十二月，皆曲說也。夫知《春秋》所由命名，即知所以托始隱公之故，烏襲前人之緒論而膠固窒凝於心哉。余嘗閱《竹書紀年》內一條云：魯隱公之元年正月，曲沃莊伯之十一年十一月也，晉改用夏正。《左傳後序》亦載是說。不禁豁然大悟曰：得之矣！當伯禽封魯之初，史官固分自王朝者也。歷代魯史必以天王紀年，而不敢從本國之君。自晉改夏正，列國羣然效之。故周正子月為春，天下皆不以為春；午月為秋，天下皆不以為秋。而魯之《春秋》雖改舊史之體，即以本國之君紀年，然寓尊王之義，仍奉宗周正朔，大書特書曰『春王正月』也、夏四月秋七月冬十月也，此其所以表異於晉之《乘》、楚之《檮杌》，而韓宣子歎為周禮在魯者，職是故也。」或曰：「子既疑《瑣語》失實矣，何為而獨信《紀年》？」曰：「余之疑《紀年》者多矣。竹簡殘缺，有為皇甫謐、束晳諸人補綴者，固不可盡信。若此一條，其本文非解《春秋》也，而可以見《春秋》之名義，所關甚鉅。與夫托始隱公元年之故一節打通，其有功於聖門不淺，烏得疑為偽撰哉！」或曰：「胡氏《春秋》謂以夏時冠周月，蔡氏註《尚書》謂但改正朔不改月數，其說可盡廢與？」余曰：「陽生子月亦可呼春，《漢書‧陳寵傳》云：冬至之節陽氣始萌，天以為正，周以為春，其一徵也。若蔡氏謂仍以寅月起數，即周亦用夏時矣，孔子何必語顏子以行夏之時耶？考《左傳》昭十七年夏六月日食，太史曰當夏四月，是謂孟夏，昭二十年春王正月己丑日南至，此改時改月之明驗也。」或曰：「改時改月，《漢書》何足為證？即《左傳》，與經文相去亦有間矣，安得遽從而信之？」余曰：「《左傳》與孔子《春秋》相為表裏者也。今疑左氏而信宋儒，有是理乎？且即以經文考之，如三書無冰，襄二十八年但書春不書月、桓十四年書春正月猶未足證成，元年直書春二月無冰，以夏正而言，建卯之月無冰宜矣，何必書之簡策耶？總之，說《春秋》即當以《春秋》為確據，無庸雜引《詩》《書》以亂之也。」或又曰：「秦火之後，《春秋》古經名見《漢藝文志》，蓋即就三傳中錄出經文，以是為孔子《春秋》也。司馬遷謂孔子因史記作《春秋》，筆則筆削則削，子夏之徒不能贊一辭。《史記》最為近

古，子乃不取其說，何與？」余曰：「『元年春王正月。三月，公及邾儀父盟于蔑』之類，皆魯史舊文也。孔子未嘗刪改，偶有特筆刪改者如『天王狩于河陽』，則由以臣召君，不可為訓，孔子自明言之矣。若史遷謂吳楚之君自稱王，孔子作《春秋》貶之曰子，據《戴禮・坊記》『子云：天無二日土無二王，示民有君臣之別也。《春秋》不稱楚越之王喪，則吳楚僭王，《魯春秋》本不書載，豈由孔子貶削哉？」或曰：「漢後說《春秋》者，奚啻百家。雖學識議論不無淺深純駁之分，其謂聖人筆削舊史以示褒貶大旨從同，而盡反之，可乎？」余曰：「某字為褒某字為貶，說有不通復更其例，聖人之書決不如是。即子朱子亦云『推求一字之間，以為聖人褒善貶惡專在於是，竊恐不是聖人之意』，豈至余而始黜其說乎？」或曰：「朱子所疑，亦謂孔子只據舊史文，不以一字為褒貶已耳。若子所錄，史文之外，別自有義，即朱子亦無是說也，而鑿空為之，可乎？」余曰：「自祖龍焚書，孔子《春秋》湮沒久矣。孟子生周之季，乃親見孔子《春秋》者，其言曰：『春秋無義戰。彼善於此則有之矣』，又曰『其事則齊桓、晉文，其文則史。孔子曰：其義則丘竊取之矣。』非於史文之外別自有義者乎？今據《左氏》所引孔子之義多至三十條，《公》《穀》亦間有之，他若《檀弓》之『卿卒不繹』為『仲遂卒于垂，壬午猶繹』之義、《坊記》之『取妻不取同姓』為『孟子卒』之義、《表記》之『不犯日月不違卜筮』為『四月四卜郊四月五卜郊』之義，確切不移，焉得以我說為鑿空哉？」或曰：「子所引三傳、《戴記》是則可信矣，摭及《魯論》《周易》，毋乃牽合之甚乎？」余曰：「《魯論》中固多《春秋》之義，如齊桓正而不譎、晉文譎而不正、管仲不死子糾賢於召忽、武仲以防求後是為要君，於義毫不牽合也。《繫辭》『君不密則失臣，臣不密則失身』，以是為晉殺陽處父之義，聖人推明易理，與《春秋》亦自吻合，惟達人能見及此耳。特以史外之義失傳者多，聖籍遭焚無可援引。若《論語》中『使民以時』、『人而無信』之類，雖未必因此一事而發，然於《春秋》之義差近。不得已姑錄之，以見聖人垂誡之意。而十條之中，缺者過半，余固不敢強為穿鑿，以滋後人之糾彈矣。」或曰：「趙氏匡有《三傳同異考》，據子之見，《左傳》與《公》《穀》孰為優？」余曰：「《春秋》經文，綱也；《左傳》目也。徵事必於《左傳》，非《公》《穀》所能鼎恃也。《公》《穀》於經文之外自發一論，與愚所輯孔子之義其體略似。無如垂聖既遠，傳授失真，但言例而不言義，差謬不啻千里矣。」或曰：「《公羊》所云為尊者諱、為親者諱、為賢者諱，《穀梁》所云誥誓不及五帝、盟詛不及三王、交質子不及二伯，其

語出自孔子否與？」曰：「似有所承，但二子既不明言，余欲臆斷而不得矣。」
或曰：「《左傳》果屬丘明所作乎？」余曰：「以丘明為孔門弟子，史遷之說也。
班固因之，第觀《魯論》所稱『左丘明恥之，丘亦恥之』，其人似生於孔子前，
不在門弟子之列，故伊川程子亦不敢信《左傳》為丘明作也。余幼喜讀《左傳》，
玩味久之，見其文體互異，非出一手。自隱桓至宣成猶與《閏書》命誓相近；
襄公以降，頗雜縱橫氣習，且其書兼載孔子卒終於趙韓魏三家共滅知氏，則左
氏當屬戰國時人，其非丘明明矣。就中若劉累豢龍之事，又必劉歆妄增以彰炎
劉得姓之遠，此稽古者所當自具隻眼不，當陋守馬、班之說，而相將落坑也。」
或曰：「《左傳》終篇有斷，以『君子曰』者，如周鄭交質、取郜取防之屬，其
言皆不合理，而所引仲尼之言，宋儒頗有辨其誣者。子悉取而錄之，以為聖人
之義其然，豈其然乎？」余曰：「左氏所斷誠有與理背違者。至所引聖言，不
得黜為誣也。晉趙盾弒其君夷皋，孔子曰：『董狐，古之良史也，書法不隱。
趙宣子，古之良大夫也，為法受惡。惜也，越竟乃免。』劉氏敞曰：『非仲尼
之言也。盾之免與不免，在乎討與不討，不在越與不越。』夫趙盾豈真弒君者？
孔子贊美董狐，既歸獄于盾矣。『越竟乃免』一語，蓋聖人之恕道也，非劉敞
所能見及也。陳殺其大夫洩冶，孔子曰：『《詩》云「民之多辟，無自立辟」，
其洩冶之謂乎？』黃氏仲炎曰：『此非孔子之言也。孔子曰：「殷有三仁」，視
比干為仁，必不以洩冶為非。且既以身許國矣，豈可緘默苟容以自立辟為戒、
以善保身為得哉？』夫直諫而死，賢者莫不是之。而聖人之義，以為死不如去。
此真游夏不能贊一辭者，而豈黃氏仲炎所能見及哉？嗚呼！微言既絕，大義莫
傳，猶賴《左氏》存什之一，可以推想聖人制作。而反肆其瞽說，黜以為誣。
孔子不復生，舉世遂若大夢之不復醒也，良可憫矣。」或曰：「孔子生卒，於
義無屬，子仍錄之，何也？」曰：「《公》《穀》記孔子之生，《左氏》記孔子之
卒，皆以是為孔門之書，故尊聖而變體，錄之也。余敢不仍其舊文乎？」或曰：
「《春秋》絕筆於獲麟，此非孔子之筆與？」余曰：「亦史文也，孔子錄之，以
為麟出非時，故有道窮之歎，而《春秋》亦於是卒簡矣。何休以為文成致麟，
杜預以為感麟而作，文止於所起，後儒羣相附和，其說皆不足信。」或曰：「積
重難反者，勢也。而子創此一書，以為《春秋》真本從茲再見，是固持簣土障
決河也，能乎哉？」余曰：「古今不同，心一耳；聖凡不同，理一耳。合乎人
心，當乎天理，大者可以明王道，撥亂而反正；小者亦足垂世教，別嫌而防微。
《春秋》一書，非孔子不能作者，恃此義也，非如《公羊》《穀梁》之拘牽於

例也。晦翁復起，當不易吾言矣。」或人於是灑然意釋，默爾而退焉。平湖後學陸奎勳再書。

◎提要：是編力破《春秋》一字褒貶之說，頗能掃公、穀拘例之失與宋儒深刻嚴酷之論。而矯枉過直，謂孔子全因舊史之文。然則所謂筆削者安在？所謂「其義竊取者」又安在？況《公羊》著「不修《春秋》」之文，《左氏》記河陽書狩之語，去聖未遠必有所受，舉一二節可例其餘。乃謂「除此數條之外，悉因魯國之成書」，然則必如倪思之《班馬異同》字字著原本改本、郭茂倩之《樂府詩集》篇篇分本詞入樂而後信為孔子有所修改耶？其疑《胡傳》而信《左氏》，亦足破以經解經之空談。而乃別出新奇，欲以孔子之言解《春秋》。凡一切子書、緯書所引不問真偽一概闌入已為蕪雜，至於其文與《春秋》無關，如「莊公八年齊無知」一條引《坊記》曰「子云君不與同姓共車」一節，又引《文言傳》「積善之家」一節，注曰：「案前條之義為齊僖言也，後條之義為齊襄言也」，似乎孔子一生無一語不因《春秋》而發者，有是理耶？至於僖公二十年「杞子卒」一條引《論語》「子曰夏禮吾能言之」一節以合於《左傳》「夷禮」之說，而又注：「案杞稱子，《左傳》以為經夷之，不若《穀》注時王所黜之說為善」。是並駁孔義矣。全書大抵類是，是皆務高求勝之過也。

◎趙爾巽《清史稿》列傳二百七十一《文苑》一：《春秋義存錄》則凡經傳子緯所載孔子語盡援為據，力主《春秋》非以一字褒貶。奎勳說經務新奇，使聽者忘倦。

◎光緒《平湖縣志》卷十六《人物‧列傳》二：年四十，乃一意經學，諸經皆有述作，說經諸書風行海內。卒年七十有六。所著有《陸堂易學》十卷、《今文尚書說》三卷、《陸堂詩學》十二卷、《春秋義存錄》十二卷、《戴禮緒言》四卷、《魯詩補亡》、《八代詩揆》六卷、《唐詩安帖體類編》、《字音舉要》、《陸堂文集》二十卷、《陸堂詩正續集》二十二卷。

◎光緒《平湖縣志》卷二十三《經籍》：《春秋義存錄》十二卷（陸奎勳。四庫存目。刊本存。路《志》：是書以胡氏一字褒貶之說為不足據，雜取《易》《詩》《論語》《戴記》《竹書》等以證經義，而以諸家之說附註焉。首列《春秋綱領》三十條以備參考，別撰《春秋或問》一篇，議論辨核，足破千古之疑）。

◎許瑤光修，吳仰賢等纂光緒四年《光緒嘉興府志》卷五十八《列傳九‧平湖縣》：著有《陸堂易學》《詩學》《今文尚書說》《春秋義存》《戴禮緒言》

《魯詩補亡》《陸堂集》，所纂輯《江西通志》《浙通志》（平湖高《志》。參《蘭玉堂集》）。

◎許瑤光修，吳仰賢等纂光緒四年《光緒嘉興府志》卷八十《經籍一》：陸奎勳《春秋義存錄》十二卷（《四庫存目》。《采集書錄》曰：雜采經傳子緯為佐證，不專主胡氏，首列綱領三十條，別撰《春秋或問》一篇附）。

◎《浙江採集遺書總錄・乙集・經部・春秋類》：《春秋義存錄》十二卷（刊本），右國朝陸奎勳撰。雜採經傳子緯為佐證，不專主胡氏。首列綱領三十條，別撰《春秋或問》一篇附。

◎趙爾巽《清史稿》卷一百四十五志一百二十《藝文》一：《春秋義存錄》十二卷，陸奎勳撰。

◎上海古籍出版社2015年《續修四庫全書總目提要・春秋類》「春秋義存錄十二卷首一卷」：是書首有陸氏自序，次為撮經史之中聖人片語，為《春秋綱領》三十條；其後復設為問答之辭曰《春秋或問》，以說明著作之意並論《春秋》之大旨。其名《義存錄》者，取孟子引孔子「其義則某竊取之」語，以為是書專門發明與存錄《春秋》大義。陸氏以《春秋》之義不獨見於本經中，且散見群經之中，故作《春秋》與贊《易》說《詩》，其揆一也。若《論語》謂齊桓正而不譎，晉文譎而不正之類，亦足與《春秋》相發明。故陸氏採摭群書載籍中夫子論及《春秋》或春秋時人物之言，以說《春秋》，以求其大義。按自來說《春秋》者，多守諸傳，或主《左》、《公》、《穀》及胡氏一家，或會通諸家，要皆多就本文推求書法條例及事情本末。陸氏此書，採他書以說經，或得會通群經之法。又謂《春秋》無褒貶義例之說，蓋《春秋》之例，或家法不同，書法亦多，未必皆是；然必欲舍群傳而取奇零片語以為根據，是舍康莊而適屯邅也。且他經所載孔子之言，未必專為《春秋》所發，且孔子言有深淺，時有先後，豈可漫引以說《春秋》哉？如引《論語》「君子成人之美，不成人之惡，小人反是」，以說衛州吁與宋殤公伐鄭，氾濫無歸，不可為訓。其序謂「破千古之疑端」及「晦翁復起，不易吾言」，亦未免自視過高。然其牽合他經以說《春秋》，猶能言之有物，不尚虛文，故亦可備一家之說。此本據浙江省圖書館藏清康熙間刻《陸堂經學叢書》本影印。（谷繼明）

◎陸奎勳（1663～1738），字聚侯（緱），號坡星，又號陸堂。朱彝尊題其居曰「陸堂」，學者稱陸堂先生。平湖（今浙江平湖）人。南雄知府陸世楷子、陸菜姪，陸清獻公族弟。自少好譚兵，尤精六壬學及甘石家言。中年後乃潛心

經術，自謂在汪琬、朱彝尊之間。康熙五十九年（1720）舉人、六十年（1721）進士，改庶吉士。雍正元年（1723）授翰林院檢討，充《明史》纂修官，雍正八年（1730）為《浙江通志》總裁。尋以疾乞休，十二年（1734）主廣西秀峯書院。著有《陸堂易學》十卷首一卷、《陸堂詩學》十二卷、《今文尚書說》、《戴禮緒言》、《春秋義存錄》十二卷、《古樂發微》、《陸堂詩文集》、《花龕詩》一卷。

陸潀 麟經鉤玄 不分卷 存

上海藏清露香閣抄本（清佚名評點）

◎陸潀（1644～1727），字其清，號聽雲。山東平原人，寄居吳縣（今江蘇蘇州）。精醫。所居聽雲室，另闢「佳趣堂」儲圖籍一千六百餘種數萬卷。著有《麟經鉤玄》不分卷、《佳趣堂書目》。

陸隴其 左傳疏摘錄 佚

◎光緒《平湖縣志》卷二十三《經籍》：《左傳疏摘錄》（陸隴其。《陸子年譜》）。

◎陸隴其（1630～1692），原名龍其，譜名世穮，字稼書，學者稱當湖先生，諡清獻。平湖（今浙江平湖）人。與陸世儀並稱「二陸」。康熙九年（1670）進士。康熙十四年（1675）任嘉定知縣，十六年（1677）以「諱盜」落職。康熙二十二年（1683）任直隸靈壽知縣，二十九年（1690）以「學問優長，品行可用」升四川道監察御史。著有《左傳疏摘錄》、《四書講義》、《松陽講義》、《四書困勉錄》、《三魚堂賸言》、《松陽鈔存》、《問學錄》、《日鈔》、《賸言》、《三魚堂集》十八卷、《讀朱隨筆小注》。

陸士煒 春秋辨訛 一卷 佚

◎光緒《平湖縣志》卷二十三《經籍》：《春秋辨訛》一卷（陸士煒。府吳《志》）。

◎陸士煒，字昭文。平湖（今浙江平湖）人。與弟士琰並有文名。著有《春秋辨訛》一卷、《蕉侶遺草》。

陸樹芝 春秋左傳意解 十卷 首一卷 存

湖北藏同治六年（1867）刻本

◎陸德綏編次。

◎一名《左傳意解》。

◎《高州府志》：著《莊子雪》行世，又著《四書會安錄》《左傳意解》《朱子家訓輯注》諸書待梓。

◎孫殿起《販書偶記》卷二：《春秋左傳意解》十卷首一卷，嶺南信宜陸樹芝撰。乾隆五十三年刊。

◎陸樹芝，字見廷，號次（茨）山，室號三在山房。高州信宜（今廣東茂名）人。乾隆四十五年（1780）舉人。嘉慶元年（1796）舉孝廉方正。嘉慶七年（1802）任瓊州會同縣教諭，十四年（1809）復任，十五年（1810）離任。性狷介，氣節自持。少負文名，沉酣古籍，尤潛心理學。鄉薦後業益精勤，講授生徒。著有《四書會安錄》、《春秋左傳意解》十卷首一卷、《朱子家訓輯注》、《莊子雪》三卷、《三在齋隨筆》諸書。

陸思誠 春秋左傳集評 十六卷 佚

◎王大同等主修，李林松主纂嘉慶《上海縣志》卷十八《志藝文・經部》：《春秋左傳集評》（陸思誠撰）。

◎應寶時修，俞樾、方宗誠等纂同治《上海縣志》卷二十七《藝文》：《春秋左傳集評》（陸思誠撰）。

◎姜兆翀《國朝松江詩鈔》卷四十二：其著書有《春秋左傳集評》十六卷、《四書精言》十二卷、《唐詩七律》八卷、《唐詩近體》四卷，自著有《慎初堂文集》已刻。詩非所好，多散失，今存之於《嚶鳴集》中，得此一章。

◎光緒九年（1883）博潤《松江府續志》卷三十七《藝文志・經部補遺》：《春秋左傳集評》（國朝陸思誠著）。

◎陸思誠，字希正，號開墅。上海法華鎮人。乾隆元年（1736）歲貢生。為文雅潔，入理泓然，與人交不設城府。晚歲鈔書自課，小楷盈篋。著有《春秋左傳集評》十六卷、《四書精言》十二卷、《唐詩七律》八卷、《唐詩近體》四卷、《慎初堂文集》。

陸錫璞 春秋精義彙鈔 四十卷 存

廣西壯族自治區、天津藏咸豐四年（1854）萃元堂刻本

◎或題陸錫撲撰，咸豐四年萃文堂刻本。

◎《廣西省述作目錄》題《春秋精義鈔略》，《廣西近代經籍志》題《春秋精義》。

◎陸錫璞（？～1854），字琢之。廣西灌陽縣瑤上村人。嘉慶十二年（1807）解元。道光二十五年（1845）任湖北松滋縣令。誥授奉政大夫。陸生楠曾孫。著有《易經經義鈔略》、《詩經精義匯鈔》四卷首一卷、《書經精義匯鈔》六卷、《周官經義鈔略》十一卷、《禮記經義鈔略》、《儀禮經義鈔略》、《春秋精義彙鈔》四十卷。

陸心源 春秋辨疑校 一卷 存

同治光緒刻潛園總集・羣書校補本

北京燕山出版社 2019 年王焱程舒琪編陸心源文獻輯刊影印本

◎陸心源（1838～1894），字剛甫（父），號存齋，晚號潛園老人。歸安（今浙江湖州）人。早年師從萬青藜、吳式芳、張錫庚，讀書過目不忘，精於鄭許之學。與同鄉姚宗堪、戴望、施補華、俞勁叔、王竹侶、凌霞有苕上七才子之稱。咸豐九年（1859）舉人，同治四年（1865）任廣東南韶兵備道，同治六年（1867）調高廉道。官至福建鹽運使。辭官後闢建潛園，築皕宋樓、十萬卷樓、守先閣三樓庋書十五萬餘卷，後為其子陸樹藩售於日本靜嘉堂文庫。著有《李氏易傳校》一卷、《春秋辨疑校》一卷、《春秋集傳纂例校》一卷、《春秋讞義補》三卷、《宋史翼》、《金石錄補》、《穰梨館過眼錄》、《皕宋樓藏印》、《千甓亭古專圖釋》、《儀顧堂文集》、《金石粹編續》、《潛園總集》等，輯有《唐文拾遺》七十二卷、《唐文續拾》十六卷。

陸心源 春秋集傳纂例校 一卷 存

同治光緒刻潛園總集・羣書校補本

北京燕山出版社 2019 年王焱程舒琪編陸心源文獻輯刊影印本

陸心源 春秋讞義補 三卷 存

同治光緒刻潛園總集・羣書校補本

北京燕山出版社 2019 年王焱程舒琪編陸心源文獻輯刊影印本

陸怡森 讀左百詠 不分卷 存

吉林藏民國鉛印本

陸章瑛 經學教科書左傳政要 不分卷 存

瀋陽藏光緒三十三年（1907）上海均益圖書公司鉛印本

呂迪 左國類纂 三十二卷 佚

◎光緒《平湖縣志》卷二十三《經籍》：《左國類纂》三十二卷（呂迪。路《志》。是書取內外傳分類纂之，系國系人，自為首尾，如《通鑑紀事本末》之例。末乃附以論說）。

◎許瑤光修，吳仰賢等纂光緒四年《光緒嘉興府志》卷五十九《列傳十・平湖縣》：讀書刻苦，早謝舉業，取《左氏內外傳》分類纂之，系國系人，自為首尾，一如《通鑑紀事本末》之例，末附論說。書成，凡三十二卷，名曰《左國類纂》，藏於家（《當湖人文逸傳》）。

◎呂迪，字逯康。平湖（今浙江平湖）人。增廣生。性純孝，硯田所入，必具甘旨。父老病，雖館於外，間日必歸視湯藥。著有《左國類纂》三十二卷。

呂覲光 左國稽疑 佚

◎道光《旌德縣續志》卷七《人物志・文苑》：著有《四書宗旨》《左國稽疑》《唐書考辨》《耿堂詩鈔》《豸峯記畧》。

◎呂覲光，字範文，號耿堂。安徽旌德廟首人。嘉慶九年（1804）舉人。生有宿慧，文思敏捷，尤工古學。學使朱筠賞其文歎為異才，敬亭書院山長謝文濤、教授胡岳青一見遂與訂交，嘗以詩相酬唱。考試執耳文壇，士林推重。著有《左國稽疑》《四書宗旨》《唐書考辨》《耿堂詩鈔》《豸峯記畧》。

呂珏 春秋會要 佚

◎道光《徽州府志》卷十一之四《人物志・文苑》：為學精於《春秋》，著有《春秋會要》《自怡集》（《婺源縣志》）。

◎汪正元、吳鶚光緒《婺源縣志》卷二十五《人物志・文苑》：無書不覽，尤精《春秋》……著有《春秋會要》《自怡集》藏於家。

◎呂珏，字佩雙。婺源（今江西婺源）汾水人。庠生。以振興文教為己任。卒年七十四。著有《春秋會要》《自怡集》。

呂紹琨 續左氏博議 佚

◎尋霖、龔篤清編《湘人著述表》著錄。

◎呂紹琨，湖南沅陵人。著有《續左氏博議》、《歷代將相錄》、《讀史隨筆》、《古今兵制輯要》、《左氏兵法申解錄》。

呂紹琨 左氏兵法申解錄 佚

◎尋霖、龔篤清編《湘人著述表》著錄。

呂文櫧 春秋正宗 十二卷 存

浙大藏稿本

普林斯頓大學東亞圖書館藏乾隆二十四（1759）四樂堂刻本

◎附《三傳諸書》。

◎題名：西河呂文櫧無蹊甫纂。

◎光緒《山西通志》卷八十七《經籍記》上：《春秋正宗》十二卷，汾陽呂文櫧撰。

◎呂文櫧，號無蹊，人稱正義先生。山西汾陽人。康熙五十九年（1720）舉人。任國子監助教。《春秋正宗》十二卷、《正義先生言行略》八卷。

呂祥榮 批解春秋大義 佚

◎《中州藝文錄》《河南通志藝文志稿》著錄：《批解周易／春秋大義》（呂祥榮）。

◎呂祥榮，河南人。著有《批解周易大義》《批解春秋大義》。

呂公滋 春秋本義 十二卷 存

洛陽藏乾隆五十六年（1791）刻本

◎孫殿起《販書偶記》卷二：《春秋本義》十二卷，新安呂公滋撰。乾隆辛亥孟冬望柏堂刊。

◎呂公滋，字樹村。河南新安人。乾隆三十七年（1772）進士。任山西介休縣令。工考據。著有《春秋本義》十二卷、《碩亭本草》。

呂兆行 春秋左氏傳分國紀事本末 十二卷 佚

◎王其淦、吳康壽光緒《武進陽湖縣志》卷二十八《藝文》：呂兆行《春秋左氏傳分國紀事本末》十二卷（存）。

◎呂兆行，著有《春秋左氏傳分國紀事本末》十二卷。

羅登選 春秋三傳辨異 佚

◎光緒《衡山縣志》卷四十《著述‧國朝》：羅登選《京房易解》、《大戴禮記訓詁》、《夏小正直解》（四庫館存目）、《春秋三傳辨異》、《律呂新書箋義》二卷（四庫館存目）、《八音考略》一卷（《四庫全書存目提要》曰：「是書取蔡元定書為訓釋」）。

◎光緒《湖南通志》卷二百四十六《藝文志》二：《春秋三傳辨異》，衡山羅登選撰（《縣志》）。

◎羅登選，字升之，號謙齋。湖南衡山人。乾隆諸生。經史子集之外，凡天文、地理、樂律、數學、釋老、醫卜之書無不討究。著有《京房易解》、《焦氏易解》、《大戴禮記訓詁》、《春秋三傳辨異》、《律呂新書箋義》二卷、《夏小正直解》、《八音考略》一卷、《敦本堂詩文集》。

羅典 讀春秋管見 十四卷 存

中科院藏嘉慶明德堂刻本

◎一名《凝園讀春秋管見》。

◎羅典嘉慶十二年（1807）《廣養生說示兒紹祁》[註158]：予自從事諸經，歲周四紀，得成《周易》《毛詩》《尚書》《春秋》四部。

◎弟子嚴如熤《樂園文鈔》卷四《鴻臚寺少卿羅慎齋先生傳》：先生雖以制藝名一世，而精神專主則在經。其治經也，以古人簡質，文字無閒膬，即經詁經，字枇而句梳之。既皆有確切註腳，則通之一章又通之全篇。全經有所窒則廢寢食，夜以繼日，必得其融貫而後安。注易始京寓之凝園，名曰《管見》。壬戌，《詩管見》成。戊午，《今文尚書管見》成。《春秋管見》成於甲子，年八十六矣。攝心志，觀義理，加以閱世之深，洞澈於天人之微事物之變，周情孔思，立說時出新義。要其精者，實闡古人不傳之祕。

◎嘉慶《四川通志》卷百十五《職官志》十七《國朝政績》七：論文喜奇古，注經亦多別解，然宗尚古注，蜀士之知從漢學者自典始。

◎光緒《湖南通志》卷二百四十六《藝文志》二：《凝園讀春秋管見》十四卷，湘潭羅典撰（《縣志》）。

◎上海古籍出版社 2015 年《續修四庫全書總目提要‧春秋類》「《凝園讀春秋管見》十四卷」：是書由《春秋》題旨始，自隱公元年春王正月至哀公十

〔註158〕摘自《湖南文徵》卷十九。

四年春西狩獲麟，截取條目，自作管窺之見。此書前人多有評騭，或以是書純以己意說經，或謂其中條目附會穿鑿，他多類此，或謂某說最中當時情事，為千慮之一得。其中有褒有貶，以今觀之，亦不無創見。此本據中國科學院圖書館藏清刻本影印。（諶衡）

◎羅典（1719～1807），字徽五，號慎齋。湖南湘潭縣人。乾隆十六年（1751）進士，選庶吉士，後轉御史，歷吏、工科掌印給事中，兩主河南鄉試，督四川學政，官至鴻臚寺少卿。乾隆四十一年（1776）主武陵朗江書院，四十七年（1782）起任嶽麓書院山長二十七年。著有《凝園讀易管見》十卷、《凝園讀詩管見》十四卷、《凝園讀春秋管見》十四卷、《凝園讀書管見》十卷、《今文尚書管見》、《羅鴻臚集》二卷、《廣養生說》、《九江考》等。

羅福頤 春秋簡書刊誤校補 一卷 存

考古 1935 年 03 期本

◎卷首：頤幼弱寡昧，不能嗜學，弱冠以還，始漸自知涉歷。憶往歲，侍家大人檢漢石經《春秋》殘字，取校今本，審三家經文往往歧異，課餘之暇，乃取局刻注疏本三經互校，識其同異，逾月錄成一卷，竊意此於詁訓音聲稗益匪鮮。既讀毛氏《西河合集》，得《春秋簡書刊誤》在，始知前人已有先我而為之者。以顧所錄校之，則各有得失，偶有能補毛氏之脫錄者。自揣學力未逮，不敢與前人競逐，遂置之不復展閱。間者曝書，於故笥中得舊稿，念昔日校讎匪易，惜其湮沒，乃更取毛氏書校之，得毛氏所脫錄者卅餘則，校毛氏之誤字者廿九則，錄為校補一卷。案毛氏書，《合集》本外，儀徵阮氏曾刊列入《皇清經解》，而削《四庫題要》所訾之數，則致集本反較《經解》本為完。此戔戔者，固不值校刊家之一顧，然拾遺補缺，固後學者之責。毛氏自序稱，前人之誤，有賴後人刊之者，其此之謂乎？乙亥九秋上虞羅福頤記于遼東。

羅士琳 春秋朔閏考並表 十六卷 佚

◎同治《續纂揚州府志》卷二十二《藝文志》上：《春秋朔閏考並表》十六卷（羅士琳撰）。

◎羅士琳（1789～1853），字次璆，號茗香。安徽歙縣人，因久客揚州，故自稱甘泉人。秦恩復甥。少師汪萊，乃盡棄舉子業，專力布算。後以監生循例入太學，考取天文生，出阮元門下，與焦循、李銳等交。咸豐元年（1851）

薦舉孝廉方正，以老病辭。著有《春秋朔閏考並表》十六卷、《春秋朔閏異同》二卷、《音緯》三卷、《舊唐書校勘記》六十六卷、《四元玉鑑細草》二十四卷、《釋例》二卷、《校正算學啟蒙》三卷、《校正割圜密率捷法》四卷、《續疇人傳》六卷、《句股容三事拾遺》三卷附例一卷、《三角和較算例》一卷、《天元釋例》一卷、《四元釋例》一卷、《演元九式》一卷、《臺錐積演》一卷、《周無專鼎銘考》一卷、《晉義熙銅鼓考》一卷、《弧矢算術補》一卷、《推算日食增廣新術》一卷、《綴術輯補》二卷、《交食圖說舉隅》、《句股截積和較算例》二卷、《淮南天文訓存疑》、《博能叢話》、《憲法一隅》、《比例匯通》四卷、《觀我生室賸稿》無卷數。晚刊畢生所著書為《觀我生室匯稿》。

羅士琳 春秋朔閏異同 二卷 存

上海藏清抄本（清趙之謙校，文素松跋）

國圖藏光緒十四年（1888）南菁書院刻皇清經解續編本

光緒十五年（1889）上海蜚英館石印皇清經解續編本（卷端題沈欽韓著）

國圖藏光緒會稽趙之謙輯刻仰視千七百二十九鶴齋叢書五集三十七種本

暨南大學藏清末石印本（存卷下）

嚴一萍選輯藝文印書館原刻景印百部叢書集成仰視千七百二十九鶴齋叢書本

中華書局 1991 年新一版叢書集成初編本

◎春秋朔閏異同序略：蒙既采黃帝已來六曆，益之以《三統》成《七術》，以推演春秋朔閏，歷三閏月甫蕆事。慮其義例未明，因序略曰：《晉書・律曆志》謂「漢末宋仲子集七曆以考《春秋》」，微波榭所刊杜氏《長曆》謂「漢末宋仲子集十曆以考《春秋》」，宋氏之書久亡，七與十未審孰是。《晉書・律曆志》有《黃帝》、《顓頊》、《夏》、《殷》、《周》、《魯》、《三統》、《乾象》、《泰始》、《乾度》十曆之目。然自《黃帝》六曆下，唯《三統》、《乾象》為漢術，宋氏漢末人得見，固已。若《泰始》乃晉武帝泰始元年因魏之《景初術》改名，《乾度》則又咸寧中善算者李修、卜顯依論體為術，尤後於《泰始》，宋氏安能豫用其術？參以姜岌稱「今所傳七曆，皆未必是時王之術」，誠以七家之曆考古今交會，信無其驗也。是仲子所集者自非十曆，愈顯然可見。孔刻《長曆》作十曆，蓋杜氏《長曆》說有云「又並考古今十曆以驗《春秋》」，與宋氏云云文意略同，牽連致誤，有由來矣，當從《晉志》為是。七曆不可詳，以意度之，

六曆而外，《三統》先《乾象》百餘年，似無舍《三統》而取《乾象》之理。《長曆》未絕於世，《釋例》曰：「閏月無中，而北斗邪指兩辰之間，所以異於他月。積此以相通，四時八節無違，乃得成歲。」及校其所置閏，則又不然。如文元年閏在三月下，文二年閏在二月下，前後相隔猶不及一積。僖十二年閏在二月下，僖十七年閏在十二月下，前後相隔幾七十餘月。近則頻年置閏，既失之太過；遠或距及四五年，復失之不及。尤可議者，因襄二十七年傳有「辰在申」之文，二十八年經書「春無冰」，遂於二十七年十一月下頓置兩閏。夫三歲一閏五歲再閏，聾瞶皆知，當時史官縱失職，恐未必荒繆若是。征南嘗謂自古以來，諸論《春秋》者多違繆，無異度己之跡而削他人足。若征南徒以遷就求合，有乖曆數，是又無異度他人跡而削己之足也。《正義》曲為之解，不無阿私之譏。習聞吾鄉陳泗源先生，曾撰《春秋長曆》十卷，為補杜氏而作〔註159〕，惜未得見〔註160〕。錫山顧震滄先生撰《春秋大事表》，分《朔閏》為四卷，又《長曆拾遺》及附錄一卷，非不考核精密援引賅博。特顧氏本不知曆，唯憑排數日月，故於襄二十七年下一仍杜氏《長曆》，疊置兩閏〔註161〕。近歸安姚文僖公《邃雅堂學古錄》有《春秋朔閏表》二卷，云：「夏正承顓頊後，實為曆法之宗。殷、周雖改正朔，其大法必不能變。」然細按之，姚所用者非顓頊術，實殷術也。且欲附會漢太初元年為丙子，並繆指魯隱公元年為戊午，開卷便錯，他可知矣。歷觀其表，凡杜氏乖繆無不尤而效之，且加甚焉。試一舉之：杜氏頻年有閏，如文元年在三月下、文二年在二月下；姚則效之，於僖三年、四年俱在十二月下，更甚者於僖二十二年、二十三年、二十四年俱置閏在十二月下。杜氏一年兩閏，如僖二十七年疊置在十一月下；姚則效之，於文元年既置在三月下，又復加置在十二月下，更甚者於襄二十八年十二月下疊置三閏。閏者所以歸束餘日也，歲有餘日，積久成月，不閏則差積數月，寒暑遞違。故傳曰：「閏以正歲。」三閏是一時也，抑知三閏以前不幾秋冬易時乎？考諸哀十二年「冬十有二月，螽」傳：「季孫問諸仲尼，仲尼曰：火伏而後蟄，今火猶西流，司曆過也、襄二十七年「冬十有二月（《傳》作十一月），乙亥朔，日有食之」傳：「辰在申，司曆過也，再失閏矣」，使果秋冬易時，《左氏》豈無一言？是知其必不然矣。蓋《春秋》魯史也，雖經孔子

〔註159〕稿本此下原有「彼精於算者，其書必有可觀」一句，後塗乙。
〔註160〕稿本此下原有「洵屬憾事」四字，後塗乙。
〔註161〕稿本此下原有「未能正其失」五字，後塗乙。

－1039－

筆削，而舊有闕誤，因史成文，斷不肯率爾更正。闕文多在桓、莊時，以去聖人之世太遠，聞見所不逮。故孔子曰：「吾猶及史之闕文也」，又曰：「蓋有不知而作之者，我無是也」，又曰：「多聞闕疑」，又曰：「君子於其所不知，蓋闕如也。」抑有說焉：《春秋》距今二千餘年，書非金石，幾經傳寫，能無展轉失真？故《正義》曰：「或史文先闕而仲尼不改，或仲尼備文而後人脫誤。」茲但就昭昭在人耳目間者論之，如桓十四年「夏五」、定元年「春王」，又桓六年「春正月實來」、莊二十四年冬「郭公」，其最著者也。嘗涉獵經傳，竊疑宣十七年經書「蔡侯申卒」、哀四年經書「盜殺蔡侯申」（殺，《公》、《穀》作弒），文侯乃昭侯高祖也。桓二年夏四年傳「臧哀伯諫納郜大鼎」下有「周內史聞之曰：臧孫達有後於魯」之文。莊十一年「秋，宋大水」傳「公使弔，臧文仲曰：宋其興乎」下有「臧孫達曰：是宜為君」之文。文仲乃哀伯孫也。兩蔡侯申、兩臧孫達，其間似有一誤。或曰：此人名之訛，無預於日名。孰知日名之蹢奪尤甚，如宣三年冬十月，經於「丙戌，鄭伯蘭卒」下接書「葬鄭穆公」，卒、葬同日，必無之事。《春秋》避同日者，如傳十六年經：「春王正月戊申朔，隕石於宋五。是月，六鷁退飛，過宋都」，固自有例。在再書者，如桓十二年經：「冬十有一月，丙戌，公會鄭伯，盟於武父。丙戌，衛侯晉卒」，是亦有例在此。可知「葬鄭穆公」上必有落句也。又如桓五年春「正月，甲戌，己丑，陳侯鮑卒」。一事兩日，傳謂「再赴」，《公羊》謂：「曷為以二日卒之，愼也，甲戌之日亡，己丑之日死而得，君子疑焉，故以二日卒之」、《穀梁》謂：「甲戌之日出，己丑之日得，不知死之日，故舉二日以包之」，似俱未得其解，此尤一大疑獄也。甲戌距己丑十五日，是己丑上、甲戌下，之間尚書他事，不知何時逸去耳。其同日異事，如襄十四年經「四月己未，衛侯出奔齊」傳「四月己未，子展奔齊」（傳於此下亦有「公出奔齊」之文同經）、昭元年經「六月丁巳，邾子華卒」傳「六月丁巳，鄭伯及其大夫盟於公孫段氏」，姑勿深考。或一事異月，如莊八年經「十有一月癸未，齊無知弒其君諸兒」傳「冬十二月，齊侯遊於姑棼」、昭十三年經「夏四月，楚公子比自晉歸於楚，弒其君虔於乾溪」傳「夏五月癸亥，王縊於芊尹申亥氏」、二十二年經「冬十月，王子猛卒」傳「十一月乙酉，王子猛卒。」或一事異月而同日，如僖十五年經「十有一月壬戌，晉侯及秦伯戰於韓，獲晉侯」傳「九月，晉侯逆秦師，使韓簡視師。壬戌，戰於韓原」、十七年經「冬十有二月乙亥，齊侯小白卒」傳「冬十月乙亥，齊

桓公卒」（傳有「十二月乙亥赴，辛巳夜殯」之文）、成十年經「五月，丙午，晉侯
獳卒」傳「六月丙午，晉侯欲麥，將食，張，如廁，陷而卒」、襄二年經「六
月庚辰，鄭伯睔卒」傳「秋七月庚辰，鄭伯睔卒」、九年經「十有二月己亥，
同盟於戲」傳「十一月己亥，同照於戲」、二十五年經「秋八月己巳，諸侯同
盟於重邱」傳「秋七月己巳，同盟於重邱，齊成故也」、二十七年經「冬十有
二月乙亥朔，日有食之」傳「十一月乙亥朔，日有食之」、昭八年經「冬十月
壬午，楚師滅陳」傳「冬十一月壬午，滅陳」。或一事同月而異日，如僖二十
八年經「五月癸亥，公會晉侯、齊侯、宋公、蔡侯、鄭伯、衛子、莒子，盟於
踐土」傳「五月，癸亥，王子虎盟諸侯於王庭」、昭八年經「夏四月辛丑，陳
侯溺卒」傳「夏四月辛亥，哀公縊」。或一事月日並異，如文二年經「三月乙
巳，及晉處父盟」傳「夏四月己巳，晉人使陽處父盟公以恥之」、襄十九年經
「秋七月辛卯，齊侯環卒」傳「夏五月壬辰晦，齊靈公卒」、二十八年經「十
有二月甲寅，天王崩」傳「十一月，癸巳，天王崩」（傳有「王人來告喪，問崩
日，以甲寅告」之文）。或一事異年，如經僖八年「冬十有二月丁未，天王崩」，
傳僖七年「冬，閏月，惠王崩。」甚或一事兩見於傳而年月日不同，如昭三十
二年「冬十一月，晉魏舒、韓不信如京師，合諸侯之大夫於狄泉，尋盟，且令
城成周。己丑，士彌牟營成周。」定元年「春王正月辛巳，晉魏舒合諸侯之大
夫於狄泉，將以城成周。」（經昭三十二年「冬，仲孫何忌會晉韓不信、齊高張、宋
仲幾、衛世叔申、鄭國參、曹人、莒人、薛人、杞人、小邾人，城成周」）。更有或同
月，或相連二三月及數月，前後日名不相協。如僖九年經「九月戊辰，諸侯盟
於葵邱。甲子，晉侯佹諸卒」，甲子在戊辰前四日，月有戊辰在前，不得又有
甲子在後。襄二十八年經「十有二月甲寅，天王崩。乙未，楚子昭卒」，乙未
在甲寅前十九日，月有甲寅在前，不得又有乙未在後（傳稱：「十一月癸巳天王
崩」）。昭十三年傳「夏五月癸亥，王縊於芊尹申亥氏。乙卯夜，棄疾使周走而
呼曰：『王至矣！』國人大驚。丙辰，棄疾即位，名曰熊居。」乙卯次日即丙
辰，丙辰在癸亥前七日，月有癸亥在前，不得又有乙卯、丙辰在後（經稱「四
月，弒其君虔於乾溪」而無日，且一為縊於芊尹申亥氏，一為弒於乾溪，亦復互異），
此就同月言也。如襄二十八年傳「十一月乙亥，嘗於大公之廟。癸巳，天王崩。
十二月乙亥朔，齊人遷莊公，殯於大寢」，癸巳在乙亥後十八日，十一月有乙
亥、癸巳，十二月不應乙亥朔（經稱「十二月甲寅，天王崩」）。昭元年傳「十一

月己酉，公子圍至，入問王疾。十二月，甲辰朔，烝於溫」，己酉在甲辰前五十五日，十一月有己酉，十二月不應甲辰朔。定十五年經「八月庚辰朔，日有食之。九月，丁巳，葬我君定公，雨，不克葬。戊午，日下昃，乃克葬。辛巳，葬定姒」，戊午為丁巳之次日，丁巳在庚辰後三十七日，八月庚辰朔，九月應有丁巳、戊午，而辛巳在戊午後四十三日，不應與戊午同月。此合兩月言也。如隱八年經「秋七月庚午，宋公、齊侯、衛侯盟於瓦屋。九月辛卯，公及莒人盟於浮來」傳「八月丙戌，鄭伯以齊人朝王，禮也。」丙戌在庚午後十六日，辛卯前五日，七月有庚午、九月有辛卯，則八月不得有丙戌。隱十年經「冬十月壬午，齊人、鄭人入郕」傳「八月壬戌，鄭伯圍戴。九月戊寅，鄭伯入宋。」戊寅在壬戌後十六日、壬午前四日，八月有壬戌、十月有壬午，則九月不得有戊寅。此統三月言也。如成十七年經「九月辛丑，用郊。十有一月，公至自伐鄭。壬申，公孫嬰齊卒於狸脹（脹《公羊》作軫、《穀梁》作蜃）。十有二月丁巳朔，日有食之」傳「十月庚午，圍鄭」（是年傳於十二月下有「閏月乙卯晦，殺胥童」之文，則前此無閏益明），壬申在庚午後二日，辛丑在壬申前三十一日、在庚午前二十九日，九月有辛丑，在丁巳前十六日，更盈一周為七十六日，十月有庚午在丁巳前四十七日，以此計之，九月至十一月下皆無閏。壬申在丁巳前四十五日，十二丁巳朔，十一月不應有壬申（傳稱「十一月諸侯還，壬申至於狸脹」與經同。《公羊》稱「非此月也，曷以此月日卒之，傳君命也」、《穀梁》稱「十一月無壬申，乃十月也，致公而後錄，臣子之義也」，與經傳異）。昭二十二年經「十有二月癸酉朔，日有食之」傳「十一月己丑，敬王即位。十二月庚戌，晉籍談、荀躒、賈辛、司馬督帥師軍於陰。閏月，辛丑，伐京」、二十三年「春王正月王寅朔，二師圍郊」，癸酉在壬寅前二十九日，二十二年十二月下有閏，二十三年正月壬寅朔，則二十二年十二月不應癸酉朔。己丑在癸酉前四十四日，庚戌在癸酉後四十七日，十二月癸酉朔，則庚戌不應同月，而十一月亦不應有己丑。又壬寅既為朔，辛丑在壬寅前一日，何以不書晦？此括數月互相為比言也。凡此皆經正文，蔑由所從。若成十八年傳「正月，辛巳，朝於武宮」，《正義》謂服虔作「辛未」，則又別本異文無待旁及矣。蒙滋惑有年，意宋氏所集七曆當是各具得失，不究是非，故曰《考》，非若杜氏之少有不合輒改經傳也。不揣檮昧，每欲追步後塵，顧牽於人事，東西鄙棠，未能從事於斯，偶一推演，斷簡叢楮，半積敝笥。今年秋，以海城沈筠垞大令見招，遂匹馬出關，課生徒

肄《左氏》業，爰據《開元占經》一百五：《黃帝術》上元辛卯至今二百七十六萬八百六十三算外（今謂開元二年甲寅，上距魯隱西元年己未，積一千四百三十五算。數內當減此數，方是隱元積年。下六《術》並同）、《顓頊術》上元乙卯至今二百七十六萬一千一十九算外、《夏術》上元乙丑至今二百七十六萬五百八十九算外、《殷術》上元甲寅至今二百七十六萬一千八十算外、《周術》上元丁巳至今二百七十六萬一千一百三十七算外（原文三十下脫去七字，今據《五經算術》增入）、《魯術》上元庚子至今二百七十六萬一千三百三十四算外（《唐志》謂「《魯術》南至，先《周術》四分日之三，而朔後九百四十三分日之五十一。」僖公五年，冬至，庚戌。據此是上元日，名起己酉，元紀蔀章之首，有閏餘十九分之七，術當置入蔀年外，所求以章月乘之，加七，如章歲而一，得積月，不盡為閏餘。閏餘十二以上，其歲有閏。以蔀月乘積月，滿蔀月為積日，不盡為小餘。六十去積日，不盡為大餘。減大餘十、小餘八百二十七，餘命以蔀算外，天正朔日。此因章首有閏餘，故術有加減，他術異是）。前漢劉歆《三統術》上元庚戌，至今一十四萬三千九百四十四算外（此數與《漢志》合）。檢舊稿重加校核，其未算者亦足成之。虛擬宋氏集七曆例，臚列異同，大氏春秋二百五十五年（此據傳年數），除三十七日食不計外，諸書朔者十五，見經者二，見傳者十三。經則僖十六年五月「戊申朔，隕石於宋五」、二十二年「十一月己巳朔，宋公及楚人戰於泓」，傳則僖五年「正月辛亥朔，日南至。十二月丙子，朔，晉滅虢」、文元年「五月辛酉朔，晉師圍戚」、十一年「正月甲子朔」（此條見襄三十年絳縣人疑年傳）、成十八「二月乙酉朔，晉悼公即位於朝」、襄十八年「十一月丁卯朔，入平陰」、二十六年「三月甲寅朔，享子展」、二十七年「六月丁未朔，宋人享趙文子，叔向為介」、二十八年「十二月乙亥朔，齊人遷莊公，殯於大寢」、昭元年「十二月，甲辰朔，烝於溫」、十二年「十月壬申朔，原輿人逐絞，而立公子跪尋」、二十年「七月戊午朔，遂盟國人」、二十三年「正月壬寅朔，二師圍郊」。諸書晦者九，見經者二，見傳者七。經則僖十五年「九月，己卯晦，震夷伯之廟」、成十六年「六月，甲午晦，晉侯及楚子、鄭伯戰於鄢陵。」傳則僖二十四年「三月，己丑晦，公宮火」、成十七年「閏月乙卯晦。欒書、中行偃殺胥童」、十八年「正月，甲申晦。齊侯使士華免以戈殺國佐於內宮之朝」、襄十八年「十月，丙寅晦，齊師夜遯」、十九年「五月壬辰晦，齊靈公卒」、昭二十年「六月，丁巳晦，公入，與北宮喜盟於彭水之上」、二十二年「七月，戊辰晦，戰於雞父」。諸書閏者

十，見經者二，見傳者八。經則文六年「閏月不告朔」（上有十月）、哀五年「閏月，葬齊景公」（上有冬），傳則僖七年「閏月，惠王崩」（上有冬）、文元年「閏三月，非禮也」、成十七年「閏月乙卯晦，欒書、中行偃殺胥童」（上有十二月）、襄九年「閏月戊寅，濟於陰阪」（上有十二月）、昭二十年「閏月戊辰，殺宣姜」（上有八月，下有十月）、二十二年「閏月，晉箕遺、樂征、右行詭濟師取前城」（上有十二月）。哀十五年「閏月，良夫與大子入，舍於孔氏之外圃」（上有冬）、二十四年「閏月，公如越，得大子適郢」（是年唯歲首有一四月，下則僅此閏月而已）。今以《七術》準之，失居十九，《長曆》謂經傳日名七百七十九，經三百九十三，傳三百八十六。又謂《黃帝術》得四百六十六日，《顓頊術》得五百九日，《真夏術》得四百六十六日，《殷術》得五百三日，《真周術》得四百八十五日，《魯術》得五百二十九日，《三統術》得四百八十四日，咸與《晉志》所載數同。今則遍稽經多一日，傳少一日，疑姜岌之說殆指此，而《七術》得數多少又復小異，然多不逾五日，少不逾十二日。行篋苦無他書，不獲廣搜博引，僅將《七術》諸朔閏依年比次，並徵《長曆》、《正義》暨史乘可據者附案於各本條下，釐為二卷，孰同孰異，悉覶晰標出，疑而不可通者闕之，不敢臆斷，名曰《春秋朔閏異同》，將以俟世之明算經師證訂焉。時道光戊子冬，甘泉羅士琳述於瀋陽臨溟署塾。

予補宋仲子《春秋七秭考》既成，客有詰之者云：「是書但列同異，不稽是非，未足以資考證。」予曰：是不然。請申其說：今夫安其所習，毀所不見，終以自蔽，學者之大患也。《春秋》之改時改月，前儒辨正已明，而告朔書云，諸多未協，有不可以私意參者四焉：《春秋》為聖人之經，《左氏》依經作傳，經傳宜無兩歧，乃其牴牾處不勝枚舉，《序略》言之詳矣。說者謂古文丣卯、乙巳形近，經傳二字涉誤較多。然甲戌、己丑（見桓五年）相沿既久，壬申、丁丑（見僖二十八年）審定誠難。朝於武宮，別本或傳辛未；殯於曲沃，傳文空紀庚申，此一不可也。春秋時頒行之秭不可知，有言周秭，有言魯秭，有言孔子本殷人，修《春秋》蓋用殷秭。皆後人儗議之辭，七秭既不能從同，諸說又烏知孰是？事終知伯，徒涉其疑；蠟始惠文，莫獲其解。驚蟄、雨水更名，則究自何時（見桓五年傳「啟蟄而郊」疏）；星紀、元枵棄次，則終非確論。苟徒以非其術而強欲合之，謂以秭佐經乎？抑以經佐秭乎？此二不可也。古者左史紀事，事為《春秋》，孔子取策書舊文謹而志之，以垂戒將來，故曰筆削。時異事殊，承訛襲誤，在聖人且述而不作，況日名具文乎？非若章句之有癥結可尋，

三豕渡河，文誤昔聞於《晉語》；六鶂過宋，月晦今惑於《公羊》。截春王於定元，毋乃太鑿；指閏月為門王，究屬不經。此三不可也。王伯之末，史官喪紀，疇人子弟分散，說見班、馬。春秋閏凡屢失，此不待智者而始知也，然未容墨守歸餘於終之一言，當思文、昭傳中之兩閏（文三年閏三月，昭二十年閏下有十二月）。仲春而日乃南至，季冬而火猶西流。於辰在申，固史官再失之過；後閏建戌，實杜氏疊置之疏。閏之補正，不得其月，何以折衷？此四不可也。士生千載下，於前言往行十不窺一，輒妄思考證千載以上之日月，即使一一吻合，誰仰其然？或標新立異，亦啖助、趙匡者流也。聞之：知而不言，不忠；不知而言，不智。同異所知也，是非所不知也，言同異而同異之實具存，不言是非而是非之真自在。試為一言以蔽之，大率緣於置閏失者十之四、舊史誤者十之三、傳抄錯者十之二，若夫元術絕滅，七秝互相後先，則不過十之一。明於此，亦思過半矣。客退，因述所答為記〔註162〕。

　　◎記：《春秋朔閏異同》二卷，甘泉羅氏茗香（士琳）所譔，趙撝叔（之謙）刊入《鶴齋叢書》者。此則為其底本。前有「陳寶芬校過」數字，為書賈刪去矣，然手跡俱存。餘則為趙氏所校者。民國第一辛未重返豫章，以三十元購得之，仍裝兩冊。舟虛記。

　　◎趙爾巽《清史稿》卷一百四十五志一百二十《藝文》一：《春秋朔閏異同考》三卷，羅士琳撰。

　　◎上海古籍出版社2015年《續修四庫全書總目提要・春秋類》「《春秋朔閏異同》二卷」：杜預考古今十曆以驗《春秋》，其所置閏，近則頻年成閏，遠或距及四五年。尤可議者，襄二十七年頓置兩閏，《正義》曲為之解，不無阿私。士琳據黃帝、顓頊、夏、殷、周、魯六曆，益以漢劉歆《三統》，成七術，以推演《春秋》朔閏，依年比次，並徵《長曆》、《正義》洎史乘可據者，附案本條，釐為《春秋朔閏異同》二卷。所集七曆，各具得失，然士琳此書，但列同異，不稽是非，非若杜預之少有不合，輒改經、傳。士琳自序云：「知而不言，不忠；不知而言，不智。同異，所知也；是非，所不知也。」故疑而不可通之處，闕之不敢臆斷，每以聖人嘗云「吾猶及史之闕文」為言。士琳精研曆算，而不斷《春秋》朔閏之是非，誠憾事也。然不列同異，何以妄言是非？是以此書雖不稽是非，而欲稽是非者不可無此書以佐之。《春秋》改時改月，前儒辨正已明。而告朔書云諸多未協，大率由置閏失者十之四，舊史誤者十之三，

〔註162〕周按：此段原低一格，稿本所謂「接上序略低一格寫」也。

傳鈔錯者十之二。元術絕滅，七曆互相後先，則不過十之一。經、傳人名之譌，如宣十七年經書「蔡侯申卒」，哀四年經書「盜殺蔡侯申」，文侯乃昭侯高祖。桓二年夏四月，傳云「臧哀伯諫納郜大鼎」，下有周內史聞之曰「臧孫達有後於魯」之文。莊十一年秋，宋大水，傳云「公使弔，臧文仲曰宋其興乎」，下有「臧孫達曰：是宜為君」之文，文仲乃哀伯孫，其中疑有一誤。此本據上海圖書館藏清抄本影印。（孫文文）

羅日璧 春秋提要 一卷 存

陝西藏道光刻本

◎羅日璧，雲南景東廳人。舉人。道光十年至道光二十年（1830～1840）任沔陽知縣。著有《春秋提要》一卷，纂修道光《重修沔陽縣志》十二卷卷首一卷。

羅萬卷 春秋撮要 四卷 佚

◎光緒《湖南通志》卷二百四十六《藝文志》二：《春秋撮要》四卷，桂東羅萬卷撰。

◎羅萬卷，字凝亭。湖南桂東人。乾隆十八年（1753）拔貢。著有《易卦說》、《周官約編》、《春秋撮要》四卷、《北遊草》、《酬俗草》、《消閒匯筆》、《桂溪全集》。

羅喻義 春秋野編 佚

◎光緒《湖南通志》卷二百四十六《藝文志》二：《春秋野編》，益陽羅喻義撰（《縣志》）。

◎羅喻義，字湘中。湖南益陽人。萬曆四十一年（1613）進士。改庶吉士，授檢討。請假歸。天啟初還朝，歷官諭德。六年（1626）擢南京國子祭酒。莊烈帝嗣位，召拜禮部右侍郎，協理詹事府。尋充日講官，教習庶吉士。著有《春秋野編》。

羅增 經書輯字四聲音釋春秋 未見

◎羅增，字式廓。定陽人。有刻書鋪名呈祥瑞。子雲龍，有刻書鋪書林閣。父子二人刊刻《三字經》《百家姓》《千字文》甚多，多署定陽凝靜軒、介邑書林閣。著有《重校十三經輯字》十七卷、《經書輯字四聲音釋》十種。

羅振玉 蜀石經春秋穀梁傳殘石 存

文聽閣圖書有限公司 2009 年民國時期經學叢書第四輯影印本

◎羅振玉（1866～1940），初名寶鈺（振鈺），字式如、叔蘊、叔言，號雪堂，晚號貞松老人、松翁。祖籍浙江省上虞縣永豐鄉，出生於江蘇淮安。曾任學部二等諮議官，後補參事官，兼京師大學堂農科監督。宣統三年（1911）與王國維等避居日本。1924 年奉溥儀召入值南書房。後參與策劃成立滿洲國並任偽職。精小學、甲骨金石之學，為「甲骨四堂」之一。編著有《殷墟書契》、《殷墟書契菁華》、《敦煌石室遺書》、《鳴沙石室佚書》、《三代吉金文存》、《敦煌古寫本周易王注校勘記》《鳴沙石室古籍叢殘》、《雪堂校刊群書敘錄》二卷、《貞松堂歷代名人法書》、《高昌壁畫精華》、等，著作多收入《羅雪堂先生全集》。

羅振玉 唐寫本春秋穀梁傳解釋 存

國圖藏 1913 年珂羅版影印本

駱成駫 左傳五十凡例 二卷 存

南京藏 1927 年四川成都刻本

◎孫殿起《販書偶記》卷二：《左傳五十凡例》二卷，資中駱成駫撰。民國十六年四川成都刊。

◎駱成駫，四川資中人。肄業於資州藝風書院。曾任教四川國學專門學校。著有《儀禮喪服會通淺釋》一卷、《左傳五十凡例》二卷、《周禮師說多祖易詩微言考》、《周禮師說陰祖大一統微言考》。

M

馬邦舉 春秋三傳考略 十五卷 存

◎括《春秋左傳考略》六卷、《公羊考略》六卷、《穀梁考略》三卷。現存《春秋左傳考略》六卷、《穀梁考略》三卷。

◎光緒《魚臺縣志》：所著有《周易／尚書／毛詩／春秋三傳考略》等書，又有《竹書紀年／古史／說文／毛詩》及《兩漢／魏晉字聲考略》四卷諸編。

◎馬邦舉，字岱陽，號臥盧。山東魚臺人。馬邦玉弟。幼讀書性遲，比長，穎悟頓開，殫見洽聞，博極群書。壯年遊江南，教授蕭、宿諸州。嘉慶五年（1800）舉人、十年（1805）進士。注銓知縣，改教職，官曹州府教授。博通經史，尤精古文字，與王筠為友，書函往來，商研《說文》。1934 年 12 月 3 日《華北日報·圖書周刊》屈萬里《魚臺馬氏著述紀》可參。著有《周易考畧》三卷、《尚書考略》、《毛詩考略》、《春秋三傳考略》十五卷（《春秋左傳考略》六卷、《公羊考略》六卷、《穀梁考略》三卷）、《說文考略》、《漢聲考略》四卷、《竹書紀年考略》、《古史考略》、《晉聲考略》一卷、《漢石經考略》二卷、《古聲雜記》四卷、《楚辭字聲略考》一卷、《竹書紀年考略》（一名《今本紀年考略》）、《陝志陵墓考》一卷、《古缶書屋詩》、《雜體詩》。

馬邦舉 春秋左傳考略 六卷 存

國圖藏民國山東省立圖書館鈔魚臺馬氏叢書本

山東大學出版社 2011 年山東文獻集成影印民國山東省立圖書館鈔魚臺馬氏叢書本

◎光緒《魚臺縣志》：所著有《周易／尚書／毛詩／春秋三傳考略》等書，又有《竹書紀年／古史／說文／毛詩》及《兩漢／魏晉字聲考略》四卷諸編。

馬邦舉 公羊考略 六卷 未見

◎光緒《魚臺縣志》：所著有《周易／尚書／毛詩／春秋三傳考略》等書，又有《竹書紀年／古史／說文／毛詩》及《兩漢／魏晉字聲考略》四卷諸編。

馬邦舉 穀梁考略 三卷 存

國圖藏民國山東省立圖書館鈔魚臺馬氏叢書本

山東大學出版社 2011 年山東文獻集成影印民國山東省立圖書館鈔魚臺馬氏叢書本

◎光緒《魚臺縣志》：所著有《周易／尚書／毛詩／春秋三傳考略》等書，又有《竹書紀年／古史／說文／毛詩》及《兩漢／魏晉字聲考略》四卷諸編。

馬伯禮 春秋羅纂 十二卷 佚

◎光緒《平湖縣志》卷十八《人物・列傳》四：著有《春秋羅纂》十二卷（載《明史・藝文志》）、《剩言》一卷（程《孝友》、王《行誼》）。

◎馬伯禮，字節之，號讓伯。平湖（今浙江平湖）人。太僕卿敏功子。生平好讀異書，詩學劉長卿。著有《春秋羅纂》十二卷、《剩言》一卷。

馬國翰編 玉函山房輯春秋 五十一卷 存

光緒九年（1883）長沙嫏嬛館刻玉山房輯佚書・經編函本

◎耿文光《萬卷精華樓藏書記》卷八《經部五・春秋類》「《玉函山房輯春秋》五十一卷」（國朝馬國翰編）：

濟南皇華館本，凡四十五種。

《春秋大傳》一卷，漢初經師所撰。

《春秋決事》一卷，漢董仲舒撰。董氏傳《公羊學》，既撰《繁露》，復為此書，引經斷獄，當代取式焉。《漢志》：《治獄》十六篇。《隋志》稱《決事》，《唐志》稱《決獄》，皆十卷。

《公羊嚴氏春秋》一卷，漢嚴彭祖撰。嚴氏治《公羊》，其流派見於傳者有十數家，史未詳述。史未詳述。

《春秋公羊顏氏記》一卷，漢顏安樂撰。

《春秋穀梁章句》一卷，漢尹更始撰。漢儒傳《穀梁》學者，惟尹及劉向有書。《穀梁》學自榮廣、皓星公開之，尹得其宗，鳴於當代。

《春秋穀梁傳說》一卷，漢劉向撰，隋唐《志》皆不著錄。其說多明災異，與所記《洪範》五行相表裏。

《春秋左氏傳章句》一卷，漢劉歆撰。《左氏》有章句自歆始。賈逵、潁容、許淑三家，皆祖述劉氏。

《春秋牒例章句》一卷，後漢鄭眾撰。眾父興，少學《公羊》，晚善《左氏》。眾傳父業，亦師承劉氏。

《春秋左氏傳解詁》二卷，後漢賈逵撰。隋唐《志》三十卷，久佚。王應麟輯《古文春秋左傳》中載逵說，而疏漏尚多。兹更補綴，合舊輯為二卷。

《春秋左氏長經章句》一卷，賈逵撰。以《左氏》義深君父，《公羊》多任權變，卓識不磨。唯好用圖讖，明劉氏為堯後，史論譏其附會。

《春秋三傳異同說》一卷，後漢馬融撰。說二叔為夏殷之叔世，五典為五行，與賈、鄭殊，未必可從。融於《易》《書》《詩》《禮》皆有注。

《解疑論》一卷，漢戴宏撰，不詳何人。《難左之說》，佚，存序一則。

《春秋文謚例》一卷，漢何休撰，翼《公羊解詁》，而作五始、三科、九旨、七等、六輔、二類、七缺之設，何其紛紛邪？《隋志》一卷。

《春秋左氏傳解誼》四卷，後漢服虔撰。《解》中有康成手稿，服、鄭固一家之學也。《隋志》三十一卷，《唐志》《釋文》并三十卷。今從王氏所輯，更補缺漏。又《膏肓釋痾》（《隋志》十卷）一條、《長說》（《隋志》九卷）一條附於後。

《春秋釋例》一卷，後漢潁容撰。杜氏亦著《釋例》，或因潁書而增修之。

《左氏奇說》一卷，後漢彭汪撰。

《春秋左傳許氏注》一卷，後漢許淑撰。淑撰。

《春秋左氏經傳章句》一卷，魏董遇撰。隋唐《志》并三十卷，如「士匄」作「王正」、「專壹」作「搏壹」之類，多與杜異而同於賈、服、王肅，則漢魏時古本，足正俗本之誤。

《春秋左傳王氏注》一卷，魏王肅撰。隋唐《志》三十卷。肅父朗有《傳注》十二卷，《隋志》別載之，似肅因父書增多十八卷。

《春秋左氏傳嵇氏音》一卷，魏嵇康撰。

《春秋穀梁傳糜氏注》一卷，魏糜信撰。隋唐《志》十二卷。如「討」作

「糾」、「蒐」作「搜」、「射」作「亦」、「鍾」作「童」、「宮」作「官」，本多異字，必有所受，不可考已。

《春秋公羊穀梁傳解詁》一卷，晉劉兆撰。楊序。《穀梁》家有劉瑤，盧紹弓以為即兆也。與今本文異者，足資參考。其《春秋調人》及《解左》不可見矣。

《春秋左氏傳義注》一卷，晉孫毓撰。《隋志》十八卷，《唐志》三十卷。《賈服異同略》，隋唐《志》五卷。二書大旨申賈而駁服。虔注受於康成，而王肅說多主賈逵。孫朋於王，猶評《詩》之見也（毓有《毛詩異同評》）。

《春秋公羊穀梁二傳評》一卷，晉江熙撰。

《春秋穀梁傳徐氏注》一卷，晉徐乾撰，研究書法日與不日之例。

《春秋土地名》一卷，晉裴秀、容京、相璠等同撰。因修《晉輿地圖》而作。《隋志》三卷。雖不免舛失，然杜氏所缺，此能確指言之。

《春秋穀梁傳注義》一卷，晉徐邈。《唐志》：《注》十二卷、《傳義》十卷、《音》一卷，并佚。其書見重於時，范解引述獨多，辭理典據，實有可觀。序所謂二三學士，徐當其選。乃楊疏於范氏門生故吏指謂江、徐，又以膚淺末學譏之，失於深考矣。

《春秋徐氏音》一卷，晉徐邈撰。《隋志》三卷，《唐志》一卷。《易》《書》《詩》《禮》皆有音。

《春秋左氏函傳義》一卷，晉干寶撰。《晉‧禮志》謂寶留思京房、夏侯勝等，傳其說，伐鼓于社以為厭勝，蓋二子之緒論也。

《薄叔元問穀梁義》一卷，晉范寧撰。叔元未詳何人，范作《集解》，叔元有所駁問，范隨問逐條答之，仿鄭氏《釋廢疾》之體例也。

《春秋穀梁傳鄭氏說》一卷，晉鄭嗣撰。不詳何人，以范序考之，當是寧父汪門生故吏。

《春秋左氏經傳義略》一卷，陳沈文阿撰。

《春秋傳駁》一卷，後魏賈思同撰。衛翼隆精服氏學，上書難杜六十三事。思同駁其乖錯者十餘條，是非互見，積成十卷。

《春秋左傳義疏》一卷，蘇寬撰。不詳何人。《正義序》謂全不體本文，唯旁攻賈、服。

《春秋左傳述義》二卷，隋劉炫撰。《北史》本傳四十卷，《隋志》同，《正義》多引之。

《春秋規過》二卷，劉炫撰，既作《述義》，又摘杜義之失以正之。《正義》所引凡一百七十餘條，固不免煩碎錯亂之處，亦有顯為杜失而孔疏必委曲護之者。

《春秋攻昧》一卷。炫著《規過》以攻杜氏。杜注外眾說有不合者，作此以駁難之。史稱炫強記默識，莫與為儔。又謂多自矜伐，好輕侮當世書，適肖其人矣。《攻昧》取《仲虺》文也。

《春秋集傳》一卷，唐啖助撰，凡十年乃成。與炫書相類，斥《三傳》之謬，或失苛察，而精確處自不磨也。

《春秋闡微纂類義統》一卷，唐趙匡撰，損益啖書。晁公武曰：「啖、趙以前學者皆專門名家，苟有不通，言經誤，其失也固陋。啖、趙以後，學者喜援經擊傳，其或未明，則憑私臆決，其失也穿鑿。」楊慎曰：「杜預作《春秋釋例》、趙匡作《春秋纂例》，蓋以《春秋》難明，故以例求之。至於不通，則又云變例。變例不通，又疑經有闕文、誤字。嗚呼！聖人之作豈先有例而後作《春秋》乎？」二論皆切中其弊，然訓解時多精語。

《春秋通例》一卷，唐陸希聲撰。韓滉亦著《通例》一卷，無從徵述。

《春秋折衷論》一卷，唐陳岳撰。《唐摭言》：「司空圖謂贍博精緻，足以下視兩漢迂儒矣。」《崇文目》云：「以三家異同三百餘條，參求其長，以通《春秋》之義。」晁《志》：「其書以《左傳》為上，《公羊》為中，《穀梁》為下，比其異同而折衷之。」《吳立夫集》有後序，則元時全書尚存，今不可得矣。

（文光案：馬氏所輯《左氏》十七家，皆可為讀《左》之助。《公羊》三家、《穀梁》六家、《公》《穀》合者二家，大抵取之於《正義》者為多。凡其所輯書目，有出於隋唐《志》之外者，其蒐採之功不可沒已。予故詳錄之，使人知古書之名目，且殘編斷簡尤可珍也）。

◎馬國翰（1794～1857），字詞溪，號竹吾。歷城（今山東濟南歷城區）南勸夫莊人。從師金寶川、呂心源。道光十一年（1831）舉人、十二年（1832）進士，先後知陝西敷城、石泉、雲陽等縣。道光二十四年（1844）陞陝西隴州知州。輯印《玉函山房輯佚書》，輯佚書近六百種。又著有《買春軒國風說》、《論語掃說》、《夏小正詩注》、《月令七十二侯詩自注》、《目耕帖》三十一卷、《玉函山房文集》、《玉函山房詩集》、《竹如意》、《紅藕花軒泉品》、《玉函山房藏書簿錄》二十五卷及《續編》、《農諺》、《分類編典稿》、《訂屑編實》等。

馬國翰輯 薄叔元問穀梁義 一卷 存

同治皇華館刻、光緒李氏印、光緒瑯嬛館刻、光緒楚南書局刻玉函山房輯
佚書本

◎晉范寧原撰。

◎趙爾巽《清史稿》卷一百四十五志一百二十《藝文》一：漢尹更始《春秋穀梁傳章句》一卷、漢劉向《春秋穀梁傳說》一卷、魏糜信《春秋穀梁注》一卷、晉徐邈《春秋穀梁傳注義》一卷音一卷、晉范寧《薄叔元問穀梁義》一卷、晉鄭嗣《春秋穀梁傳說》一卷，以上均馬國翰輯。

馬國翰輯 春秋闡微纂類義統 一卷 存

同治皇華館刻、光緒李氏印、光緒瑯嬛館刻、光緒楚南書局刻玉函山房輯
佚書本

◎唐趙匡原撰。

◎趙爾巽《清史稿》卷一百四十五志一百二十《藝文》一：《春秋大傳》一卷，漢鄭眾《春秋牒例章句》一卷，漢馬融《春秋三傳異同說》一卷，漢戴宏《解疑論》一卷，漢穎容《春秋釋例》一卷，晉劉兆《春秋公羊穀梁傳解詁》一卷，晉江熙《春秋公羊穀梁二傳評》一卷，晉京相璠《春秋土地名》一卷，後魏賈思同《春秋傳駁》一卷，隋劉炫《春秋述義》一卷、《春秋規過》一卷、《春秋攻昧》一卷，不著時代撰人《春秋井田記》一卷，唐啖助《春秋集傳》一卷，唐趙匡《春秋闡微纂類義統》一卷，唐陸希聲《春秋通例》一卷，唐陳岳《春秋折衷論》一卷，以上均馬國翰輯。

馬國翰輯 春秋成長說 一卷 存

同治皇華館刻、光緒李氏印、光緒瑯嬛館刻、光緒楚南書局刻玉函山房輯
佚書本

◎漢服虔原撰。

馬國翰輯 春秋大傳 一卷 存

光緒十年（1884）楚南湘遠堂刻玉函山房輯佚書・春秋類本

◎漢佚名原撰。

◎趙爾巽《清史稿》卷一百四十五志一百二十《藝文》一：《春秋大傳》一卷，漢鄭眾《春秋牒例章句》一卷，漢馬融《春秋三傳異同說》一卷，漢戴

宏《解疑論》一卷，漢穎容《春秋釋例》一卷，晉劉兆《春秋公羊穀梁傳解詁》一卷，晉江熙《春秋公羊穀梁二傳評》一卷，晉京相璠《春秋土地名》一卷，後魏賈思同《春秋傳駁》一卷，隋劉炫《春秋述義》一卷、《春秋規過》一卷、《春秋攻昧》一卷，不著時代撰人《春秋井田記》一卷，唐啖助《春秋集傳》一卷，唐趙匡《春秋闡微纂類義統》一卷，唐陸希聲《春秋通例》一卷，唐陳岳《春秋折衷論》一卷，以上均馬國翰輯。

馬國翰輯 春秋牒例章句 一卷 存

同治皇華館刻、光緒李氏印、光緒嫏嬛館刻、光緒楚南書局刻玉函山房輯佚書本

◎漢鄭眾原撰。

◎趙爾巽《清史稿》卷一百四十五志一百二十《藝文》一：《春秋大傳》一卷，漢鄭眾《春秋牒例章句》一卷，漢馬融《春秋三傳異同說》一卷，漢戴宏《解疑論》一卷，漢穎容《春秋釋例》一卷，晉劉兆《春秋公羊穀梁傳解詁》一卷，晉江熙《春秋公羊穀梁二傳評》一卷，晉京相璠《春秋土地名》一卷，後魏賈思同《春秋傳駁》一卷，隋劉炫《春秋述義》一卷、《春秋規過》一卷、《春秋攻昧》一卷，不著時代撰人《春秋井田記》一卷，唐啖助《春秋集傳》一卷，唐趙匡《春秋闡微纂類義統》一卷，唐陸希聲《春秋通例》一卷，唐陳岳《春秋折衷論》一卷，以上均馬國翰輯。

馬國翰輯 春秋攻昧 一卷 存

同治皇華館刻、光緒李氏印、光緒嫏嬛館刻、光緒楚南書局刻玉函山房輯佚書本

◎隋劉炫原撰。

◎趙爾巽《清史稿》卷一百四十五志一百二十《藝文》一：《春秋大傳》一卷，漢鄭眾《春秋牒例章句》一卷，漢馬融《春秋三傳異同說》一卷，漢戴宏《解疑論》一卷，漢穎容《春秋釋例》一卷，晉劉兆《春秋公羊穀梁傳解詁》一卷，晉江熙《春秋公羊穀梁二傳評》一卷，晉京相璠《春秋土地名》一卷，後魏賈思同《春秋傳駁》一卷，隋劉炫《春秋述義》一卷、《春秋規過》一卷、《春秋攻昧》一卷，不著時代撰人《春秋井田記》一卷，唐啖助《春秋集傳》一卷，唐趙匡《春秋闡微纂類義統》一卷，唐陸希聲《春秋通例》一卷，唐陳岳《春秋折衷論》一卷，以上均馬國翰輯。

馬國翰輯 春秋公羊穀梁二傳評 一卷 存

同治皇華館刻、光緒李氏印、光緒瑯嬛館刻、光緒楚南書局刻玉函山房輯
佚書本

◎晉江熙原撰。

◎趙爾巽《清史稿》卷一百四十五志一百二十《藝文》一：《春秋大傳》
一卷，漢鄭眾《春秋牒例章句》一卷，漢馬融《春秋三傳異同說》一卷，漢戴
宏《解疑論》一卷，漢穎容《春秋釋例》一卷，晉劉兆《春秋公羊穀梁傳解詁》
一卷，晉江熙《春秋公羊穀梁二傳評》一卷，晉京相璠《春秋土地名》一卷，
後魏賈思同《春秋傳駁》一卷，隋劉炫《春秋述義》一卷、《春秋規過》一卷、
《春秋攻昧》一卷，不著時代撰人《春秋井田記》一卷，唐啖助《春秋集傳》
一卷，唐趙匡《春秋闡微纂類義統》一卷，唐陸希聲《春秋通例》一卷，唐陳
岳《春秋折衷論》一卷，以上均馬國翰輯。

馬國翰輯 春秋公羊穀梁傳解詁 一卷 存

同治皇華館刻、光緒李氏印、光緒瑯嬛館刻、光緒楚南書局刻玉函山房輯
佚書本

◎晉劉兆原撰。

◎趙爾巽《清史稿》卷一百四十五志一百二十《藝文》一：《春秋大傳》
一卷，漢鄭眾《春秋牒例章句》一卷，漢馬融《春秋三傳異同說》一卷，漢戴
宏《解疑論》一卷，漢穎容《春秋釋例》一卷，晉劉兆《春秋公羊穀梁傳解詁》
一卷，晉江熙《春秋公羊穀梁二傳評》一卷，晉京相璠《春秋土地名》一卷，
後魏賈思同《春秋傳駁》一卷，隋劉炫《春秋述義》一卷、《春秋規過》一卷、
《春秋攻昧》一卷，不著時代撰人《春秋井田記》一卷，唐啖助《春秋集傳》
一卷，唐趙匡《春秋闡微纂類義統》一卷，唐陸希聲《春秋通例》一卷，唐陳
岳《春秋折衷論》一卷，以上均馬國翰輯。

馬國翰輯 春秋公羊顏氏記 一卷 存

同治皇華館刻、光緒李氏印、光緒瑯嬛館刻、光緒楚南書局刻玉函山房輯
佚書本

◎漢顏安樂原撰。

◎趙爾巽《清史稿》卷一百四十五志一百二十《藝文》一：漢董仲舒《春

秋決事》一卷、漢嚴彭祖《公羊春秋》一卷、漢顏安樂《春秋公羊記》一卷、漢何休《春秋公羊文諡例》一卷，以上均馬國翰輯。

馬國翰輯 春秋穀梁傳糜氏注 一卷 存

同治皇華館刻、光緒李氏印、光緒瑯嬛館刻、光緒楚南書局刻玉函山房輯佚書本

◎三國魏糜信原撰。

◎趙爾巽《清史稿》卷一百四十五志一百二十《藝文》一：漢尹更始《春秋穀梁傳章句》一卷、漢劉向《春秋穀梁傳說》一卷、魏糜信《春秋穀梁注》一卷、晉徐邈《春秋穀梁傳注義》一卷音一卷、晉范寧《薄叔元問穀梁義》一卷、晉鄭嗣《春秋穀梁傳說》一卷，以上均馬國翰輯。

馬國翰輯 春秋穀梁傳說 一卷 存

同治皇華館刻、光緒李氏印、光緒瑯嬛館刻、光緒楚南書局刻玉函山房輯佚書本

◎漢劉向原撰。

◎趙爾巽《清史稿》卷一百四十五志一百二十《藝文》一：漢尹更始《春秋穀梁傳章句》一卷、漢劉向《春秋穀梁傳說》一卷、魏糜信《春秋穀梁注》一卷、晉徐邈《春秋穀梁傳注義》一卷音一卷、晉范寧《薄叔元問穀梁義》一卷、晉鄭嗣《春秋穀梁傳說》一卷，以上均馬國翰輯。

馬國翰輯 春秋穀梁傳徐氏注 一卷 存

同治皇華館刻、光緒李氏印、光緒瑯嬛館刻、光緒楚南書局刻玉函山房輯佚書本

◎晉徐乾原撰。

馬國翰輯 春秋穀梁傳章句 一卷 存

同治皇華館刻、光緒李氏印、光緒瑯嬛館刻、光緒楚南書局刻玉函山房輯佚書本

◎漢尹更始原撰。

◎趙爾巽《清史稿》卷一百四十五志一百二十《藝文》一：漢尹更始《春秋穀梁傳章句》一卷、漢劉向《春秋穀梁傳說》一卷、魏糜信《春秋穀梁注》

一卷、晉徐邈《春秋穀梁傳注義》一卷音一卷、晉范寧《薄叔元問穀梁義》一卷、晉鄭嗣《春秋穀梁傳說》一卷，以上均馬國翰輯。

馬國翰輯 春秋穀梁傳鄭氏說 一卷 存

同治皇華館刻、光緒李氏印、光緒瑯嬛館刻、光緒楚南書局刻玉函山房輯佚書本

◎晉鄭嗣原撰。

◎趙爾巽《清史稿》卷一百四十五志一百二十《藝文》一：漢尹更始《春秋穀梁傳章句》一卷、漢劉向《春秋穀梁傳說》一卷、魏糜信《春秋穀梁注》一卷、晉徐邈《春秋穀梁傳注義》一卷音一卷、晉范寧《薄叔元問穀梁義》一卷、晉鄭嗣《春秋穀梁傳說》一卷，以上均馬國翰輯。

馬國翰輯 春秋穀梁傳注義 一卷 存

同治皇華館刻、光緒李氏印、光緒瑯嬛館刻、光緒楚南書局刻玉函山房輯佚書本

◎晉徐邈原撰。

◎趙爾巽《清史稿》卷一百四十五志一百二十《藝文》一：漢尹更始《春秋穀梁傳章句》一卷、漢劉向《春秋穀梁傳說》一卷、魏糜信《春秋穀梁注》一卷、晉徐邈《春秋穀梁傳注義》一卷音一卷、晉范寧《薄叔元問穀梁義》一卷、晉鄭嗣《春秋穀梁傳說》一卷，以上均馬國翰輯。

馬國翰輯 春秋規過 二卷 存

同治皇華館刻、光緒李氏印、光緒瑯嬛館刻、光緒楚南書局刻玉函山房輯佚書本

◎隋劉炫原撰。

◎趙爾巽《清史稿》卷一百四十五志一百二十《藝文》一：《春秋大傳》一卷，漢鄭眾《春秋牒例章句》一卷，漢馬融《春秋三傳異同說》一卷，漢戴宏《解疑論》一卷，漢穎容《春秋釋例》一卷，晉劉兆《春秋公羊穀梁傳解詁》一卷，晉江熙《春秋公羊穀梁二傳評》一卷，晉京相璠《春秋土地名》一卷，後魏賈思同《春秋傳駁》一卷，隋劉炫《春秋述義》一卷、《春秋規過》一卷、《春秋攻昧》一卷，不著時代撰人《春秋井田記》一卷，唐啖助《春秋集傳》

一卷，唐趙匡《春秋闡微纂類義統》一卷，唐陸希聲《春秋通例》一卷，唐陳岳《春秋折衷論》一卷，以上均馬國翰輯。

馬國翰輯　春秋集傳　一卷　存

同治皇華館刻、光緒李氏印、光緒瑯嬛館刻、光緒楚南書局刻玉函山房輯佚書本

◎唐啖助原撰。

◎趙爾巽《清史稿》卷一百四十五志一百二十《藝文》一：《春秋大傳》一卷，漢鄭眾《春秋牒例章句》一卷，漢馬融《春秋三傳異同說》一卷，漢戴宏《解疑論》一卷，漢穎容《春秋釋例》一卷，晉劉兆《春秋公羊穀梁傳解詁》一卷，晉江熙《春秋公羊穀梁二傳評》一卷，晉京相璠《春秋土地名》一卷，後魏賈思同《春秋傳駁》一卷，隋劉炫《春秋述義》一卷、《春秋規過》一卷、《春秋攻昧》一卷，不著時代撰人《春秋井田記》一卷，唐啖助《春秋集傳》一卷，唐趙匡《春秋闡微纂類義統》一卷，唐陸希聲《春秋通例》一卷，唐陳岳《春秋折衷論》一卷，以上均馬國翰輯。

馬國翰輯　春秋井田記　一卷　存

同治皇華館刻、光緒李氏印、光緒瑯嬛館刻、光緒楚南書局刻玉函山房輯佚書本

◎不著時代、作者原撰。

◎趙爾巽《清史稿》卷一百四十五志一百二十《藝文》一：《春秋大傳》一卷，漢鄭眾《春秋牒例章句》一卷，漢馬融《春秋三傳異同說》一卷，漢戴宏《解疑論》一卷，漢穎容《春秋釋例》一卷，晉劉兆《春秋公羊穀梁傳解詁》一卷，晉江熙《春秋公羊穀梁二傳評》一卷，晉京相璠《春秋土地名》一卷，後魏賈思同《春秋傳駁》一卷，隋劉炫《春秋述義》一卷、《春秋規過》一卷、《春秋攻昧》一卷，不著時代撰人《春秋井田記》一卷，唐啖助《春秋集傳》一卷，唐趙匡《春秋闡微纂類義統》一卷，唐陸希聲《春秋通例》一卷，唐陳岳《春秋折衷論》一卷，以上均馬國翰輯。

馬國翰輯　春秋決事　一卷　未見

◎漢董仲舒原撰。

◎趙爾巽《清史稿》卷一百四十五志一百二十《藝文》一：漢董仲舒《春

秋決事》一卷、漢嚴彭祖《公羊春秋》一卷、漢顏安樂《春秋公羊記》一卷、漢何休《春秋公羊文諡例》一卷，以上均馬國翰輯。

馬國翰輯 春秋命歷序 一卷 存

同治皇華館刻、光緒李氏印、光緒瑯嬛館刻、光緒楚南書局刻玉函山房輯佚書本

光緒刻玲瓏山館叢書本

◎三國魏宋均原注。

馬國翰輯 春秋內事 一卷 存

同治皇華館刻、光緒李氏印、光緒瑯嬛館刻、光緒楚南書局刻玉函山房輯佚書本

◎三國魏宋均原注。

馬國翰輯 春秋三傳異同說 一卷 存

同治皇華館刻、光緒李氏印、光緒瑯嬛館刻、光緒楚南書局刻玉函山房輯佚書本

◎漢馬融原撰。

◎趙爾巽《清史稿》卷一百四十五志一百二十《藝文》一：《春秋大傳》一卷，漢鄭眾《春秋牒例章句》一卷，漢馬融《春秋三傳異同說》一卷，漢戴宏《解疑論》一卷，漢穎容《春秋釋例》一卷，晉劉兆《春秋公羊穀梁傳解詁》一卷，晉江熙《春秋公羊穀梁二傳評》一卷，晉京相璠《春秋土地名》一卷，後魏賈思同《春秋傳駁》一卷，隋劉炫《春秋述義》一卷、《春秋規過》一卷、《春秋攻昧》一卷，不著時代撰人《春秋井田記》一卷，唐啖助《春秋集傳》一卷，唐趙匡《春秋闡微纂類義統》一卷，唐陸希聲《春秋通例》一卷，唐陳岳《春秋折衷論》一卷，以上均馬國翰輯。

馬國翰輯 春秋釋例 二卷 存

同治皇華館刻、光緒李氏印、光緒瑯嬛館刻、光緒楚南書局刻玉函山房輯佚書本

◎漢穎容原撰。

◎趙爾巽《清史稿》卷一百四十五志一百二十《藝文》一：《春秋大傳》

一卷，漢鄭眾《春秋牒例章句》一卷，漢馬融《春秋三傳異同說》一卷，漢戴宏《解疑論》一卷，漢穎容《春秋釋例》一卷，晉劉兆《春秋公羊穀梁傳解詁》一卷，晉江熙《春秋公羊穀梁二傳評》一卷，晉京相璠《春秋土地名》一卷，後魏賈思同《春秋傳駁》一卷，隋劉炫《春秋述義》一卷、《春秋規過》一卷、《春秋攻昧》一卷，不著時代撰人《春秋井田記》一卷，唐啖助《春秋集傳》一卷，唐趙匡《春秋闡微纂類義統》一卷，唐陸希聲《春秋通例》一卷，唐陳岳《春秋折衷論》一卷，以上均馬國翰輯。

馬國翰輯 春秋通例 一卷 存

同治皇華館刻、光緒李氏印、光緒瑯嬛館刻、光緒楚南書局刻玉函山房輯佚書本

◎唐陸希聲原撰。

◎趙爾巽《清史稿》卷一百四十五志一百二十《藝文》一：《春秋大傳》一卷，漢鄭眾《春秋牒例章句》一卷，漢馬融《春秋三傳異同說》一卷，漢戴宏《解疑論》一卷，漢穎容《春秋釋例》一卷，晉劉兆《春秋公羊穀梁傳解詁》一卷，晉江熙《春秋公羊穀梁二傳評》一卷，晉京相璠《春秋土地名》一卷，後魏賈思同《春秋傳駁》一卷，隋劉炫《春秋述義》一卷、《春秋規過》一卷、《春秋攻昧》一卷，不著時代撰人《春秋井田記》一卷，唐啖助《春秋集傳》一卷，唐趙匡《春秋闡微纂類義統》一卷，唐陸希聲《春秋通例》一卷，唐陳岳《春秋折衷論》一卷，以上均馬國翰輯。

馬國翰輯 春秋土地名 一卷 存

同治皇華館刻、光緒李氏印、光緒瑯嬛館刻、光緒楚南書局刻玉函山房輯佚書本

◎晉京相璠原撰。

◎趙爾巽《清史稿》卷一百四十五志一百二十《藝文》一：《春秋大傳》一卷，漢鄭眾《春秋牒例章句》一卷，漢馬融《春秋三傳異同說》一卷，漢戴宏《解疑論》一卷，漢穎容《春秋釋例》一卷，晉劉兆《春秋公羊穀梁傳解詁》一卷，晉江熙《春秋公羊穀梁二傳評》一卷，晉京相璠《春秋土地名》一卷，後魏賈思同《春秋傳駁》一卷，隋劉炫《春秋述義》一卷、《春秋規過》一卷、《春秋攻昧》一卷，不著時代撰人《春秋井田記》一卷，唐啖助《春秋集傳》

一卷，唐趙匡《春秋闡微纂類義統》一卷，唐陸希聲《春秋通例》一卷，唐陳岳《春秋折衷論》一卷，以上均馬國翰輯。

馬國翰輯 春秋緯保乾圖 一卷 存

同治皇華館刻、光緒李氏印、光緒瑯嬛館刻、光緒楚南書局刻玉函山房輯佚書本

光緒刻玲瓏山館叢書本

◎三國魏宋均原注。

馬國翰輯 春秋緯感精符 一卷 存

同治皇華館刻、光緒李氏印、光緒瑯嬛館刻、光緒楚南書局刻玉函山房輯佚書本

光緒刻玲瓏山館叢書本

◎三國魏宋均原注。

馬國翰輯 春秋緯漢含孳 一卷 存

同治皇華館刻、光緒李氏印、光緒瑯嬛館刻、光緒楚南書局刻玉函山房輯佚書本

光緒刻玲瓏山館叢書本

◎三國魏宋均原注。

馬國翰輯 春秋緯合誠圖 一卷 存

同治皇華館刻、光緒李氏印、光緒瑯嬛館刻、光緒楚南書局刻玉函山房輯佚書本

光緒刻玲瓏山館叢書本

◎三國魏宋均原注。

馬國翰輯 春秋緯考異郵 一卷 存

同治皇華館刻、光緒李氏印、光緒瑯嬛館刻、光緒楚南書局刻玉函山房輯佚書本

光緒刻玲瓏山館叢書本

◎三國魏宋均原注。

馬國翰輯 春秋緯潛潭巴 一卷 存

同治皇華館刻、光緒李氏印、光緒瑯嬛館刻、光緒楚南書局刻玉函山房輯佚書本

光緒刻玲瓏山館叢書本

◎三國魏宋均原注。

馬國翰輯 春秋緯說題辭 一卷 存

同治皇華館刻、光緒李氏印、光緒瑯嬛館刻、光緒楚南書局刻玉函山房輯佚書本

光緒刻玲瓏山館叢書本

◎三國魏宋均原注。

馬國翰輯 春秋緯握誠圖 一卷 存

同治皇華館刻、光緒李氏印、光緒瑯嬛館刻、光緒楚南書局刻玉函山房輯佚書本

光緒刻玲瓏山館叢書本

◎三國魏宋均原注。

馬國翰輯 春秋緯演孔圖 一卷 存

同治皇華館刻、光緒李氏印、光緒瑯嬛館刻、光緒楚南書局刻玉函山房輯佚書本

◎三國魏宋均原注。

馬國翰輯 春秋緯元命苞 二卷 存

同治皇華館刻、光緒李氏印、光緒瑯嬛館刻、光緒楚南書局刻玉函山房輯佚書本

光緒刻玲瓏山館叢書本

◎三國魏宋均原注。

馬國翰輯 春秋緯運斗樞 一卷 存

同治皇華館刻、光緒李氏印、光緒瑯嬛館刻、光緒楚南書局刻玉函山房輯佚書本

光緒刻玲瓏山館叢書本

◎三國魏宋均原注。

馬國翰輯　春秋緯佐助期　一卷　存

同治皇華館刻、光緒李氏印、光緒瑯嬛館刻、光緒楚南書局刻玉函山房輯佚書本

光緒刻玲瓏山館叢書本

◎三國魏宋均原注。

馬國翰輯　春秋文謚例　一卷　存

同治皇華館刻、光緒李氏印、光緒瑯嬛館刻、光緒楚南書局刻玉函山房輯佚書本

◎漢何休原撰。

◎趙爾巽《清史稿》卷一百四十五志一百二十《藝文》一：漢董仲舒《春秋決事》一卷、漢嚴彭祖《公羊春秋》一卷、漢顏安樂《春秋公羊記》一卷、漢何休《春秋公羊文謚例》一卷，以上均馬國翰輯。

馬國翰輯　春秋徐氏音　一卷　存

同治皇華館刻、光緒李氏印、光緒瑯嬛館刻、光緒楚南書局刻玉函山房輯佚書本

◎晉徐邈原撰。

馬國翰輯　春秋折衷論　一卷　存

同治皇華館刻、光緒李氏印、光緒瑯嬛館刻、光緒楚南書局刻玉函山房輯佚書本

◎唐陳岳原撰。

◎趙爾巽《清史稿》卷一百四十五志一百二十《藝文》一：《春秋大傳》一卷，漢鄭眾《春秋牒例章句》一卷，漢馬融《春秋三傳異同說》一卷，漢戴宏《解疑論》一卷，漢穎容《春秋釋例》一卷，晉劉兆《春秋公羊穀梁傳解詁》一卷，晉江熙《春秋公羊穀梁二傳評》一卷，晉京相璠《春秋土地名》一卷，後魏賈思同《春秋傳駁》一卷，隋劉炫《春秋述義》一卷、《春秋規過》一卷、《春秋攻昧》一卷，不著時代撰人《春秋井田記》一卷，唐啖助《春秋集傳》

一卷，唐趙匡《春秋闡微纂類義統》一卷，唐陸希聲《春秋通例》一卷，唐陳岳《春秋折衷論》一卷，以上均馬國翰輯。

馬國翰輯 春秋傳駁 一卷 存

同治皇華館刻、光緒李氏印、光緒瑯嬛館刻、光緒楚南書局刻玉函山房輯佚書本

◎北魏賈思同原撰，北魏姚文安、北魏秦道靜述。

◎趙爾巽《清史稿》卷一百四十五志一百二十《藝文》一：《春秋大傳》一卷，漢鄭眾《春秋牒例章句》一卷，漢馬融《春秋三傳異同說》一卷，漢戴宏《解疑論》一卷，漢穎容《春秋釋例》一卷，晉劉兆《春秋公羊穀梁傳解詁》一卷，晉江熙《春秋公羊穀梁二傳評》一卷，晉京相璠《春秋土地名》一卷，後魏賈思同《春秋傳駁》一卷，隋劉炫《春秋述義》一卷、《春秋規過》一卷、《春秋攻昧》一卷，不著時代撰人《春秋井田記》一卷，唐啖助《春秋集傳》一卷，唐趙匡《春秋闡微纂類義統》一卷，唐陸希聲《春秋通例》一卷，唐陳岳《春秋折衷論》一卷，以上均馬國翰輯。

馬國翰輯 公羊嚴氏春秋 一卷 存

同治皇華館刻、光緒李氏印、光緒瑯嬛館刻、光緒楚南書局刻玉函山房輯佚書本

◎漢嚴彭祖原撰。

◎趙爾巽《清史稿》卷一百四十五志一百二十《藝文》一：漢董仲舒《春秋決事》一卷、漢嚴彭祖《公羊春秋》一卷、漢顏安樂《春秋公羊記》一卷、漢何休《春秋公羊文諡例》一卷，以上均馬國翰輯。

馬國翰輯 春秋左氏長經章句 一卷 存

同治皇華館刻、光緒李氏印、光緒瑯嬛館刻、光緒楚南書局刻玉函山房輯佚書本

◎漢賈逵原撰。

◎趙爾巽《清史稿》卷一百四十五志一百二十《藝文》一：漢劉歆《春秋左氏傳章句》一卷，漢賈逵《春秋左氏傳解詁》二卷、《春秋左氏傳長經章句》一卷，漢服虔《春秋左傳解誼》四卷，漢彭汪《左氏奇說》一卷，漢許淑《春秋左傳注》一卷，魏董遇《春秋左氏經傳章句》一卷，魏王肅《春秋左傳注》

一卷，魏嵇康《春秋左傳音》一卷，晉孫毓《春秋左氏傳義注》一卷，晉干寶《左氏傳函義》一卷，陳沈文阿《春秋左氏經傳義略》一卷，陳王元規《續春秋左氏經傳義略》一卷，不著時代蘇寬《春秋左氏傳義疏》一卷，以上均馬國翰輯。

馬國翰輯 春秋左氏膏肓釋痾 一卷 存

同治皇華館刻、光緒李氏印、光緒琅嬛館刻、光緒楚南書局刻玉函山房輯佚書本

◎漢服虔原撰。

馬國翰輯 春秋左氏經傳章句 一卷 存

同治皇華館刻、光緒李氏印、光緒琅嬛館刻、光緒楚南書局刻玉函山房輯佚書本

◎三國魏董遇原撰。

◎趙爾巽《清史稿》卷一百四十五志一百二十《藝文》一：漢劉歆《春秋左氏傳章句》一卷，漢賈逵《春秋左氏傳解詁》二卷、《春秋左氏傳長經章句》一卷，漢服虔《春秋左傳解誼》四卷，漢彭汪《左氏奇說》一卷，漢許淑《春秋左傳注》一卷，魏董遇《春秋左氏經傳章句》一卷，魏王肅《春秋左傳注》一卷，魏嵇康《春秋左傳音》一卷，晉孫毓《春秋左氏傳義注》一卷，晉干寶《左氏傳函義》一卷，陳沈文阿《春秋左氏經傳義略》一卷，陳王元規《續春秋左氏經傳義略》一卷，不著時代蘇寬《春秋左氏傳義疏》一卷，以上均馬國翰輯。

馬國翰輯 春秋左氏函傳義 一卷 存

同治皇華館刻、光緒李氏印、光緒琅嬛館刻、光緒楚南書局刻玉函山房輯佚書本

◎晉干寶原撰。

◎趙爾巽《清史稿》卷一百四十五志一百二十《藝文》一：漢劉歆《春秋左氏傳章句》一卷，漢賈逵《春秋左氏傳解詁》二卷、《春秋左氏傳長經章句》一卷，漢服虔《春秋左傳解誼》四卷，漢彭汪《左氏奇說》一卷，漢許淑《春秋左傳注》一卷，魏董遇《春秋左氏經傳章句》一卷，魏王肅《春秋左傳注》一卷，魏嵇康《春秋左傳音》一卷，晉孫毓《春秋左氏傳義注》一卷，晉干寶

《左氏傳函義》一卷，陳沈文阿《春秋左氏經傳義略》一卷，陳王元規《續春秋左氏經傳義略》一卷，不著時代蘇寬《春秋左氏傳義疏》一卷，以上均馬國翰輯。

馬國翰輯 春秋左氏經傳義略 一卷 存

同治皇華館刻、光緒李氏印、光緒瑯嬛館刻、光緒楚南書局刻玉函山房輯佚書本

◎南朝陳沈文阿原撰。

◎趙爾巽《清史稿》卷一百四十五志一百二十《藝文》一：漢劉歆《春秋左氏傳章句》一卷，漢賈逵《春秋左氏傳解詁》二卷、《春秋左氏傳長經章句》一卷，漢服虔《春秋左傳解誼》四卷，漢彭汪《左氏奇說》一卷，漢許淑《春秋左傳注》一卷，魏董遇《春秋左氏經傳章句》一卷，魏王肅《春秋左傳注》一卷，魏嵇康《春秋左傳音》一卷，晉孫毓《春秋左氏傳義注》一卷，晉干寶《左氏傳函義》一卷，陳沈文阿《春秋左氏經傳義略》一卷，陳王元規《續春秋左氏經傳義略》一卷，不著時代蘇寬《春秋左氏傳義疏》一卷，以上均馬國翰輯。

馬國翰輯 春秋左氏傳嵇氏音 一卷 存

同治皇華館刻、光緒李氏印、光緒瑯嬛館刻、光緒楚南書局刻玉函山房輯佚書本

◎三國魏嵇康原撰。

◎趙爾巽《清史稿》卷一百四十五志一百二十《藝文》一：漢劉歆《春秋左氏傳章句》一卷，漢賈逵《春秋左氏傳解詁》二卷、《春秋左氏傳長經章句》一卷，漢服虔《春秋左傳解誼》四卷，漢彭汪《左氏奇說》一卷，漢許淑《春秋左傳注》一卷，魏董遇《春秋左氏經傳章句》一卷，魏王肅《春秋左傳注》一卷，魏嵇康《春秋左傳音》一卷，晉孫毓《春秋左氏傳義注》一卷，晉干寶《左氏傳函義》一卷，陳沈文阿《春秋左氏經傳義略》一卷，陳王元規《續春秋左氏經傳義略》一卷，不著時代蘇寬《春秋左氏傳義疏》一卷，以上均馬國翰輯。

馬國翰輯 春秋左氏傳解詁 二卷 存

同治皇華館刻、光緒李氏印、光緒瑯嬛館刻、光緒楚南書局刻玉函山房輯佚書本

◎漢賈逵原撰。

◎趙爾巽《清史稿》卷一百四十五志一百二十《藝文》一：漢劉歆《春秋左氏傳章句》一卷，漢賈逵《春秋左氏傳解詁》二卷、《春秋左氏傳長經章句》一卷，漢服虔《春秋左傳解誼》四卷，漢彭汪《左氏奇說》一卷，漢許淑《春秋左傳注》一卷，魏董遇《春秋左氏經傳章句》一卷，魏王肅《春秋左傳注》一卷，魏嵇康《春秋左傳音》一卷，晉孫毓《春秋左氏傳義注》一卷，晉干寶《左氏傳函義》一卷，陳沈文阿《春秋左氏經傳義略》一卷，陳王元規《續春秋左氏經傳義略》一卷，不著時代蘇寬《春秋左氏傳義疏》一卷，以上均馬國翰輯。

馬國翰輯 春秋左氏傳述義 二卷 存

同治皇華館刻、光緒李氏印、光緒瑯嬛館刻、光緒楚南書局刻玉函山房輯佚書本

◎隋劉炫原撰。

◎趙爾巽《清史稿》卷一百四十五志一百二十《藝文》一：《春秋大傳》一卷，漢鄭眾《春秋牒例章句》一卷，漢馬融《春秋三傳異同說》一卷，漢戴宏《解疑論》一卷，漢穎容《春秋釋例》一卷，晉劉兆《春秋公羊穀梁傳解詁》一卷，晉江熙《春秋公羊穀梁二傳評》一卷，晉京相璠《春秋土地名》一卷，後魏賈思同《春秋傳駁》一卷，隋劉炫《春秋述義》一卷、《春秋規過》一卷、《春秋攻昧》一卷，不著時代撰人《春秋井田記》一卷，唐啖助《春秋集傳》一卷，唐趙匡《春秋闡微纂類義統》一卷，唐陸希聲《春秋通例》一卷，唐陳岳《春秋折衷論》一卷，以上均馬國翰輯。

馬國翰輯 春秋左氏傳義注 一卷 存

同治皇華館刻、光緒李氏印、光緒瑯嬛館刻、光緒楚南書局刻玉函山房輯佚書本

◎晉孫毓原撰。

◎趙爾巽《清史稿》卷一百四十五志一百二十《藝文》一：漢劉歆《春秋左氏傳章句》一卷，漢賈逵《春秋左氏傳解詁》二卷、《春秋左氏傳長經章句》一卷，漢服虔《春秋左傳解誼》四卷，漢彭汪《左氏奇說》一卷，漢許淑《春秋左傳注》一卷，魏董遇《春秋左氏經傳章句》一卷，魏王肅《春秋左傳注》一卷，魏嵇康《春秋左傳音》一卷，晉孫毓《春秋左氏傳義注》一卷，晉干寶

《左氏傳函義》一卷，陳沈文阿《春秋左氏經傳義略》一卷，陳王元規《續春秋左氏經傳義略》一卷，不著時代蘇寬《春秋左氏傳義疏》一卷，以上均馬國翰輯。

馬國翰輯　春秋左氏傳章句　一卷　存

同治皇華館刻、光緒李氏印、光緒瑯嬛館刻、光緒楚南書局刻玉函山房輯佚書本

◎漢劉歆原撰。

◎趙爾巽《清史稿》卷一百四十五志一百二十《藝文》一：漢劉歆《春秋左氏傳章句》一卷，漢賈逵《春秋左氏傳解詁》二卷、《春秋左氏傳長經章句》一卷，漢服虔《春秋左傳解誼》四卷，漢彭汪《左氏奇說》一卷，漢許淑《春秋左傳注》一卷，魏董遇《春秋左氏經傳章句》一卷，魏王肅《春秋左傳注》一卷，魏嵇康《春秋左傳音》一卷，晉孫毓《春秋左氏傳義注》一卷，晉干寶《左氏傳函義》一卷，陳沈文阿《春秋左氏經傳義略》一卷，陳王元規《續春秋左氏經傳義略》一卷，不著時代蘇寬《春秋左氏傳義疏》一卷，以上均馬國翰輯。

馬國翰輯　春秋左傳解誼　四卷　未見

◎漢服虔原撰。

◎趙爾巽《清史稿》卷一百四十五志一百二十《藝文》一：漢劉歆《春秋左氏傳章句》一卷，漢賈逵《春秋左氏傳解詁》二卷、《春秋左氏傳長經章句》一卷，漢服虔《春秋左傳解誼》四卷，漢彭汪《左氏奇說》一卷，漢許淑《春秋左傳注》一卷，魏董遇《春秋左氏經傳章句》一卷，魏王肅《春秋左傳注》一卷，魏嵇康《春秋左傳音》一卷，晉孫毓《春秋左氏傳義注》一卷，晉干寶《左氏傳函義》一卷，陳沈文阿《春秋左氏經傳義略》一卷，陳王元規《續春秋左氏經傳義略》一卷，不著時代蘇寬《春秋左氏傳義疏》一卷，以上均馬國翰輯。

馬國翰輯　春秋左傳王氏注　一卷　存

同治皇華館刻、光緒李氏印、光緒瑯嬛館刻、光緒楚南書局刻玉函山房輯佚書本

◎三國魏王肅原注。

◎趙爾巽《清史稿》卷一百四十五志一百二十《藝文》一：漢劉歆《春秋左氏傳章句》一卷，漢賈逵《春秋左氏傳解詁》二卷、《春秋左氏傳長經章句》一卷，漢服虔《春秋左傳解誼》四卷，漢彭汪《左氏奇說》一卷，漢許淑《春秋左傳注》一卷，魏董遇《春秋左氏經傳章句》一卷，魏王肅《春秋左傳注》一卷，魏嵇康《春秋左傳音》一卷，晉孫毓《春秋左氏傳義注》一卷，晉干寶《左氏傳函義》一卷，陳沈文阿《春秋左氏經傳義略》一卷，陳王元規《續春秋左氏經傳義略》一卷，不著時代蘇寬《春秋左氏傳義疏》一卷，以上均馬國翰輯。

馬國翰輯　春秋左傳許氏注　一卷　存

同治皇華館刻、光緒李氏印、光緒瑯嬛館刻、光緒楚南書局刻玉函山房輯佚書本

◎漢許淑原撰。

◎趙爾巽《清史稿》卷一百四十五志一百二十《藝文》一：漢劉歆《春秋左氏傳章句》一卷，漢賈逵《春秋左氏傳解詁》二卷、《春秋左氏傳長經章句》一卷，漢服虔《春秋左傳解誼》四卷，漢彭汪《左氏奇說》一卷，漢許淑《春秋左傳注》一卷，魏董遇《春秋左氏經傳章句》一卷，魏王肅《春秋左傳注》一卷，魏嵇康《春秋左傳音》一卷，晉孫毓《春秋左氏傳義注》一卷，晉干寶《左氏傳函義》一卷，陳沈文阿《春秋左氏經傳義略》一卷，陳王元規《續春秋左氏經傳義略》一卷，不著時代蘇寬《春秋左氏傳義疏》一卷，以上均馬國翰輯。

馬國翰輯　春秋左傳義疏　一卷　存

同治皇華館刻、光緒李氏印、光緒瑯嬛館刻、光緒楚南書局刻玉函山房輯佚書本

◎□蘇寬原撰。

◎趙爾巽《清史稿》卷一百四十五志一百二十《藝文》一：漢劉歆《春秋左氏傳章句》一卷，漢賈逵《春秋左氏傳解詁》二卷、《春秋左氏傳長經章句》一卷，漢服虔《春秋左傳解誼》四卷，漢彭汪《左氏奇說》一卷，漢許淑《春秋左傳注》一卷，魏董遇《春秋左氏經傳章句》一卷，魏王肅《春秋左傳注》一卷，魏嵇康《春秋左傳音》一卷，晉孫毓《春秋左氏傳義注》一卷，晉干寶《左氏傳函義》一卷，陳沈文阿《春秋左氏經傳義略》一卷，陳王元規《續春

秋左氏經傳義略》一卷，不著時代蘇寬《春秋左氏傳義疏》一卷，以上均馬國翰輯。

馬國翰輯　解疑論　一卷　存

同治皇華館刻、光緒李氏印、光緒瑯嬛館刻、光緒楚南書局刻玉函山房輯佚書本

◎漢戴宏原撰。

◎趙爾巽《清史稿》卷一百四十五志一百二十《藝文》一：《春秋大傳》一卷，漢鄭眾《春秋牒例章句》一卷，漢馬融《春秋三傳異同說》一卷，漢戴宏《解疑論》一卷，漢穎容《春秋釋例》一卷，晉劉兆《春秋公羊穀梁傳解詁》一卷，晉江熙《春秋公羊穀梁二傳評》一卷，晉京相璠《春秋土地名》一卷，後魏賈思同《春秋傳駁》一卷，隋劉炫《春秋述義》一卷、《春秋規過》一卷、《春秋攻昧》一卷，不著時代撰人《春秋井田記》一卷，唐啖助《春秋集傳》一卷，唐趙匡《春秋闡微纂類義統》一卷，唐陸希聲《春秋通例》一卷，唐陳岳《春秋折衷論》一卷，以上均馬國翰輯。

馬國翰輯　續春秋左氏傳義略　一卷　存

同治皇華館刻、光緒李氏印、光緒瑯嬛館刻、光緒楚南書局刻玉函山房輯佚書本

◎南朝陳王元規原撰。

◎趙爾巽《清史稿》卷一百四十五志一百二十《藝文》一：漢劉歆《春秋左氏傳章句》一卷，漢賈逵《春秋左氏傳解詁》二卷、《春秋左氏傳長經章句》一卷，漢服虔《春秋左傳解誼》四卷，漢彭汪《左氏奇說》一卷，漢許淑《春秋左傳注》一卷，魏董遇《春秋左氏經傳章句》一卷，魏王肅《春秋左傳注》一卷，魏嵇康《春秋左傳音》一卷，晉孫毓《春秋左氏傳義注》一卷，晉干寶《左氏傳函義》一卷，陳沈文阿《春秋左氏經傳義略》一卷，陳王元規《續春秋左氏經傳義略》一卷，不著時代蘇寬《春秋左氏傳義疏》一卷，以上均馬國翰輯。

馬國翰輯　左氏奇說　一卷　存

同治皇華館刻、光緒李氏印、光緒瑯嬛館刻、光緒楚南書局刻玉函山房輯佚書本

◎漢彭汪原撰。

◎趙爾巽《清史稿》卷一百四十五志一百二十《藝文》一：漢劉歆《春秋左氏傳章句》一卷，漢賈逵《春秋左氏傳解詁》二卷、《春秋左氏傳長經章句》一卷，漢服虔《春秋左傳解誼》四卷，漢彭汪《左氏奇說》一卷，漢許淑《春秋左傳注》一卷，魏董遇《春秋左氏經傳章句》一卷，魏王肅《春秋左傳注》一卷，魏嵇康《春秋左傳音》一卷，晉孫毓《春秋左氏傳義注》一卷，晉干寶《左氏傳函義》一卷，陳沈文阿《春秋左氏經傳義略》一卷，陳王元規《續春秋左氏經傳義略》一卷，不著時代蘇寬《春秋左氏傳義疏》一卷，以上均馬國翰輯。

馬厚文 左傳纂讀 一冊 存

國圖藏華社 1933 年排印本

文聽閣圖書有限公司 2008 年民國時期經學叢書第二輯影印華社 1933 年排印本

◎廖序：

《大學》上有幾句話，「物有本末，事有終始，知所先後，則近道矣。」現時學校的通病，就在舍本而逐木。最近國聯特派教育調查團來中國考察的結論，對於吾國上下惟知效法歐美，蔑棄本國的心理，痛下箴砭。報告書中一再述及吾國人談吐間總以為科學不如人，致精神文明的落後。實則精神文明是因，科學發達是果。強國的主旨，在培養國本而不在勤襲成法。學校中教授科學的目標，在養成學生好奇探討的精神，尋求適合本國需要的方法，而不在強迫他們死記書本中的條文事實。

教授科學，尚且須適合國情，教授文學，更不必說了。舊文學中矜練生動的文字，莫過於《左傳》。傳中人物的寫生，可謂千載獨步。詞令的嫻雅，更是有目共賞。青年欲研究本國文學，不從此等書入手，而專摹仿歐美文藝作品，譬如無本之花，徒供一時玩賞，有何價值。惟中學科目繁多，學生時間有限，沈浸不易。馬君有鑑於此，特編《左傳纂讀》一書，「依事分類，依類選文，諸篇互相關聯，每事成一段落」，全書適供一學年課本之用。教者苟能因勢利導，讀者便能有孟子深造自得之樂、杜元凱優柔饜飫之趣。觸類旁通，本立而枝葉自能暢茂矣。廿二年一月，廖世承序於嶧城求可堂。

◎呂跋：

文有矜練之美，有疏散之美。矜練之美以《左氏春秋》為極，疏散之美以太史公書為極。論者率以班、馬並稱，其實矜練之美，班書尚非《左氏》之倫也。

各國文學之發達，韻文率先於散文，吾國亦然。先秦古書，有句法簡短而整齊而協韻者，韻文時代之作也。句法參差，合於口語者，散文時代之作也。散文之興，蓋在東遷以後。先秦古書中之韻文，蓋前此口相傳授，至此而筆之於書。其散文則此時代之人所自為也。

散文興於東周，而極盛於縣漢。西京末葉，文學之風尚稍變，遂開東漢以後駢文之先河。駢散之轉變，一言蔽之曰：求文字之矜練而已。東周西漢之文，自今日觀之，誠天下之至美。然在當日，固人人所能為。文不近口語則不能達意，過近於口語則文病其冗漫。行文者少加裁翦，又於所用之詞加以選擇，循此趨向，進而不已，而魏晉以後之文體成焉。浸淫至齊梁，遂乃專務塗澤。駢文之繁蕪害意，遂為論者所深譏。然此實末流之失。溯其初興，夫固談修辭者所不廢也。

文字之美，不外陰陽剛柔之端。口語之發揚者過，則毗字陽，節之以矜練，則有流麗阿娜之姿；其隱約者過，則毗字陰，振之以矜練，則有端莊剛健之致。故為文者，駢散貴乎兼濟，而不可以偏無。《樂記》曰：「陽而不散，陰而不密，剛氣不熱，柔氣不懾，四暢交於中，而發作於外。」姚姬傳答魯絜非書，可謂深探文學之原而挈其要。然語其實，則不外此數語而已。

明乎此，而《左氏》之文之所以美，乃可得而言焉。漢以前人之傳古書，所重在於大義；事實辭句小有出入，弗較也。《左氏》不傳《春秋》，漢博士舊有此說。近世論者謂《左氏》《國語》實為一書，以其分國編纂，則謂之《國語》；以其著書之人名之，則謂之《左氏春秋》。劉歆易國別以編年，目為《春秋》之傳者，繆也。愚案《左氏》果為《春秋》傳與否，其緊要關鍵，實在其書與《春秋》有無關係。《漢書》歆傳云：「初《左氏傳》多古字古言，學者傳訓詁而已。及歆治《左氏》，引傳文以解經，轉相發明，由是章句義理備焉。」夫傳本解經，何待歆引？曰「引以解」，則其本不解經，明矣。然則今《左氏》之凡例，及其釋經之處，實皆歆治所為。然歆在當日初不自諱；若曰《左氏》備《春秋》之本事，其意本以翼經，特發明經義處未備，而吾為補之云爾。然則此書本分國編纂，至歆乃易為編年。在歆當日亦或不自諱，而攻擊歆者亦未

嘗以為口實。則以古人所爭，不在此也。夫刪移其書之篇章而重纂之，而為之者，初不自諱，攻之者亦不據為罪案。則於其書之辭句，或有所損益更定，其視為不足校計，抑又可知。故今日《左氏》之文字，必非左丘之舊也。有經西漢時人潤靜之處，殆無疑也。

文字之由散趨駢，西京未〔註1〕造，楊子雲輩實為之先驅。以此曹多讀古書，則覺當時之口語為不雅，而思所以潤飾之。又能多識古字，則於用字選詞，亦必多所抉擇也。劉歆者，楊雄之友，亦能多讀古書多識古字，觀其移讓太常博士之辭，其風格亦於子雲為近。古書經其潤飾，亦能稍趨妍麗，略帶西京末造之風，蓋亦無可疑者。大凡古書文字多深厚典雅，而或病其佶屈。後世文字較為生動平易，而氣體則近於卑。惟以古書為底本，由後人加以潤飾，則能集兩者之長而去其短。晚出之《古文尚書》，人人知為魏晉後物，然其文字之雅健，實能跨越東京，即以此故。然則《左氏》之樸而華、安而健，備陽剛陰柔之美，而幾於無無偏畸形，殆亦以其本為古書，而又經西漢末人之潤飾邪？昔嘗以此意謂亡友同邑劉君脊生，後又以此語宜興潘君伯彥。二君皆深於文、精於考古，而皆不以予言為河漢。知駭俗之論不必非，真理所存，好學深思者固皆能以知其意也。

然則欲明《春秋》之義，斷不容舍《公羊》而他求。而《左氏》之之〔註2〕文，則自為江河不廢。大凡一種文字，登峯造極者，必有其獨異之精神面貌。《左氏》之精神面貌，則世所謂《左》《國》風格者是也。初學之士，求通文學門徑，必於各種文字之精神面貌，均能禮仿而後可。《左氏》之不容不深研，審矣。然歷來選本，便於初學之研求者蓋寡。馬君此編以賞會文學為主，而以通知史事副職。惟於史事識其原流，則於文學益易探其奧竂，初學研求《左氏》，善本蓋無逾此。翻閱既竟，趣書所見，以告世之讀是書者焉。廿二年一月十日武進呂思勉跋於京滬車中。

◎自序：《左氏》，經也，亦史也。顧重其文辭者尤多，何哉？經以明義，然《左氏》釋經處甚少，亦不必皆為聖人之意，治《春秋》者取之以明本事而已，是亦以史用之也。顧史貴真實，而《左氏》則病浮誇，卜筮休咎徵，世皆知其不足信，而自《左氏》言之，則逆見將來，一一若燭照而數計，其為緣飾而非事實可知。他所記事，因可推矣。顧文學之美，在多想像，在富感情。事

〔註1〕「未」疑當作「末」。
〔註2〕周按原文如此。

之真實者，不必其能刺激人之情感，而引其想像也。故史學與文學，實不並立。古史籍如左氏、如馬班，所以為世稱道者，實以其文辭之能動人。而其文學之美，則正以其時之人，於主客觀之別，持之不甚嚴。又竹帛用寡，事多口耳相傳，褖以多人之想像耳。然其所記之事，雖不盡實，而當時社會之情形，學士大夫若民眾之思想，以及朝章國故之大、飲食居處被服械器之末，固無不具存其中。善讀書者，去其所不可信而存其所可信，斯可矣。舉其書而廢之，無是理也。豈僅不可廢，以古籍流傳之少，其可寶貴，乃真覺一字千金。此古代之史籍，所以明知其不足盡信，而後人之寶之，恆若珠圖拱璧。世界各國，若出一轍也。吾國史籍，明備有條理者，實以《左氏》為最早。其文辭亦卓然自成一格，如江河之萬古不廢。知寶愛誦習之者，自科舉時代之私塾，至今日之學校，亦異世同揆。然學童能了能之者率少。選注之本，陳陳相因，求其足以津梁後學而無毫髮之憾者，雖老師宿儒，寢饋是書數十年，亦或莫能作滿意之答語也。是何哉？疏釋考證，揚榷義法者，僅成學所取資，本不為初學說法。其有意為初學說法者，則或鄉曲鄙儒為之，不免於固陋之誚也。竊謂整理古書，牖啟來學，其要有三：正其篇章，使以類次，一也；加以明析之標點符號，二也；明其詁訓，及其一書特有之用語及文法，三也。三者備則義理與事實自明，不必有繁瑣之解釋、陋劣之評語，而已具引而不發之用矣。是編為予教授光華附屬中學時所纂，固未足以語於此。度幾如大輅之椎輪，為整理古書牖啟後學者導其先路焉。纂輯之意，略見例言。大雅弘達，幸辱教之。民國二十二年二月六日，桐城馬厚文自敘。

◎例言：

一、本編依據中學課程標準國文課程中專書精讀一項編纂，以供中等學校教讀之用。

一、本編略仿紀事本末之意，依事分類，依類選文，諸篇互相關聯，每事成一段落，一變從前節本之蕪雜。

一、本編所選，以當時重要史事，富有文學興味及文學故實者為主，以欣賞文學為主要目的，明瞭史事為副目的。

一、通常選本，如《菁華錄》並不標題，《句解》標題殊多隱晦。本編一依史事標列題目，務求顯豁，以便省覽。

一、《左傳》原書，分年紀事，前後連貫。本編摘要編纂，既選之篇，不再刪節，務存原文篇章，冀免割裂之病。

一、《左傳》所記戰爭盟會，長者近萬言。茲略依事實經過之天然起訖，劃分事前、事際、事後，註明文之中間。非僅便利閱讀，抑亦求合邏輯之次序，略示作法之一斑。

一、本編紀年，一律加於正文之上，用括號〔　〕別之。

一、本編卷首列魯十二公表，註明西曆紀年，以便查考年代。

一、本編所選，一律加標點符號，劃分段落，小段提行另起，大段則間一行提寫，以清眉目。註釋以付印匆促，未能殺青，請俟再版。

附識：

本編所選之篇，以講授經驗，認為有添加或抽減，及分段標點之有謬誤者，隨即修正之。

本編承錢子泉先生指正，廖茂如先生賜序，呂誠之先生賜跋，王西神先生題字，實深銘感。以國文系暨華社同人之贊助，得以出版，一並誌謝。

◎目錄：

二令狐之會（成公十一年）、三麻隧之戰（成公十三年）、四遷延之役（襄公十四年）、五秦伯弟鍼如晉修成（襄公二十六年）。第十一晉悼復霸：一晉悼公新政（成公十八年）、二魏絳盟戎（襄公四年）、三晉楚爭鄭（襄公八年—九年）、四晉伐偪陽（襄公十一年）、五晉悼公服鄭（襄公十一年）。第十二吳通上國：一巫臣奔晉（成公二年）、二巫臣通吳（成公七年）、三吳楚簡之師（襄公三年）、四季札聘于諸侯（襄公十九年）。第十三晉楚弭兵：一宋之盟（襄公二十七年）、二虢之會（昭公元年）。第十四楚靈之侈：一楚靈王申之會（昭公四年）、二晉韓宣子如楚送女（昭公五年）、三楚靈王伐吳（昭公五年）、四楚靈王為章華宮（昭公七年）、五楚靈王滅蔡（昭公十一年）、六楚靈王乾谿之難（昭公十二—十三年）。第十五晉霸之衰：一晉平公城杞（襄公二十九年—三十年）、二晉平公疾（昭公元年）、三晉平公築虒祁宮（昭公元年）、四晉昭公平丘之會（昭公八年）、五叔向除三惡（昭公十四年）。第十七鄭子產相國：一晉人徵朝於鄭（襄公二十二年）、二子產寓書告宣子（襄公二十四年）、三鄭入陳（襄公二十五年）、四伯有之難（襄公三十年）、五子產為政（襄公三十年）、六子產壞晉館垣（襄公三十一年）、七子產不毀鄉校（襄公三十一年）、八子產不用尹何為邑（襄公三十一年）、九子產逐公孫楚殺公孫黑（昭公元年—二年）、十子產作丘賦（昭公四年）、十一子產鑄刑書（昭公六年）、十二伯有無厲（昭公七年）、十三晉韓宣子聘鄭（昭公十六年）、十四火政（昭公十七年—十八年）、十五子產卒（昭公二十年）。第十七齊景公相晏子：一齊崔杼弒莊公（襄公二十五年）、二崔杼出奔（襄公二十七年）、三慶封出奔（襄公二十八年）、四晏子辭邑（襄公二十八年）、五晏子請繼室于晉（昭公三年）、六晏子諫誅祝史（昭公二十年）、七晏子論和同（昭公二十年）、八晏子論禮（昭公二十六年）。第十八吳闔廬入郢：一伍員奔吳（昭公二十年）、二吳楚雞父之戰（昭公二十三年）、三闔廬弒王僚（昭公七年）、四吳楚柏舉之戰（昭公三年—五年）。第十九越句踐滅吳：一檇李之戰（定公十四年）、二會稽之圍（哀公元年）、三吳侵陳（哀公元年）、四伍員諫赦越（哀公十一年）、五夫差爭盟黃池（哀公十三年）、六笠澤之戰（哀公十七年）、七句踐滅吳（哀公二十年—二十二年）。第二十魯用孔子：一孟僖子使子學禮（昭公七年）、二孔子相夾谷之會（定公十年）、三孔子拒攻太叔（哀公十一年）、四季孫用田賦（哀公十一年）、五西狩獲麟（哀公十四年）、六哀公誄孔子（哀公十六年）。第二十一魯三桓專政：一成季友立僖公（莊公三十三年—昭公元年）、二季文子逐莒侯（文公十八年）、三季武子作三軍（襄公十一年）、四臧孫紇廢長立幼（襄公二十三年）、五叔孫家難（昭公四年—五年）、

六季孫意如逐君（昭公二十五年—三十二年）、七陽虎欲去三桓（定公八年）、八哀公以越伐三桓（哀公二十五年—二十七年）。第二十二齊陳氏之大：一陳完奔齊（莊公二十八年）、二陳鮑氏滅欒高氏（昭公十年）、三陳乞立悼公（哀公五年—六年）、四陳恆弒簡公（哀公十四年）、五陳恆救鄭（哀公二十七年）。第二十三晉卿之爭：一欒氏之亡（襄公二十一年—二十三年）、二祁氏羊舌氏之亡（昭公二十六年）、三范氏中行氏之亡（昭公二十九年—哀公五年）、四知氏之亡（悼之四年）。

　　春秋二百四十二年，可劃分為三大時期。自入春秋，迄齊桓公卒，當魯隱桓莊閔及僖之初年，為齊桓創霸時期。蓋自周室東遷，王綱失墜，諸侯恣行，互相征伐。鄭之莊公憑恃彊力，內則克段于焉，寘母于潁（隱元）；外則興伐宋之師（隱九），有入許之役（隱十一）。其於王室，始則交質交惡（隱三），終則繻葛中肩（桓五）。隱桓之際，諸侯之彊忍不仁無如鄭莊公者。後人謂周室之衰，鄭實為之，非無由也。齊桓公相管仲，會北杏以平宋（莊十三），盟柯以平魯（莊十三），兩會于鄄（莊十四、十五），始執牛耳。再盟于幽（莊十六、二十七），陳、鄭皆服。至於存邢衛（閔二、僖元）、伐強楚（僖四），會首止以寧周（僖五），盟寧母以服鄭（僖七），尤其犖犖大者。至葵丘之會（僖九）而稱極盛。綜其一生，兵車之會四、衣裳之會十有一，大率尊天子而示信義。孔子云：「微管仲，吾其被髮左衽矣」，孟子曰：「五霸桓公為盛」，豈虛也哉！是為春秋第一時期。

　　自晉文建霸，迄晉霸之衰，當魯僖文宣成襄昭之世，名之曰晉楚爭霸時期。楚自武王始彊，剪滅小國。始雖召陵受盟（僖四），旋即于泓敗宋（僖二十三）。晉以曲沃並翼，一軍坐大（莊七、十六）。百餘年間，二國迭為強弱。晉文，勝楚于城濮（僖二十八），楚莊亦敗晉於邲（宣十二），前後勝負蓋略相當。鄢陵一役（成十五），楚雖戰敗，晉亦僥勝。至晉悼驟強，虛杅一會而得宋（成十八），虎牢再役而得鄭（襄二、十），而楚始不能與爭。悼公即世，平公繼立；趙孟執政，諸侯多攜。至魯襄公之二十七年，向戌有弭兵之謀，晉楚同盟于宋，是為南北分霸之始。凡諸小國，遂成兩屬。自此二國爭霸插於尊俎之間，不復逞兵于疆場之上矣。嗣後楚靈侈汰，為章華之臺（昭七）。晉平偷安，築虒祁之宮（昭八）。平丘示威（昭十三），而諸侯始貳。楚既衰老，晉亦不競。而吳越崛起矣。當齊桓既沒，晉文未起，有宋襄之圖霸而敗。晉文既沒，楚莊未盛，有秦穆之稱霸西戎。遂並桓、文而為五。至於秦之于晉，自韓原戰後（莊十五），晉襄敗

秦于殽（僖二十三），遂開七十年兵爭之端。而終於遷延之役（襄十四）。齊之於晉，屬圖叛盟。始有戰鞌之師（成二），繼有平陰之役（襄十八）。至齊景公，際晉昭霸衰之日，有意代興，而卒無遠略者，志狃于小圖，兵耀于妄動也。有一晏子，而不能用。陳氏之大，實在斯時。其他小國，一視晉楚之強弱為轉移。鄭以居中近王，未有霸以前，挾王以為重；既有霸以後，附南則南重，附北則北重。故齊楚爭之於前，晉楚爭之於後。直至悼公三駕（襄十一），始得息肩于晉。暨子產相國，治內禦外，守禮爭權頗能保持其國際上之地位。當齊桓之世，僅爭一鄭。晉文之世，兼爭一宋。至楚莊則並爭一陳。自盟宋弭兵，而小國始得免於兵禍焉。是為春秋第二時期。

　　自晉霸局終，中夏衰而吳越盛，當魯定、哀之世，名之曰吳越爭霸時期。哀十三年以前，吳最強，闔廬敗楚入郢（定四），至夫差會黃池而聲威斯極。哀十三年以後，越驟強，滅吳稱霸（哀二十二），至盟平陽而終（哀二十七）。春秋後半時期，陪臣執政，大夫世祿。魯三桓專政，晉六卿擅權，征伐會盟，或重於諸侯。及田帝殺簡公而相齊國（哀十四），諸侯晏然弗討。田和卒滅齊而有之。趙魏韓共滅智伯（悼四），而三晉之勢成，三晉分而七國之形立矣。因採其事，為茲編殿焉。使讀者明春秋之終，知戰國之始也是為春秋第三時期。

　　春秋之世曷為而名之也？非以孔子作《春秋》乎！《史記・十二諸侯年表》曰：「孔子明王道，干七十餘君，莫能用，故西觀周室，論史記舊聞，興於魯，而次《春秋》。上記隱，下至哀之獲麟，約其辭文，去其煩重，以制義法，王道備，人事浹。七十子之徒，口受其傳指，為有所刺譏褒諱挹損之文辭，不可以書見也。魯君子左丘明，懼弟子人人異端，各安其意，失其真，故因孔子史記，具論其語，成《左氏春秋》。」舊說蓋以孔子有作，因邱明之傳而益明也。《春秋》上始平王之四十九年，當魯隱公元年，下迄哀公十四年西狩獲麟，凡二百四十二年。弟子採魯史記以續夫子之經，而終于孔子卒。故邱明之傳，止於悼公之四年。史家謂之《春秋》之世。孔子生當其時，雖不見用，而《春秋》一書，褒善貶惡，垂法百代，其影響於後世者，則可謂偉矣！左氏記載孔子事跡，雖不能具，猶可寶貴。茲編因以附焉。蓋亦孟子讀書知人之意也。

　　◎馬厚文（1903～1989），安徽桐城人。早就讀於光華大學，畢業後留校任教，又先後任教於省立二中、桐城中學、湖南南嶽國立師範學院等，後任安徽省文史館館員。著有《左傳纂讀》、《桐城近代人物傳》、《桐城文派論述》、《楚辭今譯》、《鴉山皖水詩稿合選》等。

馬教思 左傳紀事本末 四卷 佚

◎道光《桐城續修縣志》卷十二《人物志・宦蹟》：殫心著述，有《等韻捷要》《古學類解》《左傳紀事本末》《皖桐幽貞錄》等書，詩賦古文別為二十卷。

◎馬教思（1628～），字臨公，號嚴沖，又號檀石、橐齋，學者私謚文懿。安徽桐城人。方以智婿，馬之瑛第四子，時人譽其兄弟為「怡園六子」。從方密之學。康熙十七年（1678）順天第七名舉人，十八年（1679）會試第一名進士。改庶吉士，授編修，充《會典》及《鑒古輯覽》纂修署日講官、起居注官。二十一年（1681）會試同考。後坐簡質，失院長意，拂衣歸。園居杜跡，屢空晏如。才氣卓犖，學問淵雅。著有《左傳紀事本末》四卷、《等韻捷要》二卷、《古學類解》八卷、《羣書集粹》十六卷、《皖桐幽貞錄》一卷、《橐齋雜俎》六卷。

馬鑾 杜註考證 十卷 佚

◎道光《桐城續修縣志》卷十六《人物志・文苑》：著有《髣山詩文集》十卷、《杜註考證》十卷。

◎馬鑾，字千仞，號髣山。安徽桐城人。馬教思次子。賦性清直，久困不得志，處之恬然。精篆隸，工鐫印。以子官贈內閣中書舍人。著有《杜註考證》十卷、《髣山詩文集》十卷。

馬魯 春秋遵朱 佚

◎乾隆《諸城縣志・列傳第十六・喬寓》：尤好經術，著《春秋遵朱》、《禮記節文》、《道源一旨》諸書，又《東航詩集》一卷、《文集》一卷、《琴譜》一卷。

◎光緒《增修諸城縣續志》五《藝文考》：⬚喬寓⬚馬魯《春秋遵朱》、《序次春秋四傳》、《禮記節文》、《道源一旨》、《東航詩集／文集／琴譜》（詳前志本傳）。

◎馬魯（1614～1683），字習仲，原名之馴，字君習，入清更名。直隸雄縣人。少孤，有志行，不苟同於俗。補諸生。喜聲譽，交接燕趙間奇士，少許可，獨折節文安紀克揚。著有《禮記節文》、《春秋遵朱》、《序次春秋四傳》、《南苑一知》十卷、《南華瀝摘萃》一卷、《道源一旨》、《東航詩集》一卷、《東航文集》一卷、《琴譜》一卷。

馬魯 序次春秋四傳 佚

◎光緒《增修諸城縣續志》五《藝文考》：喬寓馬魯《春秋遵朱》、《序次春秋四傳》、《禮記節文》、《道源一旨》、《東航詩集／文集／琴譜》（詳前志本傳）。

馬駢 春秋探微 十四卷 佚

◎嘉慶《重修揚州府志》卷五十一《人物》六：撰《春秋探微》十四卷（《甘泉縣志》）。

◎嘉慶《重修揚州府志》卷六十二《藝文志》一：《春秋探微》十四卷（馬駢撰）。

◎羅振玉《經義考目錄》卷六《春秋》三十三：馬氏（駢）《春秋探微》十四卷（存）。

◎馬駢，字共甫。江都（今江蘇揚州）人。馬守岱子。與兄駢並有詩名。著有《春秋探微》十四卷。

馬汝基 麟經講義 佚

◎孫葆田《山東通志》卷百二十七《藝文志》第十：是書見《採訪冊》。

◎民國《陽信縣志》本傳：邃於麟經，易簀時謂諸子曰：「吾一生精力，盡在《春秋》，其善藏之。」

◎馬汝基，字峻筆，號南臺。山東陽信人。康熙十八年（1679）進士。授連城知縣。著有《麟經講義》。

馬驌 春秋叢錄補正 八卷 存

中科院藏抄本

◎馬驌（1620～1673），字驄御，又字宛斯，人稱馬三代。山東鄒平人。順治十六年（1659）進士。官淮安府推官，補靈璧縣知縣，闢荒除弊，流亡復業。卒於官。士民奉祀名宦祠。著有《春秋叢錄補正》八卷、《春秋列國表》一卷、《春秋名氏譜》一卷、《左傳事緯》十二卷、《左傳事緯論》不分卷、《左傳事緯前書》八卷、《左傳字釋》一卷、《覽左隨筆》一卷、《繹史》一百六十卷、《十三代瑰書》。

馬驌 春秋列國表 一卷 存

國圖、湖北、中科院、吉林社科院藏光緒二十八年（1902）兩湖書院重刻朱印本

馬驌 春秋名氏譜 一卷 存

湖南師大藏清抄本

馬驌 左傳事緯 十二卷 存

國圖、北大、中科院、人大、上海、浙江、山東大學、臺灣大學藏康熙刻本

四庫本

普林斯頓大學東亞圖書館、國圖、北大、中科院、上海、復旦、天津、山東博物館、寧波、寧波市天一閣博物館藏乾隆四十九年（1784）仁和黃暹懷澄堂刻本

日本天明四年（1784）木刻本

四庫全書本

國圖藏嘉慶九年（1804）元和管慶祺六桐書屋刻本

嘉慶十四年（1809）李調元精寫刻本

國圖、吉林社科院藏道光二十六年（1846）重印嘉慶九年（1804）六桐書屋刻本

國圖、北大、天津藏同治七年（1868）朝宗書室木活字印本

國圖、上海、復旦、天津、山西大學藏光緒四年（1878）吳縣潘氏敏德堂刻本

復旦藏光緒四年（1878）蘇城振興書局刻本

光緒二十九年（1903）申江開文書局石印史論匯函甲編本（二卷）

吉林、浙江、撫順、瀋陽農大藏光緒三十四年（1908）上海文瑞樓石印本

復旦藏光緒文海樓鉛印本

乾隆刻、道光補刻、光緒刻函海本（四卷）

香港龍門書店1966年排印光緒四年（1878）吳縣潘氏敏德堂刻本

廣文書局1967年影印光緒四年（1878）吳縣潘氏敏德堂刻本

臺灣藝文印書館百部叢書集成影印乾隆刻函海本

中華書局 1991 年叢書集成初編影印本（與顧炎武左傳杜解補正合印）

齊魯書社 1992 年安作璋、蘇昭民主編山左名賢遺書徐連城校點本

山東大學出版社 2011 年山東文獻集成影印山東、山東大學藏清刻本

國家圖書館出版社 2012 年宋志英選編左傳研究文獻輯刊影印道光二十六年（1846）元和管慶祺六桐書屋重印嘉慶十年（1805）刻本

商務印書館 2013 年影印四庫本影印乾隆四十九年（1784）仁和黃暹懷澄堂刻本

◎目錄：

卷一鄭叔段之亂、衛州吁之亂、鄭莊入許、隱公之弒、宋殤之弒、陳佗之亂、周鄭繻葛之亂、楚武始彊、秦納芮取梁、王子克之亂、文姜之亂、齊襄滅紀、衛惠竊立、鄭厲篡國、齊襄之弒、曲沃並晉、宋閔之弒、王子頹之亂。卷二齊桓霸業、慶父之亂、晉獻滅虞虢、晉驪姬之亂、衛文滅邢、宋襄圖霸、王子帶之亂。卷三晉文建霸、衛元咺構訟、鄭穆之立、秦穆霸西戎、晉襄繼霸、公孫敖之奔、楚穆圖北方、宋昭之弒、齊懿之弒、仲遂殺適立庶。卷四晉靈之弒、鄭靈之弒、楚樿椒之亂、陳靈之弒、楚莊爭霸、晉滅赤狄、王師敗於茅戎、晉景楚共犲盟、晉趙氏之難。卷五晉楚鄢陵之戰、叔孫僑如之亂、秦晉為成、晉厲之弒、吳通上國、宋桓族之亂、晉悼復霸。卷六齊靈滅萊、鄭僖之弒、王室昏齊、季孫宿專政、宋子罕之賢、鄭西宮純門之變、楚滅庸舒、衛孫寧廢立、世與邾莒之怨（附邾事）、齊靈莊叛晉、晉欒氏之亡、陳二慶之亂（附蔡景之弒）。卷七臧孫紇出奔、齊崔慶之亂、晉楚弭兵、吳季札讓國、鄭子產相國。卷八晉靈之亂、齊景納燕莒、晉霸之衰。卷九叔孫豎牛之亂、衛靈之立、齊陳氏之大、晉滅肥鼓（陸渾附）、宋華向之亂、王子朝之亂、季孫意如逐君、晉祁氏羊舌氏之亡。卷十吳闔廬入郢、鄭獻滅許、陪臣之叛、諸侯叛晉、晉范氏中行氏之亡、齊悼之立、宋景滅曹。卷十一孔子用魯、季孫肥構怨邾齊（附邾事）、齊簡之弒、宋向魋大尹之亂、衛莊出父子爭國、楚白公勝之亂、楚惠滅陳、越句踐滅吳、哀公孫越、晉知氏之亡。卷十二王朝交魯、小國交魯、魯滅小國、王臣喪亡、鄭臣之敗、郊祀、朔閏、蒐狩、城築、災異。

共一百八篇。

◎同治七年（1868）朝宗書室木活字印本左傳事緯例略：

舊文傳麗於經，年時月日以相繫維也。易編年為敘事，篇目一百有八，將令讀者一覽即解，且無遺忘之病。

　　杜氏謂《左傳》有先經、後經諸法，故往往有無經之傳及經詳而傳略、經略而傳詳者，既立敘事之法，雖傳中片語隻字稍涉某事，因以附入，以無遺古史之文。

　　疏遺固陋，杳複亦繁，有一事或關兩事及數事者，止從所重錄之。論斷中互相援引，庶乎其淹貫也。

　　事統於篇，年紀易紊，故每年必隔一字書之。年之首事則蒙本文大書某年，餘則分注某年，不使傳文疊出。

　　篇末贅以愚論，未敢言文，旁集諸家，雜采傳記，無庸附會僻說，折衷一歸於正大，期於發明經傳而止。

　　簡端碎評，意之所寄，偶拈一二以誌賞事之節目，亦為標額，濫評一概不收。

　　六書不明，豕亥致紊。附以《左傳字釋》，用為考訂之助焉。

　　攬茝齋主人謹識。

◎左傳事緯例略：

　　舊文傳麗於經，年時月日以相繫維也。易編年為敘事，篇目一百有八，將令讀者一覽即解，且無遺忘之病。

　　杜氏謂《左傳》有先經、後經諸法，故往往有無經之傳及經詳而傳略、經略而傳詳者，既立敘事之法，雖傳中片語隻字稍涉某事，因以附入，以無遺古史之文。

　　疏遺固陋，杳複亦繁，有一事或關兩事及數事者，止從所重錄之。論斷中互相援引，庶乎其淹貫也。

　　事統於篇，年紀易紊，故每年必隔一字書之。年之首事則蒙本文大書某年，餘則分注某年，不使傳文疊出。

　　篇末贅以愚論，未敢言文，旁集諸家，雜采傳記，無庸附會僻說，折衷一歸於正大，期於發明經傳而止。

　　簡端碎評，意之所寄，偶拈一二以誌賞事之節目，亦為標額，濫評一概不收。（以上正書例）

　　讀《春秋》者異說紛紜，漢唐以還不下數百家，唯杜氏自號左癖，能成一家之言，特取其序以壓卷，而孔序次之，孔氏尊杜氏者也。

　　丘明列傳，舊史所無，茲采綴一二遺事，用補馬遷之闕。左氏立例有發凡，

有新意，前後互明，最稱條悉。自公、穀生異同之見，胡氏成帖括之學，左例遂置不講。茲為推而論之，凡三十有一篇，名曰《左氏辯例》。

舊有東坡輿圖雜入宋地，諸侯年表止列數國。宋人發微圖說詳略失宜，而剜剟錯誤，復淆觀覽。今立六圖世系二十有一，竝著公姓卿族地輿度量廣狹，詳誌山川。年表備列諸國，各標大事，其帝派、天官、職官則愚意所增也，名曰《左傳圖說》。

《左氏》碎金屑玉披覽彌新，學識博通，文字工絕，曝日之暇，隨覽隨鈔，積而成帙，名曰《覽左隨筆》。

杜氏《名號歸一圖》久失讎按，不無顛倒誤謬。茲另為一式，分國別氏，指掌瞭然，名曰《春秋名氏譜》。

六書不明，豕亥致棼。附以《左傳字釋》，用為考訂之助焉。（以上前書例）

◎敘：《左傳事緯》為濟南馬氏《繹史》中之一類，《繹史》書帙浩衍，版久不存，《事緯》另列成部，而孤行不廣。其例略曰：「易編年為敘事，篇目一百有八，將令讀者一覽即解，且無遺忘之病」，誠善本矣。其篇末組織新豔，貫串恣肆，尤臨文必備之書。坊間購此不易得，余寶是書有年，及門黃子春渠請讀之暇，歎為家塾中獨絕之本，思重鐫之。余謂昔人有借《文選》不得，後卒鏤板行世，茲誠嘉惠藝林盛舉也，爰畀是書而重付之梓。錢塘許元淮。

◎敘：濟南馬宛斯先生，於《左氏春秋》為專門之學，嘗取二百餘年事迹，類分為一百八篇，繫以論斷，條理井然，洵《左氏》之功臣也。舊彙《繹史》中，卷帙浩繁，流布未遍。黃春渠及漢陽朝宗書屋始刊為孤行本，均無附錄，板久不存。左氏之書，鉅細精粗，綜貫靡遺，上以推求致治之本原，下以考究人事之得失，得此彙彙如貫，寶貴何如！余弱冠即嗜讀此編，藏之行篋，數易丹鉛，爰重為校刊，以貽來學。光緒戊寅孟冬，吳縣潘霨。

◎跋：《左傳事緯》十二卷附錄《八卷》，國朝馬驌撰。為初學讀《左傳》之要書，惜原板久未印行，坊間所行翻本魯魚頗甚，且將附錄八卷刪去，遂使讀是書者無全璧可見。不知此書精義全在附錄中，坊賈省工惜費，竟為刪除，何異買櫝還珠耶！余留心訪求二十餘年，未獲一見。去歲秋間，偶於城東舊家得見原刊板片，不勝狂喜，且全部完好毫無闕壞，爰不惜重資購歸，亟印行之以廣其傳。數年結想，一旦釋然，豈不快乎！爰書卷端，以誌欣幸。時在道光二十六年歲次丙午五月既望，元和管慶祺書于體經堂。

◎摘錄卷首《左丘明小傳》：左丘明，魯人，或曰楚左史倚相之後也。為魯太史，受經於孔子。時周室衰微，載籍殘缺，仲尼思存前聖之業，以魯周公之國禮文備物、史官有法，故與丘明觀其史記，據行事，仍人道，因物以立功，就敗以成罰，假日月以定曆數，借朝聘以定禮樂，有所褒諱貶損，不可書見，口授弟子。弟子退而異言，丘明恐弟子各安其意以失其真，故論本事而作傳，明夫子不以空言說經也。《春秋》所貶損大人、當世君臣，有權威勢力，其事實皆形於傳，是以隱而不宣，所以免時難也。又采錄前世穆王以來下訖於魯悼、知伯之謀，無不備載，以為《國語》，其文不主於經，故號曰《春秋外傳》云。魯侯欲以孔子為司徒，將召三桓議之，乃謂左丘明。丘明曰：「臣丘其聖人與？夫聖人在政，過者離位焉。君雖欲謀，其將弗合乎？」魯侯曰：「吾子奚以知之？」丘明曰：「周人有愛裘而好珍羞，欲為千金之裘而與狐謀其皮，欲為少牢之珍而與羊謀其羞，言未卒，狐相與逃於重丘之下，羊相與藏於深林之中。故周人五年不制一裘，十年不足一牢，何者？周人之謀失矣。今君欲以孔丘為司徒，召三桓而議之，亦與狐謀裘、與羊謀羞也。」於是魯侯遂不與三桓謀，而召孔子為司徒。愚按狐羊之喻類戰國策士之言，而孔子之為司徒不見於《家語》及《太史公書》，無乃後世之所附益，當時未必有其事與？或曰：丘明孔子以前賢人，孔子所引率前世人，如老彭、伯夷之類；又《左傳》《國語》屬綴不倫，似非一人所為；傳《春秋》者，疑楚人左史倚相之後，故載楚事特詳，多無經之傳，此其證也。其說頗乖異不可考據。夫孔子所稱淵、騫之流，豈非及門之士？馬遷謂「魯君子左丘明作傳」，又謂「左丘失明，厥有《國語》」，且《內／外傳》雜采異文，若齊晉大國，亦皆有無經之傳，何必楚人之所作哉？自左氏既沒二百餘年，經既遭焚，書亦廢滅。及魯共王壞孔子舊宅，於壁中得古文逸《禮》三十九篇、《書》十六篇。天漢之後，孔安國獻之，遭巫蠱之難，未及施行。及《春秋》左氏丘明所修，皆古文舊書，多者二十餘通，藏於秘府，伏而未發。漢武帝時，河間獻《左氏》及古文《周官》。光武之世，議立《左氏》學，公羊之徒，上書訟《左氏》，《左氏》之學不立。成帝時，劉歆校秘書，見府中《左氏傳》，大好之，引傳釋經，轉相發明，由是章句義理備焉。歆以為左氏好惡與聖人同，親見孔子，而公羊穀梁在七十二弟子後，傳聞之與親見，其詳略不同。歆數以問向，向不能非也。及歆親近，欲建立《左氏》，列於學宮。哀帝令歆與五經博士講論其義，諸儒博士或不肯置對，歆因移書於太常博士責讓之。和帝元興中，鄭興父子及歆創通大義，奏上，《左氏》始立學宮。

自此以後，左氏顯而二傳防矣。今觀《左氏》一書，條例文辭無不燦然明備，而《公》《穀》穿鑿，徃徃自生抵牾，優劣昭然。奈何漢儒聚訟紛紛，久而後定，豈古文之隱顯有時，聖賢之大業，諒亦終不可晦爾。

◎李文藻《南澗文集》卷下《與紀曉嵐先生書》：前承諭訪馬宛斯《十三代緯書》，某初謂是拾綴讖緯之書，後讀施愚山為作墓誌云：「疾將革，惟語子弟以《左傳事緯》《十三代緯書》未鏤板為遺憾」，以《左傳事緯》例之；又謂緯書必馬所著矣。昨於九月初一日過鄒平，邀一友同至其家，一白鬚者出自，自云宛斯之姪，問所存遺稿幾何，白鬚曰：「伯父沒十年予始生，其遺稿一簏在某房某所，某不識字，恐其有干預田產者，故不肯示人。數年前盧運使徵詩札至，僅得一首報之。」因問《十三代緯書》安在，曰：「三十二套皆質于典家。」驚其太多，索其目視之，乃即漢魏以來諸書而裒集之。蓋叢書之大者，非其所自著述。十三代者，周至隋也。其二百二十二種而《周禮》、《儀禮》、《爾雅》、三傳皆在焉，殊不可解。其或以五經之外國家不以取士者皆得謂之緯書邪？豐氏偽《詩傳》等書亦收入。所收六朝人著述頗多，惟吳均齋記世閒罕有，餘非甚難得者。謹將全目鈔寄台覽，儻鄴架盡有其書，則不必覓。馬家所藏者但首必有序例，惜未及見。白鬚云原本籤帙皆其伯父手題也。昨諸申之差竣過此，留書院一日，有書數種託其送《通考館》，不知達否？自聞吾師有督學之命，即盼行旌，冀得面誨。茲接家信，知姊氏病篤，姊素為家母所鍾愛，恐有不測，母必過慟，謀即連夜馳歸，勢不能候于此。且某已應諸城修志之聘，擬在歲前開局，又恨不能追隨左右為關中之游也。私懷悵惘，惟吾師諒之。此函留江君覲祖處，俟其轉呈，伏惟萬福，不備。

◎提要：是書取《左傳》事類分為百有八篇，篇加論斷。首載晉杜預、唐孔穎達《序論》及自作《丘明小傳》一卷、《辨例》三卷、《圖表》一卷、《覽左隨筆》一卷、《名氏譜》一卷、《左傳字奇》一卷，合《事緯》為二十卷。內地輿有說無圖，蓋未成也。王士禎《池北偶談》稱其博雅嗜古，尤精《春秋左氏》學，載所著諸書與此本並同，惟無《字奇》及《事緯》，豈士禎偶未見歟？三傳之中，《左氏》親觀國史，事蹟為真，而褒貶則多參俗議；《公羊》、《穀梁》二家得自傳聞，記載頗謬，而義例則多有師承。《朱子語錄》謂「《左氏》史學，事詳而理差；《公》《穀》經學，理精而事謬」，蓋篤論也。驪作是書必謂《左氏》義例在《公》、《穀》之上，是亦偏好之言。然驪於《左氏》實能融會貫通，故所論具有條理，其《圖表》亦皆考證精詳，可以知專門之學與涉獵者相去遠矣。

◎《皇朝文獻通考》卷二百十五《經籍考》五：

《左傳事緯》十二卷附錄八卷，馬驌撰。驌字驄御，又宛斯。鄒平人。順治己亥進士，官淮安府推官，終靈壁縣知縣。

朱彝尊曰：馬氏《左傳事緯》凡十二卷，前有《序傳》一卷、《辨例》三卷、《圖說》一卷、《覽左隨筆》一卷、《春秋名氏譜》一卷、《左傳字音》一卷。又嘗會萃三代之書為《繹史》，人目之曰馬三代。

臣等謹按：《序傳》等八卷即附錄也，本名《前書》。其十二卷曰《正書》，凡百有八篇，篇為終始，篇末各為之論，蓋易編年為敘事者。

◎葉德輝《書林清話》卷八「宋以來活字板」：江夏童和豫朝宗書屋印明嚴衍《資治通鑒補》二百九十四卷附刊誤二卷，宋袁樞《資治通鑒紀事本末》四十二卷，明陳邦瞻《宋史紀事本末》二十六卷、《元史紀事本末》四卷，谷應泰《明史紀事本末》八十卷，馬驌《左傳事緯》十二卷附錄八卷，《陳思王集》十卷。

◎趙爾巽《清史稿》列傳第二百六十八《儒林》二：驌於《左氏》融會貫通，著《左傳事緯》十二卷，附錄八卷，所論有條理，圖表亦考證精詳。驌又撰《繹史》一百六十卷，纂錄開闢至秦末之事，博引古籍，疏通辨證，非《路史》《皇王大紀》所可及也，時人稱為馬三代。四十四年，聖祖命大學士張玉書物色驌所著書，令人至鄒平購板入內府。

◎道光《濟南府志》卷六十四《經籍》：《左傳事緯》十二卷附錄八卷、《繹史》一百六十卷、《十三代瑰書》，鄒平人馬驌撰。

◎《浙江採集遺書總錄・乙集・經部・春秋類》：《左傳事緯》二十卷（刊本），右國朝鄒平馬驌撰。前列五種，曰《左氏辨例》，曰《左氏圖說》，曰《覽左隨筆》，曰《春秋名氏》，曰《左傳字音》，共八卷。以下十二卷則標題紀事，櫽括始終，凡一百八篇。

◎孫葆田《山東通志》卷百二十七《藝文志》第十：《四庫簡明目錄》云：「取《左傳》事迹，類分為一百八篇，各繫以論斷。附錄杜預、孔穎達序及驌所作《左邱明小傳》共一卷、《辨例》三卷、《圖表》一卷、《覽左隨筆》一卷、《名氏譜》一卷、《左傳字音》一卷，融會貫通，具有條理。」《鄒平志》云：「是書刻於身後，校勘未精，且多缺略。道光十二年文慶（驌從弟，光裔孫）為補刻原敘（嚴沆撰）。其宗人興基（諸生）又取正文十二卷，句櫛字比，正其訛誤。後又攷證其《前書》八卷，通加是正。蓋歷二十年乃成完書云。」

◎趙爾巽《清史稿》卷一百四十五志一百二十《藝文》一：《左傳事緯》十二卷附錄八卷，馬驌撰。

◎張之洞《書目答問》卷一《經部》：《左傳事緯》十二卷附錄八卷（馬驌。自刻本。漢陽朝宗書室活字版本無附錄）。

◎耿文光《萬卷精華樓藏書記》卷八《經部五・春秋類》「《左傳事緯》十二卷」（國朝馬驌撰撰）：《懷澄堂》本。乾隆甲辰仁和黃暹重刊。前有許元淮序、攬苣齋主人《例略》六條、左氏小傳一篇、目錄。自「鄭叔段之亂」至「災異」，共一百八篇，《左傳字解》一卷，分通用、直音二目。《簡明目錄》有附錄八卷，此本無之。許氏序曰：「《春秋事緯》為馬氏《繹史》中之一類。《繹史》板久不存，《事緯》另列成部，而孤行不廣。其《例略》曰『易編年為敘事，篇目一百有八』，令讀者一覽即解，且無遺忘之病，誠善本矣。其篇末組織新豔，貫串恣肆，尤臨文必備之書。余寶是書有年，及門黃子春渠請重鐫之，爰畀是書而付之梓。」

◎龍門書店 1966 年排印本出版說明：

本書為清代馬驌根據《左傳》揭出春秋大事，以紀事本末體整理成書者也。易編年為敘事，類分為一百有八篇，條理井然可觀。篇末繫以論斷，旁集諸家，雜採傳記，折衷一歸於正大，期于發明經傳而止。左氏之書，鉅細精粗，綜貫靡遺，上以推求政治之本原，下以考人事之得失，讀者開卷，一覽即解，洵為研究《左傳》之津梁。

馬驌（一六二○～一六七三），字宛斯，一字聰御，濟南人。清順治己亥（一六五九）進士。精研古史，而尤癖《左氏春秋》，著有《左傳事緯》。又取太古以來至秦末之事，博引古籍，疏通辨證，著成《繹史》，顧炎武許為必傳之作。本書店今據光緒戊寅（一八七八）敏德堂潘氏校刊本影印，凡十二卷，卷首有馬驌所作左丘明小傳及《左傳字釋》。書中另附錄馬驌傳，採自江藩《漢學師承記》及《清史列傳》。又英文小傳一則，採自恆慕義《清代名人傳略》，一併刊入，以資參考。

龍門書店，一九六六年六月。

馬驌 左傳事緯論 不分卷 存

天津藏蘭碧齋抄本

馬驌 左傳事緯前書 八卷 存

國圖、上海、中科院、襄陽、臺灣大學藏康熙刻本

文淵閣四庫全書本

國圖藏嘉慶九年（1804）刻道光二十六年（1846）元和管慶祺印本

南京藏嘉慶□桐書屋刻本

山東大學出版社 2011 年山東文獻集成影印山東、山東大學藏清刻本

◎一名《左傳事緯前集》。

◎目錄：

卷一：晉杜預春秋左傳序、晉杜預春秋長曆論、晉杜預後序、孔穎達春秋正義序、左丘明小傳。

卷二左氏辨例上：年月例、即位例、告朔例、王臣例、侯爵例、班序例、臣稱例、母弟例、昏姻例、朝聘例、會盟例。

卷三左氏辨例中：祭祀例、告廟例、告赴例、內諱例、將師例、師出例、侵伐例、戰敗例、執獲例、滅取例。

卷四左氏辨例下：蒐狩例、土功例、災異例、奔放例、歸入例、薨葬例、刺殺例、弒戕例、孤經例、總論。

卷五左傳圖說：帝派圖、世系圖、天官圖、日食三十六、星孛三、星隕隕石各一、地輿圖、列國年表、晉楚職官表。

卷六覽左隨筆。

卷七春秋名氏譜：王周一（姬姓）、寰內諸侯二（周召毛原單凡祭劉成甘皆姬姓，溫巳姓，餘未詳）、魯三（姬姓）、晉四（姬姓）、齊五（姜姓）、秦六（嬴姓）、楚七（羋姓）、宋八（子姓）、衛國（姬姓）、鄭十（姬姓）、陳十一（媯姓）、蔡十二（姬姓）、許十三（姜姓）、曹十四（姬姓）、莒十五（巳姓）、邾十六（曹姓）、吳十七（姬姓）、越十八（姒姓）、滕十九（姬姓）、薛二十（任姓）、杞二十一（姒姓）、小邾二十二（曹姓）、雜小國二十三、國名補遺二十四、引古二十五。

卷八：左傳事釋。

◎摘錄卷七《春秋名氏譜》首：傳曰：「天子建德，因生以賜姓，胙之土而命之氏，諸侯以字為謚，因以為族，官有世功則有官族，邑亦如之。」此姓氏所由別也。姓以繫百世，使不分氏以別子孫所自出，天子分封，故賜姓而命氏。《國語》曰：「帝嘉禹德，賜姓曰姒，氏曰有夏；胙四岳國賜姓曰姜，氏曰有呂。」此賜姓命氏之事也。其後杞鄫齊許之國易氏而不易姓，知姓之所繫遠

矣。諸侯無土可分，故不命氏而命族。蓋卿宜建家，因賜之族。或字或諡或官或邑皆可，因而命之久則族亦為氏，但不敢賜姓爾。若夫王臣不封或亦賜族，尹氏、武氏是也；諸侯之卿德薄不足建家或亦無族，鼂溺挾柔是也。傳言黃帝之子二十五人不盡得姓，諸侯之臣豈盡得族哉！至如士會之帑處秦者為劉氏、伍員之子在齊為王孫氏，如此之類，非盡君賜，奕世繁衍，流為萬姓，是又當別論矣。

馬驌 左傳字釋 一卷 存

國圖、北大、中科院、上海、復旦、天津、浙江、寧波市天一閣博物館藏乾隆四十九年（1784）仁和黃暹懷澄堂刻本

國圖藏嘉慶九年（1804）元和管慶祺六桐書屋刻本

國圖藏道光二十六年（1846）重印元和管慶祺六桐書屋嘉慶九年（1804）刻本

國圖、北大、天津藏同治七年（1868）朝宗書室木活字印本

國圖、上海、復旦、天津、遼寧藏光緒四年（1878）吳縣潘氏敏德堂刻本

光緒二十九年（1903）申江開文書局石印史論匯函甲編本（二卷）

撫順、瀋陽農大、吉林、浙江藏光緒三十四年（1908）上海文瑞樓石印本

齊魯書社 1992 年安作璋、蘇昭民主編山左名賢遺書徐連城校點本

◎光緒四年（1878）吳縣潘氏敏德堂刻本卷首題：濟南馬驌宛斯考定，吳縣潘霨偉如重校。

◎列通用、直音二目。

馬驌 覽左隨筆 一卷 存

湖南師大藏清抄本

馬維璜 春秋略例 佚

◎道光《桐城續修縣志》卷十六《人物志·文苑》：於諸經義訓治之皆有端緒，尤深於麟經。撰《春秋略例》，審正三傳之旨，具有條貫。

◎馬維璜，字魯予。安徽桐城人。少有志氣，刻厲為學。嘉慶二十五年（1820）進士。官四川閬中知縣，未幾卒於任。精於經義。著作皆散佚。著有《春秋略例》。

馬興基 事緯刊誤 佚

◎道光《濟南府志》卷六十四《經籍》：又《事緯刊誤》，諸生馬興基撰。

◎馬興基，山東鄒平人。諸生。著有《事緯刊誤》。

馬星翼 左傳補疏 四冊 佚

◎孫葆田《山東通志》卷百二十七《藝文志》第十：是書見《採訪冊》。

◎屈萬里《魚臺馬氏著述記》〔註3〕摘錄：著述名山墨尚馨，百年鄉國有耆英。遺聞博證翻經說，孤訓旁說訂字聲。蠹簡萬言藏魯壁，鴻文三代繼鄒平。後生何幸能私淑？不負湖陵買棹行。

◎馬星翼（1790～1873），字仲張（章），號東泉（居士／老人）、繹陽子。祖居山東省魚臺縣池頭聚村（今滕州市大塢鎮池頭集村），隨父移居鄒縣西曹社安馬莊（今滕州市界河鎮西安樓村）。與父馬邦玉、季父馬邦舉皆精金石之學，世稱「魚臺三馬」。與孟雨山、董聽泉、杜伯和、樂陵潘松岩、閻榴崖、南皮張小雲、何紹基、嵇春原、濟南郡首余芰蔣、日照許瀚、孫孟廣均等多所倡和。嘉慶十八年（1813）與兄星房同舉於鄉。道光十五年（1835）大挑官樂陵、臨朐、招遠、茌平等縣教諭。嘗主講鄒縣近聖書院。著有《子夏易傳遺文》一卷、《尚書廣義》十三卷、《詩廣義》、《左傳補疏》、《論語輯說》、《孝經集說》、《國策補遺》、《名儒世系圖考》、《繹陽隨筆》、《鳧繹舊聞》、《重纂三遷志》、《東泉文集》、《東泉詩草》、《東泉詩話》八卷及《續冊》七卷、《勵學篇》。

馬貞榆 讀左傳法 一卷 存

上海藏光緒抄本

國圖、北大、浙大、上海、湖北、溫州、湖南、魯東大學〔註4〕藏清末刻朱印兩湖書院經學課程本

晚清四部叢刊影印光緒抄本

◎有「為《左傳》列國年表分注其事以提其要」、「讀《史記》以原《春秋》之始終」、「當知太史公實未見《左傳》不得據《史記》以疑《左傳》墮入今文家謬妄之習」、「閱杜氏《釋例》以通《左傳》發凡」、「以《長麻》考經傳月日」、「當以《國語》證《左傳》之闕以韋昭注補杜注之失」、「又據《世族譜》以經

〔註3〕1934 年 12 月 3 日《華北日報・圖書周刊》。
〔註4〕佚名眉批。

文排比其下以通《春秋》書法」、「據《土地名》為《春秋》地圖以明各國之疆域形勢」、「《公羊》《穀梁》雖不及《左傳》之確然棄瑕餘瑜反可引之以申明《左傳》之正義」、「當以《周禮》通《左傳》其有不同又以可知其時改革之故」「當據《三禮》鄭注以正杜氏言禮之失據《三禮》疏以證孔疏附會杜注之失」、「當奉王氏夫之為大師而補救其偏」、「當留心四部經解以外之書師《東塾讀書記》之法先通其大義要義」、「當知《春秋》實與《孝經》相通以求《左傳》內之性理」、「諸家評點《左傳》之本皆不可閱以免中不通之毒」諸條，分條解說。

◎摘錄「當以《國語》證《左傳》之闕以韋昭注補杜注之失」條：《左傳》《國語》是一人所作是兩人所作姑且緩言，惟其中多先王典制，孔穎達疏證《左傳》必引《國語》者，蓋為是也。韋昭注精純非杜注所及，當據以證杜注之失。

◎端方《端忠敏公奏稿》卷二《請獎書院監督分教摺》（光緒二十八年九月）：經學分教廣東順德縣廩貢生馬貞榆，研精《左氏》之學，人品端篤，守正不渝。擬請旨賞給國子監學正銜。

◎張之洞《張文襄公全集・奏議》卷五八《保薦經濟特科人才摺并清單》（光緒二十八年十二月十五日）：廩貢生馬貞榆，廣東順德縣人。人品端方，學術純正，研精《春秋左氏》之學，足以鍼砭近世文人依託《公羊》發為謬說之病，既有功於經學，尤有功於世道人心。

◎陳衍《石遺室詩集》卷三《贈馬季立》：嶺外談經者，吾知馬季良。抱遺三傳訂，衛道百夫防。雪履穿東郭，春衣興草堂。詩窮非汝事，端為說詩強。

◎王欣夫《蛾術軒篋存善本書錄・庚辛稿》卷二「《孔子世家家塾讀本》一卷」：《復禮堂述學詩》云：「年高學博德尤純，季立真如三代人。融貫全書精禹貢，授經避地絕纖塵。」可以想見其為人。所著書多未刊，余先得兩湖書院刻《讀左傳法》，許勉夫臨校李氏《歷代地理韻編》，此稿則昔年先師手授屬籌梓者。

◎馬貞榆，字覺渠，號季立。廣東順德人。同治八年（1869）學海堂專課肄業生。陳澧入室弟子。舉人。嘗任廣雅書院理學分校、兩湖文高等學堂教習、存古學堂教習、京師大學校教習。著有《周易要旨》、《今古文尚書授受源流》三卷、《尚書課程》二卷、《讀左傳法》一卷、《左傳口義》三卷、《經學課程》、《孔子世家家塾讀本》一卷、《地理韻編唐志補闕正誤考異》、《歷代地理志韻篇今釋校勘記》、《天下三大龍圖說》三卷，編有《正學堂春秋左氏學叢刻六種》。

馬貞榆 左傳口義 三卷 存

湖南、湖北藏光緒二十七年（1901）刻朱印本

湖北藏清末武昌兩湖書院刻兩湖書院課程朱印本

◎孫殿起《販書偶記》卷二：《左傳口義》三卷，羊城馬貞榆撰。光緒間兩湖書院刊。

馬貞榆編 正學堂春秋左氏學叢刻六種 十冊 存

光緒二十五至二十七年（1899～1901）湖北存古學堂刻朱印本

◎王欣夫《蛾術軒篋存善本書錄‧未編年稿》卷一：

《正學堂春秋左氏學叢刻六種》（十冊），清順德馬貞榆編撰。光緒己亥、辛丑間湖北存古學堂刊。朱印本。華陽王文燾手跋。

貞榆有《孔子世家家塾讀本》手稿，已見書錄。生平於左氏《春秋》學撢擘最深，此為分教兩湖書院時所編撰講義：一晉杜預《春秋釋例》，據孫氏岱南閣本重刊；一明傅遜《左傳屬事》首卷及後敘，據日本覆本重刊；一清馬驌《繹史》中之《春秋列國表》；一清陳厚耀《春秋世族譜》，前增唐虞夏商周譜系圖、春秋諸國疆域圖、王朝列國興廢，後補列女及重名，皆原本所無；一清鄒伯奇《春秋經傳日月考》，曆算之學，古不如今，此編足補杜氏長曆之失；一貞榆自撰《讀左傳法》，存四冊，各發一端，示學者以門徑，學者可由茲升堂入室，前有讀法一卷，綱舉目張，分門別類，學者可各擇性之所近而習焉。六種皆朱印樣本，王文燾彙集重裝，而題以今名。考前五種雖有校訂補綴之功，世尚有之，惟貞榆自著之《讀左傳法》雖未完成，則已為孤本秘籍。中附貞榆致其時兩湖書院提調王秉恩一札云：「拙編《左傳》課程，其晉景爭霸內有戰于邲地圖，楚文滅申、鄧內有晉以申呂禦北方圖，皆貞榆精心研討之作。中國經書有戰圖者，始見於此。若將一部《通鑑》戰事，以此法行之，則兵學一部極好教科書也。凡言輿地，有古有今，言古輿地宜坿入經史，言今輿地宜附入兵農，此今日學務宜改革者也。若單言輿地，按圖索驥，則令人滯；不附兵農，則游騎無歸，亦令人浮。」蓋貞榆兼精輿地之學，淹貫精詳，曾校李兆洛《歷代地理韻編》。讀《春秋》者於輿地尤要，故所言不啻自為其書提要也。

馬徵麐 春秋律 存

吉林、南京、湖南藏光緒十五年（1889）思古書堂刻本

南京藏光緒十五年（1889）金陵清涼山半日讀書齋刻澹園全集本

◎民國《懷寧縣志》卷十九《儒林》：其著作，列在經部曰《周易正蒙》《禮原易章》《大衍筮法直解》《尚書篇誼正業》《尚書百篇異同譜》《毛詩序誼正蒙》《毛詩鄭譜疏證》《四詩世次通譜》《毛詩七聲四音譜》《學詩多識篇》《周官徵》《周官聯事譜》《考工記注》《儀禮表讀》《儀禮提綱》《禮經索疑》《禮記正蒙》《夏小正箋疏》《禮雅》《禮譜》《禮圖》《詩例》《春秋律》《禮經通釋》《六禮吾從錄》《家禮外記述訓》二十四卷、《論孟正蒙》《學庸小學六藝譜》；史部者曰《懷寧縣志》《歷代史志沿革圖說》《長江圖說》《素行居藏書目補編》《書目補編》《書目舉要》《仙緣書院藏書目錄初編》；列子部者曰《三立明辨》《教學法程》《勵士淺語》《勵士參語》《學斅隨栞》《淡園雜錄》；列集部者曰《歷代文誡》《絕句詩選》《制藝》《養氣集》《淡園集》。已刻者未及半，未刻者多殘佚（胡遠濬分纂）。

◎馬徵麐，字仲（鍾）山，號泰臣。安徽懷寧人。勤學嗜古，精於禮，嘗謂禮之精義不貫不可以治羣經，又謂士宜明禮經以立體、習朝點以致用，故所為禮書準古酌今，喪祭尤多訂正。曾文正一見嘉歎，稱為當代大儒。諸經小學及讀史方輿沿革均有撰著，多所心得。惟釋《大學》君臣父子之謂物、孝敬慈信之謂格，自信深合知本之旨，而當時守程朱者輒與抵辨不相下。生平長於圖譜之學，尤見珍異域。顧性斂退，嘗補用知縣，自請改就教職，選太平教諭，有經師人師之目。其撰書院楹聯云：「文亦何奇，祗如蜂蜜蠶絲，食古自化；學能成實，便是鳳毛麟角，異代同欽。」光緒十八年，奏請特獎五品卿銜。著有《讀易綱領》一卷、《周易正蒙》一卷、《禮原易章》、《大衍筮法直解》一卷、《筮法口誼》一卷、《尚書篇誼正業》、《尚書百篇異同譜》、《毛詩序誼正蒙》、《毛詩鄭譜疏證》、《四詩世次通譜》、《毛詩七聲四音譜》、《學詩多識篇》、《周官徵》、《周官聯事譜》、《考工記注》、《儀禮表讀》、《儀禮提綱》、《禮經索疑》、《禮記正蒙》、《夏小正箋疏》、《禮雅》、《禮譜》、《禮圖》、《詩例》、《春秋律》、《禮經通釋》、《六禮吾從錄》、《家禮外記述訓》二十四卷、《論孟正蒙》、《學庸小學六藝譜》、《仙源礪士參語》一卷、《懷寧縣志》、《歷代史志沿革圖說》、《孟子年譜》一卷、《食貨書》一卷、《官制沿革表》四卷、《選舉沿革表》四卷、《歷代地理沿革圖》一卷、《長江津要》一卷、《長江圖說》、《素行居藏書目補編》、《書目補編》、《書目舉要》、《仙緣書院藏書目錄初編》、《三立明辨》、《教學法程》、《勵士淺語》、《勵士參語》《學斅隨栞》、《淡園雜錄》、《歷代文

誠》、《絕句詩選》、《制藝》、《養氣集》、《澹園文集》一卷、《澹園全集四種》
（《馬徵麐四種》）、《馬鍾山遺書》十六種。

馬宗璉 春秋左傳補注 三卷 存

乾隆刻本

道光九年（1829）廣東學海堂刻皇清經解本

光緒十一年（1885）上海點石齋石印皇清經解本

國圖藏光緒十四年（1888）上海書局影印道光九年（1829）刻皇清經解本

光緒十七年（1891）上海鴻寶齋石印皇清經解本（一卷）

桐城光聰諧輯刻龍眠叢書本（二卷）

上海點石齋石印本

續修四庫全書影印清刻本

國家圖書館出版社 2012 年宋志英選編左傳研究文獻輯刊影印清刻本

◎一名《左傳補注》。

◎卷首云：賈、服之注《左傳》，猶康成之注六藝，精確不可移易矣。其
地名有京相璠為之注釋，酈元《水經注》引之，於三家說融洽貫通，《左傳》
學思過半矣。元凱《集解》於漢晉諸儒解未能擇善而從，其地理又未能揆度遠
近，妄為影附，此劉光伯《規過》之書所由作也。東吳惠先生棟，遵四代之家
學，廣搜賈、服、京君之注，援引秦漢子書為證，繼先儒之絕學，為左氏之功
臣。余服膺廿載，於惠君《補注》間有遺漏，復妄參末議焉。效子慎之作《解
誼》，家法是守；鄙沖遠之為《疏證》，曲說鮮通。是亦惠君所仰望於後學者也。
乾隆五十九年五月十一日，桐城馬宗璉。

◎周中孚《鄭堂讀書記》卷十一「馬宗璉《補註》」條：魯陳以惠氏注間
有遺漏，復撰是編，所以匡惠氏之誤者固確，而自所為說亦足備元凱之略暨顧、
惠兩家之所未及。後之人誠能取杜解為綱，而以三家《補注》附錄於下，以便
學者之習讀，不亦善乎？

◎姚鼐《惜抱軒詩集》五《題外甥馬器之長夏校經圖》：聖人不可作，遺
經啟蒙愚。大義乖復明，實賴宋諸儒。其言若澹泊，其旨乃膏腴。我朝百年來，
教學秉程朱。博聞強識士，論經良補苴。大小則有辨，豈謂循異塗。奈何習轉
勝，意縱而辭誣。競言能漢學，瑣細搜殘餘。至寧取讖緯，而肆詆河圖。從風
道後學，才傑實唱予。以異尚為名，聖學毋乃蕪。言多及大人，周亂兆有初。

彼以不學敝，今學亦可虞。嗟吾本孤立，識謬才復拘。抱志不得朋，慨嘆終田廬。甥有吾家性，禮部方升書。才當為世用，勉自正所趨。矻矻校遺經，用意寧投虛。盛夏示我卷，秋葉今零株。至道無變更，景物乃須臾。偽學縱有禁，道德終昌舒。試觀宋元間，士盛東南隅。以視後世賢，人物誠何如？願甥取吾說，守拙終不渝。

◎支偉成《清代樸學大師列傳‧皖派經學家列傳第六》：嘗以亭林摘《左傳》杜解闕誤，根據經典，率皆精核；惠松崖復廣搜賈、服、京君之注，援引秦漢子書為證，拾顧氏之遺者尚多，而糾其違失者僅五六條耳，不無掛漏之處。因別撰《春秋左傳補注》三卷。所以匡惠氏之誤固確，其所自為說，亦足補元凱之略，暨亭林所未及焉。他著尚有《毛鄭詩詁訓考證》、《周禮鄭注疏證》、《穀梁傳疏證》、《說文字義廣注》、《戰國策地理考》、《南海鬱林合浦蒼梧四郡沿革考》、《嶺南詩鈔》、《崇鄭堂詩》共數十卷，惜多不傳。

◎孫殿起《販書偶記》卷二：《春秋左傳補注》三卷，桐城馬宗槤撰。乾隆五十九年刊。

◎道光《桐城續修縣志》卷十五《人物志‧儒林》：所著《左傳補註》博徵漢晉諸儒之說，擇善而從，不苟同異，論者謂足與顧炎武、惠棟兩家《補注》稱鼎足。此外著有《毛鄭詩訓詁考證》《周禮鄭注疏證》《說文字義廣證》《戰國策地理考》《漢南海鬱林蒼梧合浦四郡沿革考》《校經堂詩鈔》凡若干卷。

◎道光《續修桐城縣志》卷第二十一《藝文志‧春秋類》：《左傳補註》三卷（馬宗槤撰）。

◎張之洞《書目答問》卷一《經部》：《左傳補注》三卷（馬宗槤。原刻本。學海堂本）。

◎趙爾巽《清史稿》卷一百四十五志一百二十《藝文》一：《春秋左傳補注》三卷，馬宗槤撰。

◎上海古籍出版社 2015 年《續修四庫全書總目提要‧春秋類》「《春秋左傳補注》三卷」：是書凡三卷，先列經、傳文於前，後附考證、評定之語，間有按語，博徵漢、魏諸儒之說。據馬氏小敘，宗槤於杜氏《集解》頗為不滿，以其於漢晉諸儒未能擇善而從，其地理又未能揆度遠近，妄為影附，故有劉炫等規過之作。惠棟廣搜賈逵、服虔、京相璠之注，援引秦漢子書為證，作《左傳補注》，馬氏深服膺之。故是書一方面引《水經注》、《史記》、《郡國志》等前人舊說證杜注之誤漏；另一方面參評覆議惠氏之遺誤。馬氏考證精核，評斷

常有過人之處，如閔二年《傳》「用其衷，則佩之度」，杜注：「衷，中也。佩玉者，士君子常度。」馬氏注：「《白虎通》曰：『所以必有佩者，表德見所能也，循道無窮。』」《清代樸學大師列傳》中稱其嘗以亭林摘《左傳》杜解闕誤，根據經典，率皆精核；惠松崖復廣搜賈、服、京君之注，援引秦漢子書為證，拾顧氏之遺者尚多，而糾其違失者僅五六條耳，不無挂漏之處；因別撰《春秋左傳補注》三卷。所以匡惠氏之誤固確，其所自為說，亦足補元凱之略，暨亭林所未及云云。此本據國家圖書館分館藏清刊本影印，另有學海堂本。（潘華穎）

◎馬宗璉（？～1802），字器之，又字魯陳。安徽桐城人。馬瑞辰父。嘉慶六年（1801）進士。曾歷任合肥、休寧、東流教諭。少從舅父姚鼐習詩古文詞，後從邵晉涵、任大椿、王念孫遊。歿後以子瑞辰贈工部都水司員外郎。嘗手定《經籍纂詁》凡例。著有《毛鄭詩詁訓考證》、《周禮鄭注疏證》、《左傳補註》三卷、《公羊補注》、《穀梁傳疏證》、《說文字義廣注》、《戰國策地理考》、《南海鬱林合浦蒼梧四郡沿革考》、《嶺南詩鈔》、《崇鄭堂詩》。

馬宗璉　公羊補注　佚

◎張之洞《書目答問》卷一《經部》：《公羊補注》一卷（馬宗槤。刻本）。

◎趙爾巽《清史稿》卷一百四十五志一百二十《藝文》一：《公羊補注》一卷，馬宗璉撰。

◎劉師培《劉師培辛亥前文選・近儒學術統系論》：皖北之學，莫盛於桐城。方苞幼治歸氏古文，託宋學以自飾，繼聞四明萬氏之論，亦兼言三禮。惟姚範校覈羣籍，不惑於空談。及姚鼐興，亦挾其古文、宋學，與漢學之儒競名；繼慕戴震之學，欲執贄於其門，為震所卻，乃飾漢學以自固；然篤信宋學之心不衰。江寧管同、梅曾亮，均傳其古文。惟里人方東樹，作阮元幕賓，略窺漢學門徑，乃挾其相傳之宋學，以與漢學為仇，作《漢學商兌》。故桐城之學，自成風氣，疏於考古，工於呼應頓挫之文，篤信程朱有如帝天，至於今不衰。惟馬宗璉、馬瑞辰，間宗漢學。

馬宗璉　穀梁傳疏證　一卷　佚

◎張之洞《書目答問》卷一《經部》：《穀梁禮證》二卷（侯康。伍元薇刻《嶺南遺書》本。馬宗璉《穀梁傳疏證》，未見傳本）。

◎劉聲木《桐城文學撰述考》卷二「馬宗璉撰述」：《嶺南詩鈔》、《毛鄭詩訓詁考證》四卷、《春秋左傳補註》三卷（《皇清經解》本）、《周禮鄭註疏證》一卷、《穀梁傳疏證》一卷、《說文字義廣證》一卷、《戰國策地理考》一卷、《漢南海鬱林蒼梧合浦四郡沿革考》一卷。

曼叟 讀左巵言 三卷 存

遼寧藏清刻本

◎曼叟，著有《讀左巵言》三卷，嘗為汪昂《醫方集解》六卷題記。

毛際可 春秋五傳考異 二十卷 佚

◎秦瀛《己未詞科錄》卷七：著有《春秋五傳考異》二十卷、《安序堂文鈔》二十卷、《會侯文鈔》二十卷、《浣雪詞》、《黔遊日記》。

◎鄧之誠《清詩紀事初編》卷七丙編毛際可：著《安序堂文鈔》三十卷……際可尚有《松皋詩選》二卷、《拾餘詩稿》四卷、《浣雪詞鈔》二卷、《黔游日記》一卷、《春秋五傳考異》十二卷，今皆不易見。

◎毛際可，字會侯，號鶴舫。順治十五年（658）進士。授彰德府推官，廉明不阿，改固城令，再補祥符知縣。尋以博學鴻詞薦罷歸，閉戶著書。與毛先舒、毛奇齡有「三毛」之稱。著有《春秋五傳考異》二十卷、《安序堂文鈔》三十卷、《會侯文鈔》二十卷、《松皋詩選》二卷、《拾餘詩稿》四卷、《浣雪詞鈔》二卷、《黔遊日記》一卷。

毛留鄰 春秋揆 佚

◎王其淦、吳康壽光緒《武進陽湖縣志》卷二十八《藝文》：毛留鄰《春秋揆》（佚）。

◎毛留鄰，陽湖（今江蘇常州武進區）人。著有《學易編》、《尚書異同解》、《詩傳解》、《三禮考證》、《春秋揆》、《四書異同解》、《補黃炎世家》四卷、《山海經郭注正訛》、《讀史大略》、《字體心書》、《古今第一流人物圖志》。

毛奇齡 春秋簡書刊誤 二卷 存

四庫本

光緒十四年（1888）上海書局皇清經解本

西河合集本（康熙刻、乾隆印、嘉慶印）

皇清經解本（道光刻、咸豐補刻、鴻費齋石印、點石齋石印）

◎目錄：卷一隱公十六條、桓公十六條、莊公二十八條。卷二閔公一條、僖公三十二條、文公二十二條、宣公十五條、成公十五條、襄公三十七條、昭公四十四條、定公二十一條、哀公十一條。

◎卷一首云：《漢藝文志》有《春秋古經》十二篇，先儒目之為簡書，即聖經也。其分十二篇者，以《春秋》十二公每公得一篇，則十二篇也。第其書不知亡于何時，唯三傳傳經則各有經文載于其中。漢初行四家之學，有公羊、穀梁、鄒氏、夾氏，而鄒夾無傳，祇公穀二學早立于學官，而諸生傳之。顧兩家杜撰，目不見策書，徒以意解經，故經多誤字。而《公羊》且復以里音市語讕讟其間，其所存聖經已非舊矣。及《左傳》行世，則始知有簡書正文冠策書首，故當時《左》《公》《穀》三傳俱著竹帛，而《左》之為傳先于《公》《穀》，漢人亦稱《左氏》為古學、《公》《穀》為今學。而其如《左氏》晚出《公》《穀》立學反先于《左氏》，是以治古學者雖有張蒼、賈誼、張敞、賈逵、服虔輩，不下于董仲舒、公孫弘輩之治今學，而諸生膠固，競立門戶，即加以前漢劉歆、後漢韓歆兩歆之爭，必不能救《左氏》膏肓之目，而策書簡書總無聞焉。夫左氏之傳即是策書，左氏之經即是簡書，故夫子筆削祇襲魯國之簡書以為之本，即絕筆以後猶有舊簡書一十七條見于《左傳》，則哀十四年獲麟以前其為真簡書，而以之作夫子之聖經，公羊、穀梁俱無與也。乃宋胡安國自為作傳，而元人創八比法，直用其書以取士，立學官而著功令。明代遵之，每經凡四題，而《春秋》一經則專以胡氏。四傳代夫子之經而聖經已亡，然且其所載傳中者原非簡書，祇以《穀梁》本為據，而《穀》之與《公》如狼狽屭屓，彼此呼吸，與《左氏》之所載者全不相合，而於是聖經亡，即簡書亦亡矣。予著《春秋傳》，念不及此，亦仍以胡氏所載為聖經原本，而反標三傳諸字同異于其下。東陽李生紫翔者著《春秋紀傳》，早已行世，及之官嶺表，疑予傳聖經之有未覈，屬王生虎文問及之。予乃命猶子文輝取三傳聖經之各異者，以簡書為主，而各註所誤而明標之，名曰《刊誤》。嗟乎！前人之誤，其所厚賴于後人之刊之者，豈止是與！

◎提要〔註5〕：是書刊正三傳經文之誤，其以「簡書」為名者，蓋仍執其

〔註5〕庫書提要：奇齡作《春秋傳》，以《春秋》經文為據古之簡書、以《左傳》所述為據古之策書，故此編刊經文之誤，以簡書為名，皆以《左傳》為主，而附載《公》《穀》之異文，辨證其謬。因胡安國傳多從《穀梁》，并安國亦排斥之。其舍《左氏》而從《公羊》者惟襄公十四年衛侯衎出奔齊一條耳。攷《左傳》

—1100—

「傳據策書，經據簡書」之說也。大旨以《左傳》為主而附載《公》、《穀》之異文，辨證其謬；因胡安國《傳》多從《穀梁》，並安國亦排斥之。其舍《左氏》而從《公羊》者，惟襄公十四年「衛侯衎出奔齊」一條耳。考《左傳》雖晚出，而其文實竹帛相傳；《公》、《穀》雖先立於學官，而其初皆經師口授，或記憶之失真或方音之遞轉，勢所必然不足為怪。奇齡所考正者，如會襄不當有齊侯；單伯送王姬不應作逆；齊人來歸衛俘，據書序知俘即是寶，非經傳有異；公伐齊納子糾，不應無子字；齊人殲於遂，不應作瀸；曹羈出奔陳、赤歸於曹，與鄭忽出奔衛、突歸於鄭同例；會洮不應有鄭世子華；欒書救鄭不應作侵鄭；召公來錫公命不應作賜命；襄公五年救陳不應有莒子、邾子、滕子、薛伯會鄫之衛；齊惡不應作石惡；齊欒施不應作晉欒施；叔孫婼不應名舍；公會齊侯盟於黃不應作晉侯；衛趙陽不應作晉趙陽，皆極精核。至於經書「冬，宋人取長葛」，傳乃作「秋」，但知經傳不符，而不知宋以先王之後用商正，取以建酉之月，則此冬而彼猶秋，實與晉用夏正，經傳皆差兩月一例。又「衛師入郕」，《公羊》「郕」作「盛」，遂詆其「宋將作送，衛將作彗」，不知《穆天子傳》所載「盛姬」，即郕國之女。《考古圖》許或作鄬魯或作鹵，俱勒諸鐘鼎斷非訛寫。古字異文如斯者眾，未可盡以今文繩之。又謂：「昔恒星不見，夜中星隕如雨。昔字訓夜雖見《列子》，然不應一作昔又一作夜。」不知《列子》稱「夜則昏憊而熟寐，昔昔夢為國君」又稱「夜亦昏憊而寐，昔昔夢為人僕」，正昔、夜二字並用。又謂：「皋陶可作咎由，由於音同。西乞術不可作西乞遂，由於音異。是以後世之平仄律古人之傳音。」不知《檀弓》以木為彌牟、《戰國策》以包胥為勃蘇者，不一而足也。如斯之類，特以偏主一家曲加排斥，均為未得其平。甚至於作于、饗作享，經傳處處通用，於《公》、《穀》亦縷摘之，益瑣屑矣。然其可取者多，瑕究不掩其瑜也。

雖晚出，而其文實竹帛相傳；《公》《穀》雖先立于學宮，而其初皆由經師口授，或記憶之失真，或方音之遞轉，勢所必然，不足為怪。奇齡必以為有意改經，至於作于、饗作享亦縷論之，殊為深詆。然其論會襄不當有齊侯、單伯送王姬不應作逆、夜恒星不見夜中星隕如雨二夜字不應異文、公伐齊納子糾不應無子字、齊人殲于遂不應作瀸、曹羈出奔陳赤歸于曹與鄭忽出奔衛突歸于鄭同例、會洮不應有鄭世子華、欒書救鄭不應作侵鄭、召公來錫公命不應作賜命、襄公五年救陳不應作莒子、邾子滕子薛伯會鄫之衛齊惡不應作石惡齊欒施不應作晉叔孫婼不應名舍、公會齊侯盟于黃不應作晉侯、衛趙陽不應作晉趙陽，皆極精核。至于蔑為姑昧，知昧為蔑轉而不知經刪姑字為隱公諱；冬宋人取長葛，知經傳不符而不知宋以先王之後用商正，取長葛在建酉之月，則此冬而彼猶秋。亦間有未密之處，然其可取者則多矣。

◎趙爾巽《清史稿》卷一百四十五志一百二十《藝文》一：《春秋簡書刊誤》二卷、《春秋屬辭比事記》四卷、《春秋占筮書》三卷、《春秋條貫篇》十一卷，毛奇齡撰。

◎毛奇齡（1623～1716），又名甡，字大可，號生生、齊於、於、於一、初晴、晚晴、老晴、秋晴、春遲、春莊、僧彌、僧開、西河、河右、河右僧、阿憐翁、湘湖遺老。曾變姓名為王彥，字士方。學者稱西河先生。浙江蕭山人。康熙十八年（1679）以廩監生召試博學鴻詞，授檢討，故或因官稱毛檢討。著有《河圖洛書原舛編》一卷、《太極圖說遺議》一卷、《推易始末》四卷、《西河說易》不分卷、《易小帖》五卷、《易韻》四卷、《仲氏易》三十卷、《古文尚書冤詞》八卷、《尚書廣聽錄》五卷、《舜典補亡》一卷、《三江考》一卷、《國風省篇》一卷、《毛詩寫官記》四卷、《詩劄》二卷、《詩傳詩說駁義》五卷、《白鷺洲主客說詩》一卷、《續詩傳鳥名》三卷、《昏禮辨正》一卷、《廟制折衷》二卷、《大小宗通繹》一卷、《北郊配位尊西向議》一卷、《辨定嘉靖大禮議》（《嘉靖大禮議》）一卷、《辨定祭禮通俗譜》五卷、《喪禮吾說篇》十卷、《曾子問講錄》四卷、《周禮問》二卷、《明堂問》一卷、《學校問》一卷、《郊社禘祫問》一卷、《家禮辨說》十六卷、《三年服制考》一卷、《檀弓訂誤》一卷、《何御史孝子祠主復位錄》一卷、《聖諭樂本解說》二卷、《竟山樂錄》四卷、《皇言定聲錄》八卷、《李氏學樂錄》二卷、《春秋毛氏傳》三十六卷、《春秋屬辭比事記》四卷、《春秋條貫篇》十一卷、《春秋占筮書》三卷、《春秋簡書刊誤》二卷、《孝經問》一卷、《四書索解》四卷、《四書改錯》二十二卷、《論語稽求篇》七卷、《大學知本圖說》一卷、《大學問》一卷、《大學證文》四卷、《中庸說》五卷、《四書剩言》四卷、《四書剩言補》二卷、《四書正事括略》七卷附錄一卷、《聖門釋非錄》五卷、《逸講箋》三卷、《古今通韻》十二卷論例一卷、《韻學要指》（《古今通韻括略》）十一卷、《韻學指要》一卷、《越語肯綮錄》一卷、《經問》十八卷、《經問補》三卷、《聞詩說辭》、《儀禮疑義》二卷、《馮易齋先生年譜》一卷、《王文成傳本》（《明新建伯王文成公傳本》）二卷、《勝朝彤史拾遺記》六卷、《後鑒錄》七卷、《武宗外紀》一卷、《蠻司合志》十五卷、《制科雜錄》一卷、《杭志三詰三誤辨》一卷、《蕭山縣志刊誤》四卷、《湘湖水利志》三卷、《觀石後錄》一卷、《西河雜箋》一卷、《說麻》十二卷、《天問補注》一卷、《西河詩話》八卷、《西河詞話》二卷、《當樓集》一

卷、《夏歌集》、《桂枝集》、《瀨中集》一卷、《毛西河論定〈西廂記〉》五卷、《不賣嫁》、《不放偷》連廂詞二種、《越郡詩選》八卷。

毛奇齡 春秋毛氏傳 三十六卷 存

四庫本

西河合集本（康熙刻、乾隆印、嘉慶印）

皇清經解本（道光刻、咸豐補刻、鴻費齋石印、點石齋石印）

◎目錄：卷一總論。卷二隱公元年。卷三隱公元年二年。卷四隱公三年至五年。卷五隱公六年至十一年。卷六桓公元年至四年。卷七桓公五年至八年。卷八桓公九年至十八年。卷九莊公元年至八年。卷十莊公九年至十六年。卷十一莊公十七年至二十五年。卷十二莊公二十六年至三十二年。卷十三閔公元年二年。卷十四僖公元年至十年。卷十五僖公十一年至二十年。卷十六僖公二十一年至二十七年。卷十七僖公二十八年至三十三年。卷十八文公元年至六年。卷十九文公七年至十八年。卷二十宣公元年至八年。卷二十一宣公九年至十八年。卷二十二成公元年至七年。卷二十三成公八年至十八年。卷二十四襄公元年至八年。卷二十五襄公九年至十二年。卷二十六襄公十三年至十七年。卷二十七襄公十八年至二十四年。卷二十八襄公二十五年至三十一年。卷二十九昭公元年至九年。卷三十昭公十年至十七年。卷三十一昭公十八年至二十四年。卷三十二昭公二十五年至三十二年。卷三十三定公元年至七年。卷三十四定公八年至十五年。卷三十五哀公元年至七年。卷三十六哀公八年至十四年。

◎摘錄卷一《總論》：

《春秋》者魯史之名也。古凡史官記事，必先立年時月日而後書事于其下，謂之記年（晉後出書有《竹書記年》即此名），故每歲所書四時必備。然而祗名《春秋》者，春可以該夏、秋可以該冬也。舊謂春以善善、秋以惡惡，《春秋》者，善善惡惡之書，則《毛詩》「春秋匪懈」、《孝經》「春秋祭祀，以時思之」、《中庸》「春秋修其祖廟」未聞有善惡于其間也，蓋古來恒稱如是矣。若賈逵謂春取陽中、秋取陰中，則周正春皆是冬、秋皆是夏，非陰陽中也。賀道養謂春貴陽始、秋重陰初，則期合周正而又曲為之說，究何必然！

第《春秋》立名不始夫子，在夫子未修前早有是名。傳稱韓宣子來聘，觀《易象》《春秋》，此在昭二年夫子未修以前之文。而《坊記》謂《魯春秋》記晉喪曰「殺其君之子奚齊及其君卓」，其文在僖九年，夫子且未嘗生也。故《公

羊》道聽塗說，亦云有未修時《春秋》見莊七年傳。而魯史至西狩獲麟後尚有二年共二十六條，皆曰此《魯春秋》文也，故孟子曰「《詩》亡然後《春秋》作」，此夫子《春秋》也；魯之《春秋》，此《魯春秋》也。

或又謂《春秋》是周時史書，不止魯史者。孔疏于杜氏序云：「據周世法，則每國有史記，當同名《春秋》」，又公羊引閔因敘云：「孔子使子夏等十四人求《周史記》，得百二十國寶書以為《春秋》」，則直以《春秋》一名為周史與列國諸史所共有之名，不始夫子，并不始魯史也。

若先仲氏又云：「《春秋》為六經之一，三代以前早有之，至三代以後則祇傳夫子一書，而前此《春秋》之書亡焉。」嘗訊其說，謂古凡稱六藝即六經也，即《易》《書》《詩》《禮》《樂》與《春秋》也（古皆以六經為六藝，惟《周禮‧保氏職》始以五禮六樂、五射五御、六書九數為六藝，他皆不然），其以此六藝為教，謂之六教。《禮記‧經解》所謂詩教、書教、禮教、樂教、易教與春秋教者，此夫子之言也。夫子言古王之為教本如是也，其以此六藝為學，謂之六學。班氏《藝文志》云：「易學如天，當無時不學」，而《詩》《書》《禮》《樂》與《春秋》共五學則如天之有五行，必三年通一藝，自十五入大學後至三十而五學始立，故西漢劉歆輯內府古文《春秋》名《六藝略》，而《漢志》謂古之王者左史記言、右史記事，事為《春秋》、言為《尚書》，帝王靡不同之，則明在周魯以前。而疏《公羊》者亦云：《春秋》者，國史所記人君動作之事，左史所記為《春秋》，右史所記為《尚書》。故《晉語》司馬侯薦羊舌肸曰：「肸習于《春秋》」；而《楚語》申叔時論教太子之法曰：「當教之以《春秋》」，此正以六學為六教，在三代以來原有是書與《尚書》並傳，而秦火以後，但見此而不見彼，遂以夫子之《春秋》當六經之數，而不知前此之為《春秋》，在春秋晉楚間猶見之也。故先仲氏曰：古之六經則古之《春秋》也，而其書亡焉；今之六經則夫子之《春秋》也，然而《樂經》亡焉。

乃徐仲山《日記》又曰：曩時《春秋》記事而已，夫子之《春秋》則但志其名而不記其事。按《周禮》內史讀四方之書事，謂書四方之事而讀於王前，此記事也；若外史掌四方之志，則志解作誌，又解作帙，謂標帙其名而列作題目以告于四方，故又曰「外史掌書名達于四方」，其所為記即《春秋》之傳也，所為志即《春秋》經也，是以《左傳序》云「史官掌邦國四方之事」，則記也。緯書《鉤命訣》曰「欲觀我襃貶諸侯之志在《春秋》（後儒但見何休《公羊傳序》有「吾志在《春秋》」語，遂將志字誤解作言志之志），崇人倫之行在《孝經》」，則

志也。特志簡而記煩，簡則書之於簡，謂之簡書。簡者簡也，以竹為之，但寫一行字者。煩則書之於策，謂之策書，《聘禮》所云「百名書於策」，謂百字以上皆書之。雖猶是竹牒木版所為，而單策為簡，聯簡為策，策者冊也，以編合竹簡合兩□為一冊。故襄二十五年崔杼弒齊君，南史氏執簡以往，此簡也，書志者也。文十五年宋司馬華孫來盟，公與之宴，辭曰：「臣之先臣督得罪殤公，名在諸侯之策」，此策也，書記者也。

然且簡策之例必具三事：一讀本國，一上之王朝，一告之四方邦國諸侯。故《國語》魯臧文仲祀爰居，展禽陳國之祀典以折之，文仲曰：「信吾過也，季子之言不可不法也，使書之以為三策」，三策者，一讀一上一告也。

是以夫子修《春秋》第修簡書，而左丘明作傳則取策書而修之。隱七年傳「諸侯凡策告謂之禮經」、十一年傳「諸侯不告不書於策」，明言簡策之例，史所最嚴，故宣十年崔氏出奔，簡書例稱族、策書例稱名；宣十七年叔肸卒，簡書例稱公弟、策書例稱公子；襄二十六年寧殖逐衛侯，簡書例稱出奔、策書例稱出君；成十三年晉侯伐秦，簡書例祇稱伐秦、策書例始稱秦師敗績。其簡策書例歷有明據，乃註疏乖反謂經是策書、傳是簡書，則南史執簡、寧殖書策皆不通矣，此所當考正者。

誠以《春秋》記事原有門部，而作志者則因門為題、就事立誌，謂之籤題，不謂之綱領。蓋綱領必檃括其事而取其要領以為文，籤題則但誌其門名而必藉按策以見其事不相侔也（宋人以《綱目》擬《春秋》，非是）。大抵《春秋》門部見於舊史官記事法式有二十二門：改元（十二公元年）、即位（十二公即位）、生子（桓六年子同生）、立君（隱四年衛人立晉）、**朝聘**（朝、來朝、聘、來聘、歸服、錫命）、**盟會**（會盟、來盟、涖盟、不盟、逃盟、遇、胥命、平、成）、**侵伐**（侵、伐、克、入、圍、襲、取、戍、救、帥師、乞師、取師、棄師、戰、次、追、降、敗、敗績、潰、獲、師還、歸俘、獻捷）、**遷滅**（遷、滅、殲、墮、亡）、**昏覯**（納幣、逆女、逆婦、求婦、歸、送、致女、來媵、婦至、覯）、**享唁**（享、唁）、**喪葬**（崩、薨、卒、葬、會葬、歸喪、奔喪、贈、賵、含、襚、求金、錫命）、**祭祀**（烝、嘗、禘、郊、社、望、雩、作主、有事、大事、朝廟、告朔、視朔、繹、從祀、獻、萬）、**蒐狩**（蒐、狩、觀、焚、觀社、大閱）、**興作**（立宮、築臺、作門觀、丹楹、刻桷、屋壞、毀臺、新廄、築城、城郛、浚渠、築囿）、**甲兵**（治甲兵、作丘甲、作三軍、舍中軍）、**田賦**（稅畝、用田賦、求車、假田、取田、歸田）、**豐兇**（有年、饑、告糴、無麥苗、無麥禾）、**災祥**（日食、螟、蟲蝝、雨雪、雷電、震、雹、星隕、大水、無冰、災、

火、蜮、蜚、多麋、眚、不雨、沙鹿崩、山崩、旱、地震、星孛、六鶂退飛、隕霜殺菽、隕霜不殺草、鸛鵒來巢、獲麟）、出國（如、孫、出奔、出、大去）、入國（至、入、納歸、來歸、復歸、來、來奔、逃歸）、**盜弒**（盜殺、盜弒、殺）、**刑戮**（殺、刺、戕、放、執、歸、用、釋、畀、肆眚）。凡此門部，先定之為記事之則，而志名者則又另立一籤題以為門部之標識，至于事之始末詳略皆所不問。如同一朝晉，而成十八年公如晉，朝晉君新立也；哀元年公如晉，則我以新立朝晉君也。同一會齊，而莊十三年公會齊侯盟于柯，為平乘丘之敗；二十三年公會齊侯盟于扈，為申結婚姻之好。同一伐邾，而隱七年公伐邾為釋宋怨，僖二十二年公伐邾為討鄫殺。同一遷許，而成十五年許遷于葉則許自請遷者，昭九年許遷于夷則係楚逼遷之者。向使無策書，則此《春秋》者不過一門部名目曰朝耳、會盟耳、侵伐而遷滅之耳，何曾有一事可究竟言之，而謂此名目中有微詞，凡書國書爵書名書氏皆有義例，豈非夢夢？然而不考經文則不能讀傳，不深嚳簡書則不能檢校策書之事，凡釋《春秋》必當以經文為主而以傳佐之。先仲氏嘗曰：「《春秋》諸侯大夫死法不一，而經文祗以一卒字盡之：僖二十四年晉侯夷吾卒，以殺死；昭八年陳侯溺卒，以縊死；桓五年陳侯鮑卒，以狂死；定十四年吳子光卒，以戰傷死；定三年邾子穿卒，以火爛而死；莊三十二年叔牙卒，酖而死；昭四年叔孫豹卒，餓死；二十五年叔孫舍卒，自咒死；二十九年叔詣卒，無疾病死。此其中義例必有不在一卒字中者，而乃第書一卒字而其義已備，此其故，非深識經文者不能解也。」

　　乃宋儒無學，襲唐儒啖助、趙匡之說，重訾《左氏傳》為秦後偽書，且摘不更、庶長諸秦官為辭，此真不讀《春秋》、不識《左傳》為策書舊本而妄為是言。予既已辨之詳矣（見《論語稽求篇》），特左氏所據策書猶是魯史之未備者，往往與簡書互有闕落。如哀十四年西狩獲麟後，魯史簡書凡二十六條，而策書所闕落者有十五條，則其舊史之未備從可知也？是以舊史有闕而左氏以己意補之。即與經悖如以鄭大夫尹氏為隱公之妻，以隱妻子氏為桓公之母，以救邢之曹師為曹伯，以宋公子地本景公之弟為元公之孫，以執曹伯畀宋人為分曹田與宋人，以宋公殺世子痤事為宋華合比奔衛事，以晉先蔑士會迎公子于秦之師為拒秦于菫陰之師，諸凡以死賵為生賵，以媵異姓為媵同姓，以六月日食為閏月日食，以立武公之宮為立武成之廟，其間參錯違背不可勝數。至于曹羈奔陳、郭赤歸曹、曹殺其大夫、薛弒其君比、齊侯伐宋、宋公伐鄭、衛公孟彄伐曹、盜殺陳夏區夫、宋向巢伐曹又伐鄭、宋人執滕子又執小邾子，經文儼然

並無一傳。至定、哀之間，即本國事實，仲孫伐邾、三家取田，亦了無始末可據。而列國史策則但得晉楚二史以為傳本，一如孟子所云晉之《乘》、楚之《檮杌》、魯之《春秋》者。故文、宣以後，夫子所責惟晉楚；而左氏特取晉事而鋪張之，祁奚舉賢、魏絳戮僕，作人求善，表章無贅。以至晉悼之惡三出而制于楚者反稱三駕，而楚不能與爭，甚至借仲尼之言以褒晉大夫，宣、孟忠良，不絕于口。究之，定、哀以後純記趙簡子之事為趙史，而世顧未之察也。

特其書則猶是魯史與晉楚諸史，較之公羊穀梁道聽塗說徒事變亂者迥乎不同。故當時左氏以其傳授之曾申，申授之吳起，以及虞卿、荀況輩，皆有論著。《漢志》所稱《虞氏春秋》《虞氏微傳》皆推明左氏之學。即傳至西漢，猶有賈誼為《左傳訓詁》以授京兆尹張敞、中大夫劉公子等，原不止劉歆獲內府秘書始責讓太常博士以發其義也。乃不幸其書出壁中時，孔安國已獻之內府而未立學官，遂致公穀之徒各持門戶以相牴牾。然究之日月一出而爝火自熄，彼墨守廢疾皆不攻自下，不事痼壞而其痹已不起矣。故《春秋》五家，《漢志》未嘗並列，祇以公穀鄒夾為四家，而鄒氏無師、夾氏未有書，原可同置之不論不議之列。但公穀為周秦間人，其時去古未遠，雖荒唐之言，亦尚有與周禮相借証處。特世尚宋學，而前儒篇帙散不復理，即漢後論著，其顯相指名者原有二十三家《春秋》見之《漢志》。而其後各立學官，經杜氏、何氏、范氏訓定之後，猶有蘇寬、劉炫、戴宏、閔因輩，各為揚扢。而惜其書俱蔑沒，無一傳者。惟唐儒陸淳作《微旨》《纂例》《釋疑》，聯載啖助、趙匡諸說，其書猶存，然率踳駁不足據。若宋元諸經解，則所見凡數十家，亦又何一可置辨者？而胡安國傳則解經之中畔經尤甚，然反兢兢乎辨之，以為《胡氏傳》出而孔子道熄。甚至有明三百年設科立學但知有胡氏一傳，而不知孔子之有經，則辨胡氏，抑所以救孔子也。嗟乎，言至此，亦可畏矣！但《春秋》義例不一，無一是處。大抵此白彼墨，前三後四，必不能畫一，而前人相傳科指，又極其麗贖，如所云二類（天災、人事）、三體（正例、變例、非例）、五情（一微而顯、二志而晦、三婉而成章、四盡而不汙、五懲惡而勸善）、五始（一元年、二春、三王、四正月、五即位）、六輔（公輔天子、卿輔公、大夫輔卿、士輔大夫、京師輔君、諸夏輔京師）、七缺（一夫道缺、二妻道缺、三父道缺、四子道缺、五君道缺、六臣道缺、七周公禮缺）、九旨（一故宋、二新周、三新王、四所見異詞、五所聞異詞、六所傳聞異詞、七內其國、八內諸夏、九外夷狄），諸所流衍，皆猥劣不足道。若孔疏所云「稱凡五十，其別四十有九。釋例四十部，無凡者十五」，則專指左氏所據典禮與杜

氏所釋之數為言，並非通例。其餘年時月日與國氏人名天王天子種種陋義，則前此註《春秋》者已痛辟之，以為一爻可錯諸卦，一字不能成一義。晉唐以後，早已不屑置喙者，惟三傳引例猶尚有參變，餘論見諸疏義。而胡氏則概以武斷施之，扚曲揉直，仍襲從前年時月日國氏人名諸陋義，而深文其間，斛經傳正旨而勒令就我，使明明大文一經鍛鍊便成冤獄。究之，一罣百漏，五戈十盾。至詞窮理絀，遇有事同而文不合者則曰「見聞不妨各致」，有事不同而文同者則又曰「美刺不嫌同詞」，于是周章葸略，了無定準，而《春秋》亡矣。予嘗平情諦觀，竊彙十二公二百四十二年一千八百餘條經文，而統以四例概之：

一曰禮例，謂《春秋》二十二門皆典禮也。晉韓宣子觀魯《春秋》，曰：「周禮盡在魯矣」，言《春秋》一書以禮為例。故《左傳》于隱七年書名例云「諸侯策告謂之禮經」，而杜註與孔疏皆云「發凡起例，悉本周制」。所謂《禮經》，即《春秋》例也，故孔疏又云「合典法者即在褒例，違禮度者即在貶例」，凡所褒貶，皆據禮以斷，並不在字句之間，故曰禮例。今試觀《春秋》二十二門，有一非典禮所固有者乎？毋論改元、即位、朝聘、盟會以至征伐、喪祭、蒐狩、興作、豐兇、災祥，無非吉兇軍賓嘉五禮成數，即公行告至討賊征亂及司寇刑辟刺放赦宥，有何一非周禮中事，而《春秋》一千八百餘條櫛比皆是是非禮乎？故讀《春秋》者但據禮以定筆削，而夫子所為褒所為貶概可見也，此非書人書字所得溷也。此一例也。

二曰事例，則以二十二門一千八百餘條無非事也。《周禮‧內史職》曰「讀四方之書事」，《左氏傳序》「史官掌邦國四方之事」，又云「大事書之于策，小則書之簡牘」，故《公羊疏》云「《春秋》記人君動作之事」，而《漢》《史》亦云「右史記事，事為《春秋》」，是以孟子論《春秋》，特開一例曰「其事則齊桓晉文」，謂就事而計其寡多較其大小輕重，而是非可驗。今齊晉之事皆重大事也，莊僖之間，其所記亦惟齊晉之事為較多也。重與大則責備嚴，多則前後氐仰而未易以輕定，故鄭伯克段、齊鄭入郕，事關名教，則雖屬一節，而實繫重大。終隱桓莊三世，專記紀國之存亡凡二十一條，則雖細而必不可忽。終春秋二百四十二年，雜記宋鄭陳三國東西奔命之節無一刻之間，則雖舉動璅璅，亦必備核之而不敢略。他如郭亡梁亡事有闕漏、尹氏子氏事有訛謬、圍成圍邸事有混同、去樂去籥事有蒙昧，則概從而檢較之，又其餘也。此又一例也。

三曰文例，則史文之法也。孟子曰：「其文則史」，大凡史官記事，從列國來者謂之赴告，從本國登者謂之記注，而合而成為策書，則謂之文。第文

有文法，《左傳》定四年稱「備物典策以賜伯禽」，註謂典策即史官記事之法，是史官記事另有法式，名為文法，亦名為書法，而統以文字概之，杜氏序所云「文之所害則刊而正之」是也。但舊亦以文為例，而此云文例，則以無例為一例。如舊謂書國書爵書人書氏書時書日皆例也，而今皆無之，以為史之例可書國可不書國、可書人書爵書日並可不書人書爵書日，何則？例固然也。又以有例為一例，如鄭伯伐衛本討滑之亂，而鄭莊不忍誅滑，但伐衛而返，則史祇書伐衛而不書討亂；齊人伐衛本奉惠王命，而齊桓身不親軍，但遣師而還，則史祇書伐衛而不書奉命；至于宣公奔齊喪，而史書公如齊，所以諱國；王使來徵聘，而史書仲孫蔑如京師，所以諱王。此皆從文起例，而予奪自明，並非齊人、鄭伯書公書蔑之所可優劣，以為文例如是，文之以無例為有例又如是也。

乃四曰義例，則直通貫乎禮與事與文之間。天下有禮與事與文而無義者乎？董仲舒云：「為人君父者，不可不通《春秋》之義」，杜氏序云：「文約則義微」，誠以事與禮與文莫不有義。義者意也，亦旨也，即予奪進退褒譏美刺之微旨也。是以禮有違合、事有善惡、文有隱顯，而褒譏美刺皆得以直行其間，孟子曰「其義則丘竊取之矣」，蓋取此例矣。

若夫《春秋》始魯隱，並無義例。或者曰：「以平王東遷而王室卑也」，夫平王東遷在魯孝二十七年，又一年而魯惠立，是魯惠之立正當平遷洛之際，且在位四十六年，正與平之五十一年相表裏，乃舍惠不始而反始之平王四十九年垂盡之隱公，無是理也。若曰《春秋》本據亂而作，則亂不自隱始也。以為王室亂耶？則戎狄弒王，當始孝公；以為本國亂耶？則伯御弒君，當始懿公；以為列國亂耶？則晉人連弒其君，當始惠公。乃舍懿孝惠三公不始，而始之隱公，隱亦不受也。至于《公羊》以隱公讓位為賢，曰《春秋》善善長，當從善始；《穀梁》以隱成父之惡為惡，曰《春秋》惡惡之書，當從惡始。則又誰得而定之？故先仲氏曰：「《春秋》魯史也，或隱以前亡其書則不修、隱以後有其書則修之，或隱以前有其書而不必修則不修、隱以後有其書而當修則修之」，此非明白了義乎？若夫夫子作《春秋》之年，則司馬遷謂孔子厄陳蔡時作，在哀六年；左氏說謂孔子自衛反魯遂作《春秋》，則在哀十一年；而公羊說則謂孔子西狩獲麟，得端門之命，乃作《春秋》，則又在哀十四年。總是揣摸之言，不足據者。若其云受端門之命，則見戴宏《解疑論》，此後世緯學，大不足信，然兩漢儒者多言之（董仲舒《對策》有「孔子作《春秋》是素王之文」語，鄭康成

《六藝論》云：孔子西狩獲麟，自號素王，為後世受命之君，制明王之法）。夫獲麟作書本屬不幸，而反以為夫子受命之符瑞，無稽之言，吾不取焉。

◎提要：自昔說《春秋》者但明義例，至宋張大亨始分五禮。而元吳澄因之，然〔註6〕粗具梗概而已。奇齡是書分改元、即位、生子、立君、朝聘、盟會、侵伐、遷滅、昏覿、享唁、喪期、祭祀、搜狩、興作、甲兵、田賦、豐凶、災祥、出國、入國、盜殺、刑戮凡二十二門。又總該以四例：曰禮例，曰事例，曰文例，曰義例。然門例雖分，而卷之先後依經為次，無割裂分隸之嫌，較他家體例為善。其說以《左傳》為主，間及他家，而最攻擊者莫若胡安國《傳》。其論安國開卷說「春王正月」已辭窮理屈，可謂確論。然《左傳》「元年春，王周正月」之文，本以《周禮》正歲、正月兼用夏正，夏正亦屬王制，故變文稱「王周正月」，以為「建子」之明文〔註7〕。而奇齡乃讀「春王」為一句、「周正月」為一句，謂「王」字乃「木王於春」之王而非「天王」之王，其為乖謬殆更甚於安國。又如鄭康成《中庸注》：「策，簡也。」蔡邕《獨斷》亦〔註8〕曰：「策者簡也。其制長二尺，短者半之。」《春秋正義》曰：「大事書於策者，經之所書也。小事書於簡者，傳之所載也」，又曰〔註9〕：「大事後雖在策，其初亦記於簡。」據此則經傳「簡」、「策」並無定名，故崔杼之事稱「南史氏執簡」，而華督之事稱「名在諸侯之策」，其文互見，奇齡乃以簡書、策書為經傳之分，亦為武斷。然其書一反《胡傳》之深文而衡以事理，多不失平允之意。其義例皆有徵據，而典禮尤所該洽。自吳澄《纂言》以後說《春秋》者罕有倫比，非其說《詩》說《書》好逞臆見者比。至於喧呼叫呶，則其結習所成千篇一律，置之不議不論可矣。

◎《皇朝文獻通考》卷二百十五《經籍考》五：

《春秋毛氏傳》三十六卷、《春秋簡書刊誤》二卷、《春秋屬辭比事記》四卷、《春秋條貫篇》十一卷，毛奇齡撰。奇齡見易類。

李塨序《毛氏傳》曰：《經解》曰：「春秋之失亂，」亂者亡之端也。又曰：「屬辭比事而不亂，則深於《春秋》者也」。夫屬辭比事，治亂之法也。先生知其然，專為治經因為立一例曰以傳釋經不以經釋傳。取史官記事法以設門部，經若干條，條若干事，事若干門，門若干部，於是聯其書法之通竅謂之屬

〔註6〕書末提要無「然」字。
〔註7〕書末提要「為建子之明文」作「別夏正」。
〔註8〕書末提要無「亦」字。
〔註9〕書末提要「曰」作「云」。

辭，較其記事之參變謂之比事，而予奪見焉。於是始為之治傳，就三傳之中取其事之與經合者曰傳，且別其傳之與史合者曰策書，不特杜預、何休、賈逵、范寧受其區別，即公羊、穀梁指斥如刪隸，必不使與左氏策書互相溷亂。至於唐後諸儒，大率棄置不屑道。而胡氏一書三致意焉，以為是書者固亂經之階而亡經之本也。間考先生立說不好詭異，每所考校，必與門部相依而分，乃一袪雜例若所稱三體、五情、七缺、九旨者，而以四例該之。禮者固《春秋》要領也，事與文與義又《春秋》之所自備也，於是又立一例曰以經釋經不以傳釋經。任取經文一條，而初觀其禮，繼審其事，繼核其文，又繼定其義，而經之予奪進退無出此者。而猶謂《春秋》之亡非藉是書以存之，不得矣。

臣等謹按朱彝尊《經義考》云：毛氏說《春秋》分二十二門：曰改元、即位、生子、立君、朝聘、盟會、侵伐、遷滅、昏覯、享唁、喪葬、祭祀、蒐狩、興作、甲兵、田賦、豐凶、災祥、出國、入國、盜弒、刑戮。而總括以四例：曰禮例，謂前二十二門皆典禮也；曰事例，則以二十二門一千八百餘條無非事也；曰文例，則史文之法也；曰義例，則貫乎禮與事與文之間。其《簡書刊誤》一編，取三傳異文詳為辨證，大率多取《左氏》，而仍執其傳據策書、經據簡書之說，故以「簡書」為名。《屬辭比事記》四卷，仿沈棐趙汸之例，以經文分隸二十二門。然僅得七門，蓋其未完之書。《條貫篇》則奇齡分校禮闈時，監試官謂《春秋》雙題必以《胡傳》條貫，奇齡謂惟經始可以條貫。歸田後既為《傳》三十六卷，復於聖經中檢其事之有緒屬者，或一條一屬，或數條一屬而為是編也。

◎趙爾巽《清史稿》卷一百四十五志一百二十《藝文》一：《春秋毛氏傳》三十六卷，毛奇齡撰。

◎張之洞《書目答問》卷一《經部》：《春秋毛氏傳》三十六卷（毛奇齡。《西河集》本）。

◎耿文光《萬卷精華樓藏書記》卷八《經部五‧春秋類》「《春秋毛氏傳》三十六卷」（國朝毛奇齡撰）：《西河合集》本。毛氏所著《春秋》，是書之外，《春秋屬辭比事記》四卷、《春秋條貫篇》十一卷、《春秋簡書刊誤》二卷、《春秋占筮書》三卷。毛氏自序曰：「『春秋』者，魯史之名也。古凡史官記事，必先立年時月日，而後書事於其下，謂之『紀年』。然每歲所書，四時必備，祇名『春秋』者，春可以賅夏，秋可以賅冬也。先仲氏云：『《春秋》為六經之一，三代以前早有之。至三代以後，則祇傳夫子一書，而前此《春秋》之書亡焉。』」

古凡稱六藝，即六經也，即《易》《書》《詩》《禮》《樂》與《春秋》也。其以此六藝為教，謂之六教。《禮記經解》所云《詩》教、《書》教、《禮》教、《樂》教、《易》教與《春秋》教，此夫子之言也。夫子言古王之為教本如是也。其以此六藝為學，謂之六學。班《志》云：《易》學如天，當無時不學，而《詩》《書》《禮》《樂》與《春秋》共學，則如天之有五行。必三年通一藝，自十五入大學後，至三十而五學始立。故西漢劉歆輯內府古文《春秋》，名《六藝略》，而《漢志》謂古之王者，左史記言，右史記事，事為《春秋》，言為《尚書》。帝王靡不同之。是三代以來原有是書，與《尚書》并傳。秦火以後，遂以夫子之《春秋》當六經之數。按《周禮》，內史讀四方之書事，謂書四方之事而讀於王前，此記事也。若外史掌四方之志，謂標誌其名，而列作題目以告於四方，故又曰外史掌書名，以達於四方。其所謂記，即《春秋》之傳也；所謂志，即《春秋經》也。特志簡而記煩，簡則書之於簡，謂之簡書，以竹為之，但寫一行字者；煩則書之於策，謂之策書。單策為簡，聯簡為策，以編合竹簡，合兩竹為一冊。簡策之例，必具三事：一讀本國，一上之王朝，一告之四方邦國諸侯。春秋記事，原有門部，作志者因門為題，就事立誌，謂之籤題。見於舊史者，其法式有二十二門，而統以四例概之。『隱公』二字，魯史文也，舊史官所標之字。」

毛奇齡 春秋條貫篇 十一卷 存

西河合集本（康熙刻、乾隆印、嘉慶印）

續修四庫全書影印上海辭書出版社藏康熙李塨等刻西河合集本

四庫存目叢書影印康熙刻西河合集本

◎篇目：

卷一：隱公：鄭伯克段四條、仲子三條、莒入向、齊滅紀始末二十三條、平王崩二條、尹氏三條、州吁弒君六條、宋衛鄭搆難十七條、鄭來易祊田許田五條、鄭伯入許三條。

卷二：桓公：文姜二十二條、鄭莊抗王師、魯桓晉鄭之隙二十三條、鄭忽鄭突出入始末六條、衛侯朔出入六條。

卷三：莊公：齋襄娶王姬四條、魯莊伐陳四條、魯莊齊桓交惡始末十條、楚伐蔡二條、齊滅譚、宋萬弒君二條、齊桓借平宋以興霸二條、齊桓以服鄭報魯九條、魯莊齊桓交好始末十二條、杞伯姬叔姬始末十二條、魯莊伐戎三條、

齊桓會盟、天王責齊桓伐衛二條、鄭侵許、齊伐山戎三條、仲叔姜氏弒逆始末十五條。

卷四：閔公：邢衛狄相滅始末十三條。僖公：齊桓救鄭以伐楚十五條、晉滅虞虢二條、晉殺世子六條、齊桓定王位十三條、齊滅弦、狄滅溫、齊桓伐戎、楚滅黃、齊桓卹杞二條、鄫季姬三條、楚伐齊七條、秦穆伐晉獲晉侯、魯滅項被執四條。

卷五：宋襄借納齊孝以爭霸四條、宋襄爭霸始末十五條、魯伐邾四條、王室狄隤之亂二條、魯衛交好九條、楚滅夔、晉文借尊王以報私怨二十五條、狄衛再搆二條、秦晉數世搆兵始末十九條。

卷六：文公：錫命二條、晉襄齊魯衛朝晉為屬國七條、楚弒君、逆祀、魯文聘娶二條、晉挾諸國伐沈、楚滅江三條、成風薨五條、楚滅六、晉大夫相殺五條、魯取須句三條、宋昭無道、晉盟二條、公孫敖奔莒始末五條、襄王崩四條、宋昭被弒始末四條、哀姜歸寧二條、楚平鄭、楚平宋二條、魯敗狄、晉納君不克二條、齊懿弒逆始末十五條、晉伐蔡、楚滅庸、齊弒君、公子遂弒君、莒弒君。

卷七：宣公：魯求好于齊六條、晉楚爭宋鄭陳所始六條、晉弒君、晉楚爭宋鄭陳二十條、狄侵齊二條、宋滅曹始末七條、齊魯伐莒二條、鄭弒君、楚滅舒蓼、魯取根牟、宋圍滕二條、陳靈被弒始末六條、楚滅蕭、衛叛晉三條、晉滅狄、晉滅狄。

卷八：成公：魯衛晉敗齊六條、楚挾鄭責好魯衛三條、晉楚爭鄭五十一條、鄭伐許六條、齊魯爭汶陽田二條、杞叔姬三條、魯取鄟、晉命魯衛討宋二條、吳晉爭郯二條、晉吳楚搆兵始末二十七條、晉納衛叛二條、宋共姬始末九條、錫命、楚伐莒、王臣出奔、晉挾諸國伐秦六條、成公娶夫人二條、晉執曹伯二條、晉楚爭宋十八條、叔孫僑如譖季孟于晉七條、齊高國之難二條、晉弒君三條、楚滅舒庸。

卷九：襄公：晉楚爭陳十六條、晉伐許、魯聽政于晉二條、魯屬鄫取鄫六條、齊滅蔡、晉使列國聽朝聘之命三條、莒伐我六條、衛取邿、衛逐君二條、靈王逆后、齊晉魯搆兵始末三十四條、邾伐我六條、晉師伐許、衛大夫伐曹二條、蔡二慶之亂五條、晉滅欒氏七條、臧氏出奔、齊襲莒伐莒二條、齊弒君、鄭伐陳二條、衛獻復入十條、楚滅舒鳩、宋殺世子、齊慶封奔、公朝楚四條、吳弒君、晉城杞四條、蔡弒君、天王殺弟二條、晉以宋災召諸國、莒弒君。

卷十：昭公：魯取莒邑十三條、楚弒君二條、北燕君出奔四條、楚靈會諸侯、楚召魯二條、楚滅復陳蔡始末十五條、魯公子出奔二條、晉昭會諸侯二條、莒君廢立五條、晉滅戊、許弒君、宋華向之亂三條、蔡君出奔、王室亂八條、晉執我行人四條、魯昭出奔始末二十三條、吳弒君、吳越搆兵始末四條。

卷十一：定公：晉以一會滅吳沈頓蔡許五國十條、齊鄭魯衛叛晉始末四十七條、晉六卿相滅三卿分晉之始三條、陽虎之叛二條、孔子為司寇行事六條、邱叛三條、宋大夫公子出奔六條、衛伐曹二條、薛弒君、衛臣出奔三條、天王歸脤、衛世子出奔二條。哀公：蔡遷楚遷吳七條、魯伐邾九條、晉納蒯瞶五條、齊陳氏弒立四條、吳魯盟會六條、宋鄭搆伐六條、吳伐我、齊魯搆伐七條、吳楚爭陳三條。

外此單簡皆年月、災祥、即位、卒葬諸文，並與事實條貫不同。

◎摘錄卷一首：

康熙二十四年奉命考進士，閱《春秋》房卷。主考者授題法一本曰：「如是則中，不如是則不中。」按舊法《春秋》四題，一單題、二雙題、一脫經題。單題者，單傳也。雙題者，合兩經為一題而兩傳之語適相對也。脫經題者，題在此經而是題之義則在他經之傳中，即他經與此經俱無關也。

國初儒臣謂脫經題不可訓，其遵《胡氏傳》則得矣。將寘孔氏經文于何所，請去脫經題，但取兩單兩雙而為四，而于是三百年來專取《胡傳》閱卷之陋習為之稍輕。特是年次題為僖二十八年齊侯伐衛與宣九年晉侯會諸侯于扈而使荀林父伐陳為雙題，其法則伐衛以義、伐陳以禮，取《胡傳》義禮二字為對待之文，而實則胡氏伐衛傳無義字也，惟伐陳傳則一曰幾于自反而有禮矣，一曰夫豈義乎，遂以伐陳之義字移屬伐衛，幾于雙題亦脫經矣。內監臨御史《春秋》家也，見予所薦士間有偏失義字者而爭之，予曰：「功令雙題，未聞取脫經題也。夫經自有義，其必脫經義而取傳義，何解？」御史曰：「子不聞宋人之廢《春秋》經乎？《春秋》經非他，斷爛朝報也。朝報無緒，而其事又不相屬。無緒則不條，不相屬則不貫。不條不貫，則雖不斷爛而不可為法，斷爛則廢矣。傳也者，蓋所以條貫之也。」予曰：如是則叛經甚矣。考之條貫之說始自杜預，預所云「經之條貫必出于傳」，謂夫簡書無事而條貫之，非謂經本無義，必藉胡氏所傳文以貫其義也。蓋魏晉間無《胡傳》矣，且夫經有條貫傳無條貫也。晉侯伐衛，則必先書楚人圍宋以為伐衛之本，而然後我之戍衛、楚之救衛相繼而起，暨晉敗楚師，衛侯奔楚而晉楚爭衛之際于此暫釋，則因而叔武赴盟、衛

侯歸衛次第秩然。及衛侯以殺弟叔武致元咺訟晉，則然後晉又執衛侯于京師，君臣相獄，甚至元咺歸衛自立公子瑕而不顧，于是我公納賂、天王降救、殺元咺、歸衛侯，其見于經文凡一十二條，而後此一事之始末於焉畢見。蓋其事之蛛絲馬跡歷歷有穿弗如此，此并非丘明策書所得而條遞之者。若夫晉成會扈，則兩大爭陳今晉不能救楚之伐陳，而以其平楚而復伐之，其無禮孰甚？反曰自反有禮，固已不通，其後陳夏氏弒君，楚來定亂，而晉方坐視致六卿三帥幾舉而盡喪于邲之一戰，其所謂禮義安在？以無稽之言起而亂經，宜乎聖經之坐廢也。予懲其弊，所以於歸田之頃，既檢從前所為傳自彙篇袟作三十六卷，而復于聖人之經再三致意，檢其事之有緒屬者，祇覺春秋二百四十二年二十二門一千八百餘條，各有起訖，或一條一屬，或數條一屬，為之統紀而分合之，歷觀其次第，以務求乎聖人之意之所在，于以維天綱而正王法，條條井井，明有穿弗，名之曰《條貫》。雖有鑑乎雙題傳題之陋習而為是篇，然而聖人之微言或在是矣。

◎提要：初，康熙乙丑，奇齡充會試同考官，分閱《春秋》房。舊制《春秋》一單題二雙題，一脫經題。是時初罷脫經題，其雙題猶未罷案合題罷於乾隆初。奇齡與監試御史論雙題不合，因舉及「經之條貫必出於傳」語案此杜預之說。奇齡以為經文自有條貫，不待於傳。乃排比經文標識端委，使自相聯絡，以成此書。大至用章沖類事本末之意。惟沖類傳而奇齡則類經。沖於傳有去取，奇齡於經則十二公事仍其舊第，但以事之相因者移附首條之下。又每條各附論說以闡發比事屬詞之義耳。其以「隱公三年四月尹氏卒」、「六年春鄭人來輸平」、「十一年冬十有一月壬辰公薨」三條為一貫。蓋據金履祥《通鑑前編》之說以尹氏為鄭尹氏。然尹氏非卿，其卒例不見經，與叔肸之以公弟書者不同。似巧合而實附會，是為不當合而合。至於「隱公元年三月公及邾儀父盟於蔑」、「七年秋公伐邾」、「桓公十有七年二月丙午公會邾儀父盟於趡」、「秋八月及宋人、衛人伐邾」，其間邦交離合事亦相因，而歸單簡，是為不當分而分。以其體例而論，既於經文之首，題與某事相因，則何不仍經文舊第而逐條標識其故，脈絡亦自可尋，又何必移尾碼前使相陵亂。奇齡說《春秋》諸書頗有可觀。惟此一編則欲理之而反棼之，殆無取焉。

◎趙爾巽《清史稿》卷一百四十五志一百二十《藝文》一：《春秋簡書刊誤》二卷、《春秋屬辭比事記》四卷、《春秋占筮書》三卷、《春秋條貫篇》十一卷，毛奇齡撰。

◎上海古籍出版社 2015 年《續修四庫全書總目提要・春秋類》「《春秋條貫篇》十一卷」：毛氏前已成《春秋毛氏傳》三十六卷，至為詳該；而復作此書，欲以綜貫全經，求聖人之深意也。毛氏昔閱《春秋》題時，與時人就考卷而爭論。舊法《春秋》四題，單題一，雙題二，脫經題一；清初則去脫經題，一洗佞從胡安國《春秋傳》之風。西河閱《春秋》題有類脫經題者，而不以《胡傳》為判，故監臨御史起而攻之，謂《春秋》為斷爛朝報，無緒而不相屬，不條不貫，惟賴傳而條貫之。毛氏駁之，謂「經之條貫，必出於傳」，此杜預之說，且杜氏之意非後人所謂者。經有條貫，傳無條貫。毛氏所謂條貫者，「其事之蛛絲馬跡，歷歷有穿串如此，並非丘明策書所得而條遞之者」也。其《春秋毛氏傳》已分《春秋》為簡書、策書，孔子所據而修者為簡書，丘明所采者為策書。簡書自有條貫，不必待左氏、公羊、穀梁、胡氏而後明也。蓋自王安石詆《春秋》為斷爛朝報，後人雖多非之，然其貫串群經，多依傍三傳及《胡傳》，以經之條貫待傳而明，是寧信傳而不信經也。故疑者仍可曰：傳雖條貫，而經猶斷爛朝報者。毛氏乃專求經之條貫，以經為本，聚其事類而比之，先後本末，及其中間委曲，皆有次第；而後始信聖人之經，如日麗天，如水行地，非雜越散漫之邸鈔可比。《春秋毛氏傳》，依經次而為傳也；《春秋屬辭比事記》，分事類而求文、禮之例，即禮與文見聖人之意；此《春秋條貫篇》，則又循事之本末而裒聚之，即事見義。是《毛氏傳》者為體，而《屬辭比事記》與《春秋條貫篇》其用也。《四庫全書總目》謂是書「移後綴前，使相陵亂」，「欲理之而反棼之」，未解毛氏之意焉。是書先依《春秋經》魯十二公為部類，而後每公之世，以相關聯之事聚為一類。如宋襄公爭霸一事，毛氏於莊公僖公世檢出十五條，自十九年春「宋人執滕子嬰齊」，至二十三年夏五月「宋公茲父卒」，凡十五條共為一貫，以見宋公之惡跡。此體會經文之法，在西河謂之「條貫」，在萬斯大則謂之「比事」。毛氏與斯大之研《春秋》也未必相謀，然皆以此解經，是高明所見之同。惟其解說經文，語多與《毛氏傳》雷同，蓋縱說橫說，其意實同，不可避免。此本據上海辭書出版社圖書館藏清康熙李塨等刻《西河合集》本影印。（谷繼明）

毛奇齡 春秋占筮書 三卷 存

山東藏康熙中李塨等刻西河合集本

四庫本

山東藏乾隆十年（1745）蕭山毛氏據康熙中李塨等刻西河合集本修補本

乾隆刻龍威祕書本

國圖藏光緒十五年（1889）上海蜚英館石印皇清經解續編本（一卷）

商務印書館 1936 年叢書集成初編據龍威祕書本排印本

臺灣廣文書局有限公司 1974 年易學叢書續編本（與仲氏易合印）

山東藏臺北成文出版社 1976 年無求備齋易經集成影印光緒十四年（1888）刻皇清經解續編本

山東藏 1983 年臺北商務印書館景印文淵閣四庫全書影印國立故宮博物院藏本

臺灣老古文化事業公司影印本（與易緯、關氏易傳合印）

上海古籍出版社 1990 年四庫易學叢刊影印四庫全書本（與推易始末、易小帖合印）

臺灣藝文印書館百部叢書集成影印本

叢書集成新編本

◎卷首云：《周易》，筮書也。《周官·占人》以八頌占卜詞，即以八卦占筮詞，因之別設筮人掌三易以辨九筮，使占人占易，皆有成法，而惜乎其書不傳。惟《春秋》諸傳間存兩詞。其在卜詞，如陳敬仲奔齊，《傳》所云「鳳皇于飛，和鳴鏘鏘」是也。而在筮辭，則如陳敬仲初生，《傳》所云「觀國之光光遠而自他有耀」是也。今燋契不作，菫氏之卜辭可無問矣。獨是筮關《周易》，其辭象變占實出義文孔子三聖所授受，故每著筮辭輒屈折幻眇隨其事之端末而言之明明，指之鑿鑿，凡一十二公二百四十年間所載，其詞具在，而並無解者。雖杜氏有註、孔氏有疏，義總未明了。即或焦贛、京房、虞氏、荀氏輩偶一論及，亦且彼此卜度而不得領要，以致王弼邪說橫行于世，而宋人和之，且謂《春秋》筮辭統屬附會，一似事後言狀增損之以欺後世者，不惟占筮亡，即《周易》亦亡。夫象辭卦辭猶筮辭也，聖人設卦觀象以繫詞，猶之剛柔相推八卦相盪以玩占也。易以象為辭，而今反舍象而斷辭；易繫詞以明占，而今反舍占而專求此卦詞之字句，是詞象變占不當並設。而究其所為字句者，又仍無一解。何為涉川，何為即麓，何為戰龍而乘馬，即離日坎月、乾金震竹，牛羊甲兵，井繘床肺，凡易之觀象而繫詞者全然大貿，而乃謂兩《傳》多事，即《周官》三易亦難以考據。將韓宣子來聘所稱《易象》《春秋》《周禮》在魯者，三書一併亡矣。予作《仲氏易》，就五易以衍三易：曰變易、曰交易、曰反易、

曰對易、曰移易；且作《推易始末》，立十筮以括九筮：曰名、曰義、曰象、曰方位、曰次第順逆、曰大小體、曰互體、曰時、曰氣、曰數目、曰乘承敵應。及書成而易義明，即占易之法亦與之俱明、覺向時讀諸《傳》而茫然者，而今豁然向之。繹其辭，覈其事，以為必不能有是而悶然者，而今則實見其有是而豁然快然。此非三古以來數千年不傳之秘至今日而始發之乎？當說易時亦稍存其說于卷中，而觀者以為簡約多未備，且雜附難考，因專輯此書名曰《春秋卜筮》，以倖存《周官》筮人之一線焉。

◎何焯彥《易經遵孔八哲類稿》卷十二《集哲》：又毛氏《春秋占筮書》據《春秋傳》所載占筮以明古人之學，雖為易作非為《春秋》作，其實於易筮無當也。

◎徐敬修《經學常識》第四章《治經之方法》：如張惠言之《虞氏易禮》則以《禮》證易，毛奇齡之《春秋占筮書》則以《春秋》證易，包世榮之《毛詩禮徵》則以《詩》證詩，劉逢祿之《論語述何》則以《公羊》證《論語》，以上所述，皆以經證經也。

◎周中孚《鄭堂讀書記》補逸卷二：《四庫全書》著錄，朱氏《經義考》未載，蓋爾時書尚未成也。西河以周官占人以八頌占卜詞，即以八卦占筮詞，因之別設筮人掌三易，以辨九筮，使占人占易，皆有成法，其書不傳，惟《春秋》諸傳間存其詞，因專輯此書以明古人之易學。凡內傳十四條外傳二條，附八條，名曰《春秋占筮書》，以存周官筮人之一線體。雖顏以春秋字，而其書實為易作。自謂三古以來數千年不傳之祕至今日而始發，誇詡太甚，則其習氣使然也。

◎四庫提要：其曰《春秋》者，摭《春秋傳》所載占筮以明古人之易學，實為易作不為《春秋》作也。自漢以來言占筮者不一家，而取象玩占存於世而可驗者莫先於《春秋傳》。奇齡既於所著《仲氏易》、《推易始末》諸書發明其義，因復舉春秋內外傳中凡有得於筮占者匯記成書，而漢晉以下占筮有合於古法者亦隨類附見焉。《易》本卜筮之書，聖人推究天下之理而即數以立象，後人推究《周易》之象而即數以明理。羲文周孔之本旨如是而已。厥後象、數、理岐為三家而數又岐為數派。孟喜、焦贛、京房以下其法不可殫舉，而易於是乎愈雜。春秋內外傳所紀雖未必無所附會，而要其占法則固古人之遺軌，譬之史書所載，是非褒貶或未盡可憑，至其一代之制度則固無偽撰者也。奇齡因《春秋》諸占以推三代之筮法，可謂能探其本而足闢諸家之喙者矣。

◎趙爾巽《清史稿》卷一百四十五志一百二十《藝文》一：《春秋簡書刊誤》二卷、《春秋屬辭比事記》四卷、《春秋占筮書》三卷、《春秋條貫篇》十一卷，毛奇齡撰。

◎周按：各卷筮例：

卷一：左傳莊二十二年傳：周史筮陳敬仲，遇觀之否，一爻變。左傳閔公元年：畢萬筮問仕於晉國，遇屯之比，一爻變。左傳閔公二年：魯桓公筮問成季之將生，遇大有之乾，一爻變。左傳僖十五年：秦穆公問伐晉，遇蠱卦，無變爻。

卷二：晉獻公筮問嫁伯姬於秦：遇歸妹之睽，一爻變。左傳僖公二十五年：晉文公筮問救周襄王，遇大有之睽，一爻變。左傳成公十六年：晉侯問救鄭，遇復，無變爻。左傳襄公九年：穆姜將入東宮，遇艮之八，即艮之隨，五爻變。附：宋時金舉兵來侵，遇蠱之隨，六爻俱動。左傳襄公二十五年：崔武子娶棠姜，遇困之大過，一爻變。附：元帝為晉王時將渡江，使郭璞筮之，遇豫之睽，三爻變。

卷三：左傳昭公五年：魯莊叔筮問穆子之生，遇明夷之謙，一爻變。左傳昭公七年：孔成子立衛靈公；問立元，遇屯；問立孟縶，遇屯之比。左傳昭公十二年：南蒯筮叛，遇坤之比，一爻變。附：東漢永建三年，立大將軍梁商女為貴人，得坤之比，一爻變。左傳哀公九年：晉趙鞅卜救鄭不吉；陽虎以《周易》筮之，遇泰之需，一爻變。國語周語：晉問成功之歸，遇乾之否，三爻變。國語晉語：重耳親筮反晉國，得貞屯悔豫。附筮例雜占七則：孔子自筮得賁，漢武帝伐匈奴得大過九五，晉元帝初鎮建業王導使郭璞筮得咸之井，郭璞問如牛之巨獸得遯之蠱，唐李綱在隋仕宦不進筮之得鼎，五代石晉高祖以太原拒命廢帝遣兵圍之勢甚急命馬重績筮之遇同人，明土木之變南冢宰魏驥將集同官上監國疏請筮得恒。

毛奇齡 春秋屬辭比事記 四卷 存

四庫本

北師大藏同治三年（1864）京都琉璃廠刻本

光緒十七年（1891）上海鴻寶齋石印皇清經解本（一卷）

乾隆刻龍威祕書本

國圖藏光緒二十四年（1898）刻鶴壽堂叢書本

叢書集成初編本

叢書集成新編本

西河合集本（康熙刻、乾隆印、嘉慶印）

◎卷一首云：《經解》曰：「屬辭比事，《春秋》教也。」夫辭何以屬，謂夫史文之散溙者宜合屬也；事何以比？謂夫史官所載之事畔亂參錯而當為之比以類也。此本夫子以前之《春秋》，而夫子解之如此，是以夫子之《春秋》亦仍以四字為之解。漢儒謂屬合辭令、比次戰伐，則于作者之意全無統繫。而好事者自造為書例，謂辭有褒譏、事有功罪，皆與書法乎例之。書人書爵書名書日並有義例，而較之全經，而一往不合，則于是重疑《春秋》而《春秋》不傳。昔者孟子解《春秋》曰「其事則事當比也」、曰「其文則其辭當屬合也」，而在夫子以前，晉韓起聘魯，見魯史《春秋》，即嘆曰：「周禮盡在魯矣」，則魯史記事全以周禮為表志，而策書相傳謂之禮經，凡其事其文一準乎禮，而從而比之屬之，雖前後所書偶有同異，而義無不同，並無書人書爵書名書日之瀆亂乎其間。而遍校之十二公二百四十二年之《春秋》，而無往不合，則真《春秋》矣。向非屬辭，亦安知其文之聯屬如是也？書人亦例，不書人亦例也。書名書爵書曰無一非例，即不書名書爵書曰亦無一非例也。而于以比事，則事之相似者而褒譏與功罪見焉，即不相似者而褒譏功罪亦無往不見焉。以禮為志，而其事其文以次比屬，而其義即行乎禮與事與文之中，謂之四例，亦謂之二十二志，而總名之曰《春秋屬辭比事記》。夫如是，而夫子之《春秋》庶可見乎？予傳《春秋》成已，創發四例，而人或不信，因復重闡之，而分禮門部，比屬其辭事之繫禮者而著之于篇。

◎後識云：按《屬辭比事記》十卷，在同門編輯時已亡其半，今無可問矣。諸門倣成式尚可補綴，然不敢誣罔，闕之已耳。若屬比切例一門，則在本傳下，細觀自具。如惠公娶宋仲子與衛莊娶陳厲媯比例、惠公立桓公為嫡子與魯莊立子般為嫡子比例類，並鮮闕軼，且每傳下又有明註，如隱二年無駭帥師入極與莊三年溺帥師伐鄭例同，隱三年武氏子來求賻與桓五年仍叔之子來聘例同類，較之二十二門部一槩比屬者迥別。此在本傳已自瞭然，何敢再贅，觀者諒之。遠宗謹識。

◎提要：奇齡作《春秋傳》，分義例為二十二門而其書則仍從經文十二公之序，此乃分門隸事如沈棐、趙汸之體，條理頗為明晰考據亦多精核。蓋奇齡長於辨禮，《春秋》據禮立制，而是書據禮以斷《春秋》，宜其秩然有紀也。

至《周禮》一書與《左傳》多不相合，蓋《周禮》為王制而《左傳》則皆諸侯之事，《周禮》為初制而《左傳》則皆數百年變革之餘，強相牽附徒滋糾結。奇齡獨就經說經不相繳繞，尤為特識矣。是書為奇齡門人所編，云本十卷，朱彝尊《經義考》惟載六卷且云未見。此本於二十二門之中僅得七門，而侵伐一門尚未及半，蓋編次未竟之本。雖非完書，核其體要，轉勝所作《春秋傳》也。

◎趙爾巽《清史稿》卷一百四十五志一百二十《藝文》一：《春秋簡書刊誤》二卷、《春秋屬辭比事記》四卷、《春秋占筮書》三卷、《春秋條貫篇》十一卷，毛奇齡撰。

◎張之洞《書目答問》卷一《經部》：《春秋屬辭比事記》四卷（毛奇齡。《西河集》本。學海堂本）。

毛起 春秋總論初稿 四篇 存

杭州貞社 1935 年排印本

臺中文聽閣圖書有限公司民國時期經學叢書第二輯影印 1935 年杭州貞社排印本

◎目次：序一。序二。序三。第一篇孔子與春秋：孟子是春秋研究之最後根據—作或創作說之抹煞事實—修或改作說之困難—日月與名字爵號褒貶論之無效力—時月與「王」字制作論之為贅疣—春秋是魯史‧孔子作春秋是作其傳—制作之正解—褒貶之正解。第二篇春秋之始終：魯春秋始於隱公—「王者之迹熄而詩亡詩亡然後春秋作」二語可證隱公以前無春秋—王迹非王者之事—詩非風—非頌—非雅—詩是史詩‧王迹是王者之地—王者迹熄指西周滅亡—魯春秋終於頃公——今本左傳之經終哀十六年是孔子作傳時之錄自魯史的—公穀二傳之經終於哀十四年是孔子病或死時作傳所到之處—孔子晚年不作易。第三篇三傳作者：穀梁公羊是一人—是齊人—時代—傳授—今本公羊傳是齊人胡毋子都所作—今本穀梁傳是魯人申公所作—早於公羊傳—左丘明姓左丘名明—國籍—時代—其書不傳春秋—傳春秋之處係後人增附—但非出自劉歆—出自賈逵—左傳原是國語‧劉向始分出‧劉歆始合於春秋。第四篇春秋之教：是否可以論語去鑒定三傳內孔子之言—三傳中之文義與論語不相合的不一定非孔子的—相合的不一定是孔子的—孔子作傳之幾個方針—是致用的而不是著述的—是及人的而不是及己的—是著重於各別的而不著重於概括的—

孔子政治思想之範圍—孔子思想之缺點在無玄學—應行補充—惟不能用荀子—而應用孟子—研究魯春秋之幾種益處。

◎序一：

儒家之思想支配了我國人幾千年。我們現在要立說、要行事，都必須將這個思想來好好的理解一番。這不是因為他是我國「國粹」，或是我國「國故」，我們應得這樣做，其實是因為要我們的立說與行事，能在我國內應用，能發生效力，不得不這樣做的。

儒家是孔子所創立的。所以我們要理解儒家的思想，必須先明白孔子是怎樣的一個人。對此問題，前人已給予我們以很多的答案了：漢人與前清的今文學家以孔子為政治家，宋人以孔子為言性與天道之玄學家，今文學家康有為又以孔子為宗教家。但這些答案是否如何呢？我們以為他們之根據都在於相信六經是孔子所作—前一種說法是本於《春秋》，而後二種則本於《易經》—我們還不能即來接受他們。因為這個根據的本身，還大有問題，近世學者們頗有否認孔子與《易》之關係，而古文家對於《春秋》還另有其看法的。所以在這個本根問題未曾解決之先，我們還不可貿然的說孔子是政治家玄學家或宗教家的。

所以我們還須更從別方面，來研究孔子倒底是怎樣的一個人。

章君太炎對此問題，曾有詳細的分析。在他《答鐵錚書》內，他以為孔子是在我國「制歷史、布文籍、振學術、平階級」的人。雖他的說法，是注重於孔子在我國學術史上之影響一點，對於我們目前所要解決的孔子自身的問題，似乎還隔了一層。但影響是果，既有了果，我們便不難從果裏推出其因來，來定孔子是怎樣的人的。所以我們就以章君之說，來作為我們討論孔子究竟是怎樣的人的材料。

章君以孔子為布文籍的，說道：「周官所定鄉學，事盡六藝。然大禮猶不下庶人，當時政典掌在天府，其事蹟略具於《詩》、《書》，師氏以教國子，而齊民不與焉。是故編戶小氓欲觀舊事，則固閉而無所從受，故傳稱『宦學事師』『宦於大夫』，明不為貴臣僕隸則無由識其緒餘。自孔子觀書柱下，述而不作，刪定六書，布之民間，然後人知典常，家識圖書」。我們先請注意這個事實：章君以孔子之六經為是從老子處拿了出來，散到民間的。這裏還只稱柱下，而在其《諸子學略說》一文（《國粹學報》二年廿期）內，卻明白的說：「老子……徵藏故書，亦悉為孔子詐取」，但這是斷然沒有的事實，不足置信的。我們以

為孔子斷無見老子之事，《史記》所說見老子之孔子乃是子思而非仲尼。關於此意，作者另在《依據史記來考老聃》一文中加以說明了，這裏就不贅說。即使不信這種說法，說是見老聃的不是子思而是仲尼，我們也不能以為孔子之六經，是從老子處取去的。因為據《莊子‧天道篇》所記：「孔子西藏書于周室……往見老聃，老聃不許，于是繙十二經以說。老聃中其說曰『大謾。願用其要』」云云，是明明孔子去見老聃之時已有十二經了，那當然是包括他的六經在內的，還何必向老子再去取。莊子說，還是孔子要以書藏到老子那裏去呢。又老子之言，也是沒有見過十二經的人的說話。再就他的資格講，他也根本不能有書。章君說孔子以前，只有貴臣有書。而老子不過是周室的一個柱下史。所謂柱下史，不過是柱下藏書館的職員，充其極也不過是藏書館的館長，那能當得起「貴臣」之目呢？所以我們可以很堅決的說，孔子向老聃取書以散於民間，是斷無之事。劉師培與章君講學，大旨多同。但於此說，卻並不取。他在《論古學出於史官》一文（見《國粹學報》第一年第一期）內，另作主張說：「孔子六藝之學，皆得之史官。《周易》《春秋》得之魯史，《詩》篇得之遠祖正考父，推之問禮老聃、問樂萇弘，而百二十國寶書，又孔子與左丘明觀之周者也。」但劉氏此說也並無有力之證據。此說只能應用於《春秋》，那確是取之魯史的。《易》就有點不確實了，因為孔子所可向魯史取去的只有象，而非全文。《詩》若是從正考父取得的，那末只能有《商頌》，不能有三百篇；況且正考父不是史官，和劉氏立說之原意，也不合。至於百二十國寶書，也非孔子和左丘明觀之於周的，而是孔子差子夏等十四人到周求得的。在什麼地方求得呢？可以從周史求得的，但也可以是不從周史求得，而另從私人方面求得的。我們無明證，不能說定其必是出於史官的。所以劉君之說，也是不足為憑的。這樣說來，六經既不出於老聃，也不出於史官，可見其自始就在民間流行，為眾人之所公用的了。孔子說：「述而不作，信而好古，竊比于我老彭」，他所謂述而不作信而好古，就是指他的利用古書而言。而他卻說竊比我於我老彭，可見「我老彭」也是如此做的（作者別有《考老彭》一文，茲不贅），更可見六經之行於民間，是自始即是如此，並不待孔子之散佈的了。所以我們可以說，孔子對於六經之關係，不是將他們加以編定，加以說明而已；經他的傳授，六經因得保存下來，不至遇著了別書同樣的命運，散佚消滅，而已；並非是散佈之謂也。

章君之所以必欲以孔子為散佈文籍的，則以他相信古代的人們要學，須從大夫去學，於是不得不去找住孔子，作為一個轉換風氣的人物。但我們不信，

這個從大夫去學之制度，確曾存在過。這個制度，其實只是秦始皇時李斯主張的「欲學法令者以吏為師」，這個制度之一個迴光返照罷了。其合史實之希望是極低微的。秦祚極短，李斯之主張有否可行，已很可懷疑。至欲以此為周時的制度，自是更可懷疑的了。你們想，一國的大夫，其政事何等繁重，那裏還有功夫可以教人詩與書？還有學在王官之說，與學術之傳播情形又不合。學術之傳播，終是由民間而王官、由下而上的，並不會由王官而民間、由上而下的。你們不要以這話只為現代的現象，不能應用於古代。古代孔子之時，也正是如此的。《左傳》昭公十八年記葬曹平公有說：「往者見原伯魯焉，與之語，不悅學，歸以語閔子馬，閔子馬曰：『周其亂乎！夫必多有是說，而後及其大人』」，這不是說，必民間先有不悅學之說，而後其大人貴族也不悅學嗎？這個風氣之傳播乃自下而上嗎？所以我們可以說，古代非吏無所得師的說法，除了一句空言之外，並沒有什麼根據，是不足信的。但當代學者們卻還要以研究西洋學術史之結果，來相比附，為此說張目。他們見西洋中古時代學術思想之大權盡操於教會，遂以為我國古代之諸子也是出於王官。此說自梁啟超以下都主張之。但我們終不明白，為何他們不想一想，中古時代不是西洋之最古時代？中古時學術思想固出於教會，希臘時代之學術思想豈也出於教會嗎？我們只見一般哲學家和科學家之在民間講授呢。所以我們可以總結的說，雖有西洋學術史之旁證，我國古代學術在於王官之說，還是不可信的。既然古代學術不在於王官，自當在民間。既在民間，還何用有孔子來作分割時期之佈文籍的工作呢？

何以謂孔子振學術？章君說：「九流之說，靡不出於王官。守其一術，而不徧覽文籍，則學術無以大就。自孔子布文籍，又自贊《周易》、吐《論語》以寄深湛之思，於是大師接踵宏儒鬱興，雖所見異塗，而提振之功在一。」章君謂孔子提振學術，是不錯的。但我們以為他的提振學術，並不是其將不能見之文籍，使人們徧覽的結果，而實在是自創一說以號召羣眾，以為後人之「正動」「反動」，立其根基之地方。簡言之，是在孔子之始創儒學也。章君固然也帶說孔子之吐《論語》，但他意思所偏重的，乃在於布文籍方面。總之，他相信班志之說，以為儒家出於司徒之官，不以儒學為孔子之所特創的。這種態度，也是為一般學者之所共取的。劉師培也以為「儒之得源已久，非孔子之所創」（見《國粹學報》第一年第一期）。但考他們此說之所本，則只在《周禮》之「儒以道得民」之一語。他們相信《周禮》是周公之書，見周公之書內已有儒字，遂謂儒早有了，而非孔子之所特創了。實則《周禮》是戰國時代之作品，所說

的乃是孔子以後之事實。我們不可倒果為因，用以定儒之起原的。至儒學之確為孔子所特創，我們即在研究儒字之字義時，也就可以明白的。儒字的原義，照《說文》就是「術士」之稱。什麼是「術士」呢？術字據《說文》為邑中之道，則術士就是邑中道上之士。儒，就是邑中道上之士了。這個字是頗能說明孔子在道上講授的事實的。《史記》記他去魯過宋時，和其弟子們，習禮於大樹之下；《禮記・射義》記他射於矍相之圃，觀者如堵墻。大樹之下、園圃之中，都是他在道上講授之好證。也以他在大路上講授，所以他的弟子可以收得各種各樣的人物：顏涿父是大盜、子貢是市儈……引得當時的人起了「夫子之門何其雜也」之問的。因為孔子這個講授的特別情形，人們就為他起了儒字之名。好像希臘人隋諾 Zeno 在街上大門下講學，人們就稱他的學派為斯多噶派，Stoics 意思就是大門學派一樣。這個情形是只有孔子才能有的。因為他出身卑賤，家裏又窮，不能像別人一樣，辦了很好的校舍，而只可以利用一點空曠之地的。所以我們說，儒學是孔子之所特創的，單看這個儒字就已可以明白的。

而章君卻說儒家是有所出，是出於司徒之官。他的儒家出於司徒之說法，又是以司徒為吏，孔子是師於吏的。這個說法之不可信，我們已在上文道及過了。現在請來一個事實之研究。孔子曾問官於郯子、問樂於萇弘，他們都不是司徒，可見出於司徒之官的說法就是無稽之談了。即使承認了孔子無常師，他的許多師中有一個司徒，為我們今日之所不能考出的，則司徒也不過是眾師中之一師耳，我們有什麼理由，來將他特別的提出來，而將其餘同樣重要的人，如萇弘、郯子等，一概抹殺呢？再即使孔子之學，確是專出於司徒之一官的，則我們也不能即以此而否認孔子之有創造。因為師即有所授，做弟子的可以接受了全部，或不與接受，或只接受了他的一部分，在這接受不接受的時候，弟子是有自決的自由的。在這個自決的時候，他就要重新來一次創造的。所以即使承認儒家之學專出司徒，我們也還是不能否認孔子之有創造的。而況出於司徒之官，是根本沒有此事的呢。

章君說孔子平階級道：「春秋以往，官多世卿。其自漁釣飯牛而興者，乃適遇王伯之君，乘時間起，平世絕矣。豈草野之無賢才？由其不習政書，致遠恐泥，不足與世卿競爽。其一二登用者，率不過技藝之官、皂隸之事也。自孔子佈文籍，又養徒三千，與之馳騁七十二國，辨其人民，知其土訓，識其政宜；門人餘裔，起而干摩，與執政爭明。哲人既萎，曾未百年，六國興而世卿廢，民苟懷術，皆有卿相之資。由是階級蕩平，寒素上遂，至於今不廢。」章君此

說，以為孔子是從事於政治者，要教其弟子們從事於政治的，真可謂能見其大。這個見解，要比馮君友蘭之說好多了。馮君在其《孔子在中國歷史中之地位》一文（見《燕京學報》第二期）內，說孔子為士之階級之創造者。所謂士的階級，就是不農、不工、不商、不仕而只以講學為職業，因以謀生活之人。我們要問孔子是真的這樣一個士嗎？他所要造成的士也是這樣的士，沒有政治的意義的嗎？其實孔子之所欲造之士，還是馮君考士字之原義時所說之軍士，並非是專以講學為事的後世所謂之士。你們看：儒者之服是帶劍的，再看子張說「士見危險致命」，若不是軍士之士，會說這樣的話嗎？所謂軍士是直接和政治有關的，所以孔子之弟子，還是和政治有關的。馮君在這裏所以致誤之由，是在以後人之目光看前人，而這個後人之目光，又是由於對於孔子教人之六藝兩字誤解而來的。「六藝」兩字自漢以後，幾完全成為六經之代名詞。而其實此兩字，應依戰國之書《周禮》解為「禮樂射御書數」的。若六藝就是六經，則禮樂本無其書，六藝不是只是四藝嗎？我們若將他解作禮樂射御書數，則就沒有這種困難了。孔子是長於此六藝的，所以他也就以此六藝教人。你看他是極講究禮的：善為容，《鄉黨》篇所記就是明證。曾問樂於萇弘，弦歌了三百篇，常與人歌，樂也是他所見長的。射呢，他曾射於矍相之圃，來觀者如堵墻，可見其射也是很有名的，他說：「吾何執？執御乎，執射乎？吾執御矣。」他於射御兩者之中，還以御為更有把握，可見其御的本領了。書呢，是指一切典籍而言，意義和《左傳》「觀書于太史氏」、《文王世子》「書在上庠」的「書」字相同，也正合於孔子所說的「天之將喪斯文」的文，內中包括《詩》《書》《春秋》與《易》的。只有數，古代傳記裏沒有明說，大約是算術，孔子亦會得的。他說「吾少也賤，故多能鄙事」，所謂鄙事就是指這些。他以為這些技藝都是當時國家所必須的，所以就以他們來教授。雖其中包有禮樂書數文事方面的項目，但也沒有忽略過射御之武事的。所以他的弟子裏，有能治軍的子路，有能說士見危致命的子張，和說戰陣無勇非孝的曾子，又有能挽六鈞之弓的顏高、用予之冉有、為右之樊須、與于微虎之宵攻之有若，這些都是孔門之士。而和後人所謂之鬥夫，沒有分別，不是孔門之士還是軍士嗎？不謂漢人專注重於書的一項，以六經說六藝，遂將孔子所欲造成的士，變為一個讀書人，將武士的意義完全消失了。

　　至孔子自己之不僅為一個老學究，非專以講學為生的，則還有他的行事可以證明。他做過魯之司寇，周遊列國，干七十二君，欲行其道，都可見他是從

事於實際之政治運動的。他的一生理想，就在「夢見周公」一語裏，表顯得十分明白。周公是出名的政治家，而孔子欲見之，不是可見他的目的也在做個政治家嗎？這本是明白不過的事，但歷來一般學者們因誤解六藝二字，遂以孔子為是著作之老儒，將他的政治意義完全抹殺。最可奇的，這個影響乃間接的又及於周公之身上。他們以為老儒孔子之所夢見的，一定也是一個著作之老儒，於是遂有周公作禮和周公制六經之說，將他的政治人格也完全改換了。這真可說是殃及池魚，無妄之災了。

從上所論來看，我們可以說孔子是一個深入於政治的人，政治思想浸透了他的靈魄的。他的行事是政治的，他的言論是政治的。既是如此，這個結論，自也應適用於《春秋》的了。而章君卻說孔子作《春秋》是制歷史，說道：「往者《尚書》百篇，年月闊略，無過因事記錄之書，其始末無以猝覩。自孔子作《春秋》，然後紀年有次，事盡首尾。丘明衍傳，遷、固承流，史書始燦然大備。槃則相承，仍世似續，令晚世得以識古，後人因以知前。故雖戎羯薦臻，國步傾覆，其人民知懷舊常，得意幡然反正。」章君這個說法，擺在孔子之全人格內，在我們看來，是大不相稱的。此稿之作，就是要來說明我們之這個立場，將孔子之《春秋》從歷史裏拔出來，而重行安到政治裏去的。

◎序二：

我少時在家塾裏讀完了《論語》《孟子》，就讀《左傳》。讀《左傳》時，常常翻閱《公羊》與《穀梁》二傳。每到三家之解釋《春秋》處，我頭就發起熱來。一時裏常是這樣的想：孔子之《春秋》是紀事的，文字是何等簡潔，又何等明白，而三傳卻說褒說貶，弄到人們無從理解，團團而轉，真是多事。一時裏想到孟子之「孔子成《春秋》而亂臣賊子懼」之言，則又自慰似的說道：或者《春秋》裏確有褒貶，如三傳之所說的。但一到拿起《春秋》來時，則從前之憤忿輒又重現出來。如此的忽暗忽明過了幾時，我決定似的說道：我們所信的孔子作《春秋》之說，中間一定還有曲折，不似我們所想像之簡單的，這裏定有一個問題的。以後這個問題，遂時常往來於心中。及後進了學校，雜治各種科學，這個問題，乃全拋諸腦後了。一九四二年在美國，一時裏曾寫信回國給亡友陳行叔，請其代買幾本講舊學之書寄來。行叔以為我要做一篇講今古文之論文了，復信中微微的諷動我說：今古文的問題，做起來恐怕是很費時的罷。其實我當時那有這個存心呢，不過在國外亦頗樂得有國文的書籍，看看散心而已。後來一九二五年九月到法國，應學校之要求，我倒確想做本講孔子的

書，和一本講《春秋》的小冊子。於是從前之對《春秋》之疑問，又正式的提起來了。是十一月的一日罷，我在房內看崔適之《春秋復始》，看到序證節內，說漢人所說之《春秋》是《公羊傳》的地方，心中忽忽如有所觸，覺得這是與我之問題有關的。但終說不出是什麼來。經一夜的冥想，亦無所得。次晨起來，到盧森堡公園裏散步。我正繞著噴水池走時，忽然立住自語道：那末孔子之作《春秋》，定是作《春秋》之傳了。那時我真高興極了，覺得《春秋》之一切難題，都解決了。以後以此觀點，到法國國家圖書館裏看書時，常能得到左右逢源之樂。

一九二六年九月行叔要赴英國，路過巴黎。我在北京飯店裏，意外的遇見了他。他鄉遇故知，又是久別，我那時的快樂，真非是言語所能形容的。原來行叔於動身赴歐之前，曾有一信通知我，要我到馬賽去接他。而我以搬了棧房，又到比利時去旅行之故，沒有收到他的信，以致於他之到來，沒有幫一點忙，抱歉得什麼似的。但一經回想，卻又跳起來道：設是我收到了他的信，預知他於何日到來，則我今日之見他，也只是一件平凡之事而已，那裏會使我生行叔自天而降之突兀之感想呢？以此自解，遂也安心。以後我們就談起別後的情事，和將來的計劃來。我勸他改計住在巴黎，不必到英國去了。他也勸我不必再繼續研究哲學做論文了，應該改習政治與經濟。我聽了他，遂多讀了幾部社會科學之名著。但還是不能忘情於哲學。一日謂行叔道：「你不要為我研究哲學而擔心，恐怕我將來要做一個『智識階級』之一員。我之研究，也是要歸宿於倫理和政治的，和你之講政治與經濟並沒有什麼根本之不同啊。」他也遂從此不再言。

我們自此日夜見面。有一次星期六的晚上，在吳君房裏，我對他道：「行叔，你最討厭的國故問題，我今天可以為你解決一部分了。」因將對於《春秋》之意見，說了一番。行叔當時不語許久，後來方慢慢的回答道：「歷史上字義之演變，是常有的事。《春秋》也許是如此的。」又一夜，我們同在蘇福羅咖啡館裏 Café Soufflot 喝咖啡，我又談起春秋時的曆法來。我們興趣都很高，遂在樂聲裏對談，而我們之說話，卻是歷歷可辨的。

到巴黎的第二年，行叔遷到方脫內 Fontenay 鄉間去住。於是我們相見的次數，不能有以前之頻頻了。他到巴黎來的時候，我們終是談起別的問題，不復論及《春秋。》但有一次他來時，說道：「無止，你不覺得寂寞嗎？何不寫一些文章呢？」我說：「我近來愈覺空虛，並沒有什麼可寫。」他說：「即如你

的《春秋》之意見，實有發表之價值的。我想，這確是可以解決我國學術史上之一大疑案的。」但我終於不曾著筆。一九二八年春，我奔母喪回國。行叔送我時又說道：「無止此去，應多多的做文章。第一是《春秋》問題，應先發表的。」當時我自然唯唯的答應，但返國以後，人事猥瑣，家庭多故，母喪才六月，吾兄又繼亡。當時連做人的興趣也沒有，自然談不到做文了。後來我去廣州，而行叔還留在巴黎，通信很少。直至一九三一年一月，他又寫信來，叫我譯柏格森的著作。我自然也沒有動手。不料過了三月，他竟在法國「短命而死」了。

　　我之資性，本就不喜做文，以為這是搬現成的東西，不足貴。所足貴的，是在不絕的創造。問題和解決不論大與小，在那創造之頃，乃能使我們銷魂大悅，乃能使我們達到人生之真實。過此一剎那，便又退在物質界裏，方才之創造，又變為有糟粕了。新世界無限，我們創造之不遑，更那有閒歲月，去做整理舊東西之功夫呢？以此之故，我到現在還不曾做過什麼文章。二三十年來之光陰，盡是銷磨於冥思幻想之中。其未得之也則終日彷徨，頭熱失眠。及一旦恍然有悟也，則不知足之蹈之手之舞之了。那時候，若有一二友人到來，則就與之興高采烈的一談而已，從不肯退而筆之於紙上的。年來深思行叔死事之意義，常與我以無限之警戒。以行叔之年少好學，聰明絕人，若天假之年，則其學問上與事業上之造就，當不可以數量計。而今忽短命而死，一切希望、一切至精至美之思想，都非復是此世之有矣。豈不痛哉？但身後所留者，究還有講香港之一書，雖非其至者，慰情究聊勝於無。設若此死，於其死年到我頭上，則我不是要真的「雙手空空見閻王」乎？自此以後，遂頗有述作之意。此或者是吾亡友在天之靈，又在頻頻的催促我乎？嗚呼！光陰過隙，倏忽三年。三年之中，我又不能一蒞海外的故人墓前，致其憑吊。想思之念，以何而達之乎？因思此篇所說與吾亡友有一段因緣，又是吾亡友在名與利二者之外引起我此次之述作之意的，因即以此篇為吾亡友之三週年之紀念。只恨篇中零星主張，有為我亡友之所未聞者，未能與之一討論之，抱憾為無窮耳。

　　一九三四年即民國廿三年十二月。

　　◎序三：這本小冊子寫成以後，我定其名曰《春秋總論初稿》。這並非我的謙詞，是在是我的由衷之言。因為這四篇文字，是在是太沒有功夫了。第一，名為《春秋總論》，而所談及的，不過是許多《春秋》問題中的寥寥的幾點，還有許多問題沒有提及，其提及了的又多語焉不詳，未到充分說明的程度。這

是思想方面的缺點。第二，是考證方面的缺點。稿內有許多地方，我都沒有考出其出點。其主要的如：第四篇裏，我論程子之說法時，曾引吳萊之程子非左氏之言。程子此言，想是在其《春秋傳》內，但我一時找不得此書，以資參對。第二篇裏，討論以風為詩之主張時，我曾引章君之「世人欲改王迹之迹為辿」一句話，我至今還不知這個「世人」是誰。這都是應親證的，而我卻不能考出來，真是大憾。而這兩點之中，後者尤為重要，因為前者我究還有吳氏之言作根據，而對後者之說法，則是純出於我的猜想，事實上也許是完全不是那麼一回事的。這是多少危險的事情呢。第三，是文字方面的缺憾。我雖將這本東西寫好了，而拿來一讀，覺其中常有用字不當、造句不通、語氣不接之處；章節內之承轉之幼稚、冗杳、鬆懈、晦澀之處，又觸目多是——我標點時，好幾次想中止，不做下去了。這個缺點，我尤其難忘。思想方面的缺點，我想可以徐徐的圖補充。考證之不到家，還可以求助於人家。總之還不是無法可想的。只有這個文字方面的缺點，簡直不可補救。因為我的文字技術，實在是平素太少練習了。心中異常慚愧。

一本小小的冊子而有如上之情形，則定名為「初稿」，誰曰不宜？

我有幾位極愛敬的師友們，見了此稿之文字情形，同我說：這是講國故的東西，你落墨就應用文言的，用語體講國故，根本就是不適宜的啊。我對於這個忠告，自然是樂於接受。但一經回想，卻發現了些同我的私意違戾處，不得不提出一說：

他們說這冊子是講國故的，這就與我的原意相反。反是講國故，不論其講得如何，其目的終主在道古，所謂「為學問而講學問」的。我作這本小冊子的目的，卻並不在純粹的「講國故」，此外是還有一個實用的目的的。從前王安石以為《春秋》非造士之書（見《困學紀聞》六注引陸農師答崔子方書）因不立《春秋》學，這乃以他相信孔子作《春秋》之經的緣故。這在他的時代，自不失為一個極好的見解。但我們現在既明白孔子之《春秋》是傳，則我們的態度自應改變了。我們以為《春秋》正是再好不過的「造士」之書菲特不比《詩》《書》與《禮》之三經為遜，而只有比他們為優的。這本小冊子的目的，就在向一般讀者說明這個意見。所以是還有一個實用的目的的，而不是專專在講國故。因有這個目的，所以我的文體不用文言。因為今之少年人或者對文言有隔膜，而無不會看語體，老年人也無有不懂語體的。語體有這個可以普及一般的好處，所以就用他了。

　　至我此稿文字之補救辦法，我想只有一個，並無別的。但這一個辦法，卻並非是在改用文言。我從前曾用文言做文，覺得將口語譯為語體，再講語體譯為文言，輾轉重譯，化繁為簡，是祇會將文章弄得不通的。這次拿幾段試試的結果，又重將從前之經驗，證明了一番。本來是隱晦的，改譯為文言後，乃更加隱晦了。所以改用文言，是沒有效的。惟一有效的補救辦法，只有將此稿擺在身邊，時時的加以修改耳。

　　但現在我卻不能將這個意思來實行一番。因為行叔逝世的四周紀念轉瞬即至，不能讓我再延宕下去了。這本稿子去年三周年時，本想印出來的，後因四篇中還有一部份未完而擱起，以至今日。今年稿已完了，若再延遲下去，又要到什麼時候呢？所以無論如何，我今年終得將此稿印出去。既可以了我的心願，而同時可以借此機會，來求海內外學者們的指教，也是再好不過的事。所以我就不再遲疑而將他付印了。

　　二十四年四月。

　　◎摘錄第一篇《孔子與春秋》卷首：

　　《詩》《書》《易》《禮》與孔子之關係，人們倒還有異說，只一提到《春秋》，則無不異口同聲，承認是孔子所做的。但著者之確定，卻並不能保證其說法之合一。自漢以來至於今日，學者們對於孔子怎樣作《春秋》之一點，真是異說紛紜，糾纏繁擾到極了。我們研究起來時，覺得忽而明忽而暗，頭緒無著，莫知適從。以這個孔子學說之主腦，我國思想之靈魂，而讓其長此混亂下去，不得澄清，我們這般後學，不是太不盡其責任了麼？所以無論如何，我們終須將這個問題設法解決，為我國之學術史，判結了一段公案，為後來之《春秋》學者，打開了一條研究之新路的。這裏所說，就是我們的一點小小意見，希望能夠解決這個重大問題的。

　　要說明孔子與《春秋》之關係，最好是回復到最先說這個關係的孟子書裏去。因為就我們看來，後來的異說紛紜，無不是從《孟子》內的幾句說話而來的，也無不是要解決孟子之話之矛盾的。這個辦法，並不是我們今日的創見，而是歷來的《春秋》學者，在有意無意間，所共同採用的。現在就請本此方法研究起來吧。

　　◎毛起（1899～1961），原名宗翰，字無止，又字禹州。浙江定海人。先後就讀於寧波效實中學、上海聖約翰大學、美國哥倫比亞大學、巴黎大學。1930年任職廣州中山大學，1932 年任杭州西湖博物館歷史文化部主任，後任教浙

江大學、上海暨南大學、復旦大學、南京大學。著有《春秋總論初稿》四篇、《論語章句》、《諸子論》。

毛士 春秋三傳駁語 十卷 總論一卷 存

國圖、北大、復旦、遼寧、中科院、石家莊、天津市和平區藏同治十一年（1872）深澤王氏刻毛氏春秋三種〔註10〕本

中國書店 1991 年重印同治光緒刻本

◎子目：《左氏駁語》四卷、《公穀駁語》六卷。

◎孫殿起《販書偶記》卷二：《春秋三傳駁語》八卷，靜海毛士撰。同治壬申深澤王氏刊。

◎民國《靜海縣志》不分卷：補博士弟子員，送蓮池書院肄業，主講夏宗瀾最器重。夏精於易，毛士所撰《羲經註疏》，多採其說。絕意進取，日以著書為事。所撰《四書語錄》、《五經註疏》《三傳駁語》《童子問》《睡生草》《夢蜨全集》各若干卷。

◎毛士（1728～1799），字譽斯，一字若人，號夢蝶，別號一瓢子。直隸靜海（今天津靜海區）人。毛泰初子。補博士弟子員，送蓮池書院肄業，主講夏宗瀾最器重。絕意進取，日以著述為事。遊學於正定、靈壽、無極、深澤、晉州等地。著有《春秋三傳駁語》十卷總論一卷、《春秋三子傳》六卷《傳前答問》一卷、《春秋諸家解》十二卷總論一卷、《四書語錄》、《五經註疏》、《童子問》、《睡生草》、《夢蜨全集》、《一瓢子詩草》、《夢蝶集說陶》。

毛士 春秋三子傳 六卷 傳前答問一卷 存

國圖、北大、復旦、遼寧、保定、中科院、天津社科院藏同治十一年（1872）深澤王氏刻毛氏春秋三種本

中國書店 1991 年重印同治光緒刻本

◎孫殿起《販書偶記》卷二：《春秋三子傳》六卷、《傳前答問》一卷，靜海毛士撰。同治壬申深澤王氏刊。

毛士 春秋諸家解 十二卷 總論 一卷 存

國圖、遼寧、天津市和平區藏同治十一年（1872）深澤王氏刻本

〔註10〕《毛氏春秋三種》子目：《春秋三傳駁語》十卷、《公穀駁語》六卷、《左氏駁語》四卷總論一卷。

中國書店 1991 年重印同治光緒刻本

◎孫殿起《販書偶記》卷二：《春秋諸家解》十二卷，靜海毛士撰。同治
壬申深澤王氏刊。

毛士 公穀駁語 六卷 存

國圖、北大、復旦、遼寧、中科院藏同治十一年（1872）深澤王氏刻毛氏
春秋三種本

毛士 左氏駁語 四卷 存

國圖、北大、復旦、遼寧、中科院藏光緒八年（1882）深澤王氏刻毛氏春
秋三種本

毛猷 左國聯珠 二卷 佚

◎一名《左傳摘錦》。

◎光緒《平湖縣志》卷十七《人物・列傳》三：著有《引書海錯》《廣編
珠》《左國聯珠》《七柿軒隨筆》《詹詹錄》《紅柿村居詩鈔》等集（新纂）。

◎光緒《平湖縣志》卷二十三《經籍》：《左國聯珠》二卷（毛猷。七柿軒
毛氏藏稿。未刊。存。一名《左傳摘錦》，見《續當湖外志》）。

◎許瑤光修，吳仰賢等纂光緒四年《光緒嘉興府志》卷五十九《列傳十・
平湖縣》：著有《引書海錯》《廣編珠》《左國聯珠》《七柿軒隨筆》《詹詹錄》
《紅柿村居詩鈔》等集（新纂）。

◎毛猷，字誦葭，號柿莊。平湖（今浙江平湖）人。歲貢生。少與徐芬、
丁泰友善，有聲庠序。省闈屢薦不售，遂博綜墳典，著書授徒，竹籬茅舍，誦
聲隱隱出百步外。時金、平、華、婁四邑裹糧從遊者接踵，悉心講畫，時時以
行誼相勗。年六十餘，猶重施鏨黶，雪鈔露纂，時字字作蠅頭細楷。著有《左
國聯珠》二卷、《廣編珠》、《詹詹錄》、《引書海錯》、《七柿軒隨筆》、《紅柿村
居詩鈔》等書。

毛中益 左氏屬比 一卷 佚

◎王其淦、吳康壽光緒《武進陽湖縣志》卷二十八《藝文》：毛中益《左
氏屬比》一卷（佚）。

◎毛中益，著有《左氏屬比》一卷。

茆夢松 讀左附議 佚

◎嘉慶《寧國府志》卷二十九《人物志·文苑》：所著《三傳考異》《讀左附議》能發前人所未發。詩文稿若干卷藏於家。

◎光緒《宣城縣志》卷十八《文苑》：著有《句溪詩文集》《半樓文稿》《帶經堂詩稿》《鍾離遊草》及《三傳考異》《讀左附議》。

◎茆夢松，字柱堂，號句溪。安徽宣城人。夢柏兄。恩貢生。官定遠教諭。家貧力學，讀書竟夕不寐。邃於經學，兼工詩古文辭。鄉闈屢薦不售。乾隆三年（1738），入鍾山書院，三年，業益勤，文益進，歸與同里諸名宿結文會，有《敬亭十二子課藝》行世。遊京邸時為長洲沈宗伯、北平黃侍郎諸人推重。著有《三傳考異》《讀左附議》《句溪詩文集》《半樓文稿》《帶經堂詩稿》《鍾離遊草》。

茆夢松 三傳考異 佚

◎嘉慶《寧國府志》卷二十九《人物志·文苑》：所著《三傳考異》《讀左附議》能發前人所未發。詩文稿若干卷藏於家。

◎光緒《宣城縣志》卷十八《文苑》：著有《句溪詩文集》《半樓文稿》《帶經堂詩稿》《鍾離遊草》及《三傳考異》《讀左附議》。

◎光緒《宣城縣志》卷卅五《載籍》：《三傳考異》《句溪古文集》（並茆夢松著）。

冒廣生 春秋繁露釋文 二卷 存

上海藏 1940 年上海合眾圖書館傳抄手稿本

◎冒廣生（1873～1959），字鶴亭，號疚齋。江蘇如皋人，生於廣州。早歲從外祖父周星詒受經史、目錄、校勘之學。光緒二十年（1894）舉人。曾任刑部、農工商部郎中，東陵工程處監修官。入民國，歷任北京政府財政部顧問，浙江甌海、江蘇鎮江、淮安等板監督，農商部經濟調查會會長，國民政府考試院委員，廣州勒勤大學、上海太炎文學院等文科教授及國史館纂修。建國後歷任上海文物保管委員會特約顧問、上海文史館館員。著有《冒鶴亭京氏易三種》（《京氏易表》《京氏易義》《京氏易傳校記》）、《大戴禮記義證》、《納甲說》、《納音說》、《春秋繁露釋文》二卷、《四聲鉤陳》、《小三吾亭詩文集》五卷、《疚齋詞論》、《冒鶴亭詩歌曲論著述》、《唐書吐蕃世系表》、《蒙古源流年表》、《管子集釋長編》、《宋曲章句》、《傾杯考》、《冒鶴亭詞曲論集》、《後山詩注補

箋》。又編刻《永嘉詩傳》《永嘉詩人祠堂叢刻》《永嘉高僧碑傳集》《二黃先生集》《潛黴錄》《楚州叢書》等。又校釋《淮南子》《晏子春秋》《文子》《列子》《春秋繁露》等。

梅馥 三傳本義 二十四卷 佚

◎嘉慶《宣城縣志》卷十七《文苑》、光緒《宣城縣志》卷十八《文苑》：著《三傳本義》二十四卷，又著《周禮集解》十二卷，潛心理蘊，直窺濂洛秘旨。著《易義別觀》三卷，又《太極圖說詳解》二卷、《洪範皇極內篇本義》六卷，俱自寫蠅頭細楷……所著僅刻《易義別觀》三卷。其《春秋》付友人庠生胡以清校刊，馥歿，以清亦旋卒，遂失。今藏之敗簏中者，則有手錄《周禮》一帙、《太極圖說詳解》、《洪範皇極內篇本義》，俱刪改初稿。

◎光緒《重修安徽通志》卷二百二十六《人物志·文苑》五：力學，潛心理窟。著有《易義別觀》《太極圖說詳解》《洪範皇極內篇本義》《三傳本義》《周禮集解》（《寧國府志》）。

◎梅馥，字至覵。安徽宣城人。庠生。孤貧力學，精研經史。終日兀坐一室，雖炊煙不繼，而口吟手批，晏如也。乾隆十六年（1751）與修郡志天文、田賦、祥異諸門。著有《太極圖說詳解》二卷、《洪範皇極本義》（一名《洪範皇極內篇本義》）六卷、《易義別觀》三卷、《三傳本義》二十四卷、《周禮集解》十二卷。

梅巨儒 左傳發明 佚

◎嘉慶《寧國府志》卷二十九《人物志·文苑》：乃上溯羲軒，下迄近代，倣司馬公《通鑑目錄》、邵子《皇極經世》編年體，博蒐慎討，舉要訂譌，為《史鑒大事錄》一書。又著《左傳發明》訂正諸家。

◎光緒《宣城縣志》卷十八《文苑》：乃上溯羲軒，下迄近代，倣司馬文正公《通鑑目錄》、邵子《皇極經世》編年體，博蒐慎討，舉要訂譌，為《史鑒大事錄》一書。又著《左傳發明》以正定諸家義例。

◎光緒《宣城縣志》卷卅五《載籍》：《史鑒大事錄》《左傳發明》（並梅巨儒著）。

◎梅巨儒，字謢聞。安徽宣城人。梅銅父。好讀書，通史事。早棄舉業，盡出藏書讀之。著有《左傳發明》《史鑒大事錄》。

梅人鑒 三傳異同辨 三卷 佚

◎民國《台州府志》卷一百二十《人物傳》二十一《文苑》五：以歲貢終。著有《周易集解》二卷、《三傳異同辨》三卷、《文稿》四卷（《採訪冊》）、《思鳳樓詩鈔》十八卷（《兩浙輶軒續錄》）。

◎楊晨《台州經籍略・補錄・經部》：梅氏人鑒《易經解》《三傳異同辨》。

◎吳茂雲、鄭偉榮編著《台州古籍存佚錄》卷四《經部五・春秋類》：《三傳異同辨》三卷，清天台梅人鑑撰，書未見。

◎梅人鑒，字文衡，號甦庵。天台（今浙江天台）人。梅毓秀子。貢生。詩學大蘇，書宗二王，暮年尤工草書。屢客東陽周顯岱家，寓新安寺，與僧二悟稱莫逆交。著有《周易集解》二卷、《三傳異同辨》三卷、《思鳳樓詩鈔》十八卷。

梅文鼎 春秋以來冬至考 一卷 佚

◎嘉慶《寧國府志》卷二十《藝文志・書目》：《積學堂文鈔》六卷詩鈔四卷、《曆學駢枝》二卷、《元史曆經補註》二卷、《古今曆法通考》、《春秋以來冬至攷》一卷、《寧國府志分野稿》一卷、《宣城縣志分野稿》一卷、《曆志贅言》一卷、《江南通志分野擬稿》一卷、《明史曆志擬稿》三卷、《郭太史曆草補註》二卷、《庚午元曆攷》一卷、《大統曆立成註》二卷、《寫算步曆式》一卷、《授時步交食式》一卷、《步五星式》六卷、《答李祠部問曆》一卷、《回回曆補註》三卷、《西域天文書補註》二卷、《三十襍星攷》一卷、《四省表景立成》一卷、《周髀算經補註》一卷、《畬劉文學問天象》一卷、《分天度里》（圖注各直省及蒙古各地南北東西之差）一卷、《七政細草補註》三卷、《曆學疑問》三卷、《交食蒙求訂補》二卷、《交食蒙求附說》一卷、《交食作圖法訂誤》一卷、《求赤道宿度法》（原自為一卷，今取入《蒙求訂補》）、《交食管見》一卷、《日差原理》一卷、《火緯本法圖說》一卷、《七政前均簡法》一卷、《上三星軌跡成繞日圓象》一卷、《黃赤距緯圖辨》一卷、《太陰表影辯》一卷、《渾蓋通憲圖說訂補》一卷、《西國月日攷》一卷、《七十二候太陽緯度》一卷、《陸海鍼經》一卷、《帝星勾陳經緯攷異》一卷、《星晷真度》一卷、《測器攷》二卷、《自鳴鐘說》一卷、《壺漏攷》一卷、《日晷俻攷》三卷、《赤道提晷說》一卷、《思問編》一卷、《勿菴揆日器》一卷、《諸方節氣加時日軌高度表》一卷、《揆日淺說》一卷、《測景捷法》一卷、《璇璣尺解》一卷、《測星定時簡法》一卷、

《勿菴側望儀式》一卷、《勿菴仰觀儀式》一卷、《勿菴渾蓋新式》一卷、《勿菴月道儀式》一卷、《天步真原訂註》、《天學會通訂註》、《王寅旭書補註》、《平立定三差詳說》一卷、《寫天新語鈔存》一卷、《古曆列星距度攷》一卷、《中西算學通序例》一卷、《勿菴籌算》七卷、《勿菴筆算》五卷、《勿菴度算》二卷、《比例數解》四卷、《三角法舉要》五卷、《方程論》六卷、《幾何摘要》三卷、《勾股測量》二卷、《九數存古》十卷、《少廣拾遺》一卷、《方田通法》一卷、《幾何補編》四卷、《西鏡錄訂註》一卷、《權度通幾》一卷、《奇器補詮》二卷、《正弦簡法補》一卷、《弧三角舉要》五卷、《環中黍尺》五卷、《塹堵測量》二卷、《用勾股解幾何原本之根》一卷、《幾何增解數則仰觀覆矩》一卷、《方圓冪積》二卷、《麗澤珠璣》一卷、《古算器攷》一卷、《數學星槎》一卷，並梅文鼎著（宣城）。

　　◎光緒《宣城縣志》卷卅五《載籍》：《曆學駢枝》、《春秋以來冬至考》、《寧國府志分野稿》、《宣城縣志分野稿》、《曆志贅言》、《江南通志分野擬稿》、《明史曆志擬稿》、《郭太史曆草補註》、《庚午元曆考》、《大統曆立成註》、《寫算步曆式》、《授時步交食式》、《步五星式》、《問曆答》、《回回曆補註》、《西域天文書補註》、《三十襍星考》、《四省表景立成》、《周髀算經補註》、《天象答問》、《分天度里》、《七政細草補註》、《曆學疑問》、《交食蒙求訂補》、《交食蒙求附說》、《交食作圖法訂誤》、《求赤道宿度法》、《交食管見》、《日差原理》、《火緯本法圖說》、《七政前均簡法》、《三星繞日圓象》、《黃赤距緯圖辨》、《太陰表影辯》、《渾蓋通憲圖說訂補》、《西國日月考》、《七十二候太陽緯度》、《陸海鍼經》、《帝星勾陳經緯考異》、《星晷真度》、《測器考》、《自鳴鐘說》、《壺漏考》、《日晷備考》、《赤道提晷說》、《思問編》、《勿菴揆日器》、《諸方節氣表》、《揆日淺說》、《測景捷法》、《璇璣尺解》、《測星定時簡法》、《勿菴側望儀式》、《勿菴仰觀儀式》、《勿菴渾蓋新式》、《勿菴月道儀式》、《天步真原訂註》、《天學會通訂註》、《王寅旭書補註》、《平立定三差詳說》、《寫天新語鈔存》、《古曆列星距度考》、《中西算學通》、《勿菴籌算》、《勿菴筆算》、《勿菴度算》、《比例數解》、《三角法舉要》、《方程論》、《幾何摘要》、《勾股測量》、《九數存古》、《少廣拾遺》、《方田通法》、《幾何補編》、《西鏡錄訂註》、《權度通幾》、《奇器補詮》、《正弦簡法補》、《弧三角舉要》、《環中黍尺》、《塹堵測量》、《幾何原本解》（《增解附》）、《仰規覆矩》、《方圓冪積》、《麗澤珠璣》、《古算器考》、《數學星槎》、《勿菴文集》、《勿菴詩集》（並梅文鼎著）。

梅毓 穀梁正義 一卷 存

北大藏清抄本

◎一名《穀梁正義長編》。

◎繆全孫《藝風藏書記》卷一《經學第一》：《穀梁正義》一卷，江都梅毓撰。毓字延祖，蘊生先生之子也。同治庚午舉人。續學早世，著書未成。稿本流傳，僅此一卷而已。

◎梅毓，字延祖。江都（今江蘇揚州）人。同治九年（1870）舉人，候選教諭。著有《穀梁正義》一卷、《續漢學師承記商例》、《劉更生年表》。

梅毓秀 三傳類抄 數十卷 佚

◎民國《台州府志》卷一百二十《人物傳》二十一《文苑》五：著有《春秋三傳類鈔》（《採訪冊》）。

◎吳茂雲、鄭偉榮編著《台州古籍存佚錄》卷四《經部五・春秋類》：《三傳類抄》數十卷，清天台梅毓秀撰，書未見。

◎梅毓秀，字從挺，號正峰。天台（今浙江天台）人。梅人鑑父。諸生。有知人識，敦義行。著有《春秋三傳類鈔》數十卷、《揀存詩集》、《住山詩集》六卷。

梅兆頤 春秋紀事始末 佚

◎嘉慶《寧國府志》卷二十九《人物志・文苑》：著有《春秋紀事始末》、《花谿詩文》等集。

◎光緒《宣城縣志》卷十八《文苑》：著有《春秋紀事始末》、《花谿詩文》等集。

◎梅兆頤，字淑伊。安徽宣城人。郡庠生。性孝友，慎言笑。不理生產，日與諸名士往來酬唱，以詩古文辭見稱於時。書法圖篆俱能入古。乾隆元年（1736）三院保薦博學鴻詞。著有《春秋紀事始末》、《花谿詩文》。

梅之熉 春秋因是 三十卷 佚

◎羅振玉《經義考目錄》卷六《春秋》三十九：梅氏（之熉）《春秋因是》三十卷（存）。

◎甘鵬雲等《湖北文徵》卷五：著有《春秋因是》《西征曆》《萍廬偶集》等書。

◎春秋因是自序〔註11〕：語曰：「畏聖人之言。」安有聖人之言可以連引類比、牽附迎合、射覆藏鬮如《春秋》之傳題比題者哉？況以此制科錄士，朝廷鄭重其事，儼然反以為尊經，抑又何也？國朝《春秋》遵胡氏，而崩薨卒葬不以命題。其有傳可以試士者，纔七百有奇耳。舉子文連二比，或三比四比，而義多不可強通。於是傳題比題之例起，凡義可以強通者，人人皆得以臆撰，至不可窮極。童而習之者，不以為怪。業他經者見之，莫不掩口而笑，甚至動色相詈，謂作始者為不祥。夫有傳之可以試士者，纔七百有奇，既患其太寡，連比又義多不可強通。傳題比題之設，蓋亦不得已也。孔子作《春秋》，是非褒貶之旨，未嘗明以示人，將取正於三傳。如尹氏卒，或以為尹氏者，周之卿士也；或以為君氏，魯之夫人也。其為男子婦人且不足據，況能得聖人褒譏是非之旨乎？聖人往而微言絕，士生數千年後，自不能盡合聖人作經之意。即不為傳題比題，胡氏之言，其能盡當於聖人作《春秋》之旨哉？苟不乖於大義，雖不得聖人之旨，固可立教垂訓。舍聖人之經，不為傳注，自吐一辭，自發一論，亦經也。乃取聖人所筆削之書，絜彼度此，參稽互攷，曲求當日褒譏是非之所在，以為不可。則余不知其說矣。歐陽永叔謂《論語》其首必以「子曰」，門人追記其言，所以別夫子與弟子之言也；《易・文言》夫子自作，不應自稱「子曰」，其先言「何謂」、後言「子曰」者，乃漢之講師自為問答之言也。以漢之講師所言皆列而為經，莫之或非。焦贛《易林》，每卦變六十四，總四千九十六。伏羲畫八卦，重之為六十四止已，文王、周公、孔子皆因之。焦氏卜筮之書，取文王、周公、孔子三聖之所不敢增者，互更重疊，不以為嫌，亦莫之或非。乃據聖人所筆削之書，絜彼度此，參稽互攷，務求其褒譏是非之所在。又重之以功令而或笑之或詈之，則舛也。凡有當於發明聖人之旨者存之，無當於贊明聖人之旨者去之，庶幾為全書矣，而力未能也。相沿既久，姑就其牽附強合者，一遵其說於胡氏，亦曰因其所是者是之云爾（康熙《麻城縣志》）。

◎《浙江採集遺書總錄・乙集・經部・春秋類》：《春秋因是》三十卷（刊本），右明宣城梅之熉撰。以明代《春秋》講師之本有傳題、比題，非尊經之義，故特為發其蘊。蓋體雖從俗，而仍不失治經之實學者。

◎阮元《文選樓藏書記》卷二：是書因明代《春秋》講師之本，有傳題比題，非尊經之義。之熉斟酌發明，一宗胡《傳》

〔註11〕錄自甘鵬雲等《湖北文徵》卷五。

◎梅之熉，字惠連，晚祝髮披緇，自號槁木。湖北麻城人。國楨子。以蔭襲主事。著有《春秋因是》《西征曆》《萍廬偶集》等書。

蒙俊生 四傳春秋纂例 不分卷 存

陝西師範大學藏清末民初抄本

孟緝祖 春秋列傳節要 十一卷 存

北大藏康熙三十二年（1693）盧龍孟氏刻本

◎孟緝祖，字敬修。盧龍（今河北盧龍）人。勵志詩書，不為章句之學。著有《春秋列傳節要》十一卷。

孟熤 春秋集傳 十六卷 義例一卷 存

國圖藏清抄本（有簽批）

◎齊召南序〔註12〕：經之簡而易明者莫如《春秋》，然最難明者亦莫如《春秋》。《春秋》本魯史也，一經聖人筆削是非，二百四十二年行事深切著明括於一萬六千餘言，而生人不易之天倫、自古勸懲之王法，垂戒來世，遂炳然如日中天，使邪說暴行無所肆其隱蔽。雖以蒙童始就傅，稍為講解某年某月某人某事、如此為是如此為非，蒙童亦知心悅。至事係亂臣賊子，則無不變色切齒，恨不得手刃其人之為快也。謂非經中最簡而易明者歟？乃自昔老師宿儒，竭畢生功力，卓然克自名家，而於經終未能一無所憾。何也？常事不書，書必有義。大義共見，微指莫尋，特筆數十條外，皆依方策成文，加之刊正。其時其人其善其惡，或似異而通，或似同而異，聖心權度不爽毫釐，謹嚴之中，正寓平恕。所謂遊夏不能贊一辭者，即左氏親見國史，能傳其事；《公羊》《穀梁》口說相授，能傳其義。當時去聖未遠，尚止分得其偏二。漢廣立學官，各守專門，未知合挍。但因傳解經，自為訓釋，有所得不能無所失也，有所短不能無所長也。後之學者，正賴有三傳並存，經義可以後聚。王仲淹顧謂三傳作而《春秋》散，豈其然乎。夫儒先因傳解經，於經不無少補，杜注《左氏》而孔仲達疏之，范注《穀梁》而楊士勛疏之，其事大著，其義漸精，較《公羊》一家實為遠勝。所患膠於一說，究不得經之全。譬列侯知伯主不知上有天王，庶民知執政上卿不知上有國君耳。自啖氏、趙氏出，即經解經，纂例既明，始能信經以駁傳。自劉氏出，執經衡傳，精於典禮，不至膠傳以求經。其他如安定、泰山、徂徠、

〔註12〕此序不見於曾學文、徐大軍主編《清人著述叢刊》第1輯《齊召南集》。

莘老、伊川諸公，所得所長，並足以破儒先之陋。至《胡氏傳》出，宜乎盡收粹美，醇乎其醇矣。乃切時之情過高之見往往亦流於附會穿鑿，此朱文公所以意常不滿，後人且謂張元德書較勝也。經最難明，孰有如《春秋》者歟？山陰孟止齋明經，好學不倦，嘗手著《集傳》十五卷、《義例》一卷，余觀其書，係取法於欽定《彙纂》者，是以於四傳兼取其長，於眾說必擇所得，自為疏明，以惠後學。蓋深知其難者歟！止齋既自序，又介周生徵三求余一言，不辭，書其首簡。時乾隆癸未孟夏天台齊召南。

◎春秋集傳序：道之大，原出於天，備於性，明於教，行於治。天者天下之公也，性者人之所以為人也，王者奉若天道以治教天下者也。聖人繼天立極，而適當王者不作大道陵夷之後，親見夫弒父弒君之事接迹於世，是以人滅天，以性化物，而人理幾亡矣。聖人為此懼，雖不得位，豈得曰非我事而置之乎？是不得不明其義于天下。欲明其義，不得不借當年變亂之事，一切裁之以天理，上以正其君父，下以閑其臣子。故奉天則王者之得失不得而諱矣，稱王則國君之得失不得而諱矣，尊君則卿大夫之得失不得而諱矣。至於微意所在，酌典禮之制，衡義理之極，可以定百王之法，可以立萬事之準，其意使人倫正、大道明，而人識其性，則天理常存，而人不淪於禽獸，如是而已。至於治天下，則非王者不能及也。然以聖人命世之德，終身引翼其君而不能得，不得已而出於此，猶曰：「知我者其唯《春秋》乎？罪我者其唯《春秋》乎？」蓋以已之分為非所及爾。其至德謙謹而不敢居為何如哉！《春秋》之旨，自《左氏》《公羊》《穀梁》三傳發明義類，思過半矣。然各持一說，得失厖雜，杜預、何休、范寧之徒，莫之能一。至唐啖氏、趙氏，宋孫明復、劉原父諸公，相與推闡大義，存其得而去其失，而三傳之異同始有所折衷焉。其宏綱大義，三傳及啖趙義例所不能該者，自孟子以及董江都、邵康節、伊川、康侯、朱子諸家講解又復發其所未發，而《春秋》全旨殆已曉然，然其間微文奧義尤多未剖。近世學者但據胡氏，而文定之傳大綱雖正，而中間極多缺漏，或憑一時臆度之解，或絫後世權數之論，輕重殊失其衡，彼此互乖其義，讀者疑焉，則以為微詞而不可知。夫聖人作經，本欲人之明之也，且《春秋》所載皆經邦大訓，性命之文，而付之不可知，可乎？我朝聖學大明，世宗皇帝集諸家之成，名曰《傳說彙纂》。其書事理咸備，伏讀有年。嘗苦賦性憪愚，論事多闇。今謹遵錄御纂中說理者，集為傳疏，更不辭固陋，附以管見。雖淺拙不足以達聖人之精蘊，而潛思默會，必求其安，似亦千慮之一得。為時既久，不忍廢棄，因錄以俶《春秋》傳疏之

說，以俟明者為之論定焉。其中輕重出入，莫由自知，則昧於事勢之故。然漸推漸明，後之君子，續而終之，俾二百四十年之微旨，合百慮而歸於一，庶千載遺經不留餘翳，則古今來從事於斯者，不有同快也哉！

◎春秋集傳例言：

「《春秋》無例」，丹陽洪氏說善矣。又曰：「比事屬詞，《春秋》教也。學者獨求于義，則其失迂而鑿；獨求於例，則其失拘而淺。然書法以類別之，則其微義始出。如例書王，而無王者可思也；例書正，而無正者可思也；例書日，而不日者可思也；例不書日，而其日者可知也。所謂一字不同即須有辨也。」舊有提要，類非大義之所存。因仿而為義例。先儒多有其書，必有精覈其辨者，惜未之見。所載不過大凡，猶史之有年表而已矣。

石林葉氏曰：「《左氏》傳事不傳義，是以詳于史，而事未必實，以其不知經也。《公》《穀》傳義不傳事，是以詳于經，而義未必當，以其不知史也。乃酌三家求史與經，不待于事則攷于義，不待于義則攷于事，更相發明以作傳。」又曰：「劉原父知經而不廢傳，亦不盡從傳，據義攷例以折衷之，經傳更相發明，雖間有未然，而淵源已正。今學者治經不精，而孫、蘇之學，近而易明，其失在不能遽見，故皆信之。而劉以其難入，則或詆以用意太過，出于穿鑿，無恠其然也。」按石林二說，蓋以孫氏之書不據《左傳》、蘇氏之書盡棄《公》《穀》。愚謂《春秋》自啖、趙以來始知有經而不任傳，然知經者不可以不知傳，蓋後世推測之見不無臆斷，先儒承襲之說究有傳授，特傳者或失之訛耳。據傳而失者什二三，憑臆而誤者什八九矣。夫淵源不逮乎三傳，而欲追千載不傳之經旨，難矣。是以於三傳之說，片語覺其有關經意，多存而弗軼云。

朱子曰：「近時之《春秋》，皆是計較利害，大義卻不曾見。只成個權謀智畧、兵事譎詐之書耳。」按此弊所以然者，後人論事之說多，則《春秋》直一朝之史而已，其於聖心之精義寓于片詞隻字者，何從而識之。然槩以理論，則其因事權衡，無過不及者，又或未必協于至善。唯準乎理之經而當乎事之權，則聖心可得而見矣。

朱子又曰：「三代各立一王之法，其末皆有弊。《春秋》經世之大法，通萬世而無弊。」愚謂所以然者，《春秋》明理義，以大中至正為歸，是以萬世無弊。蓋承三王大備之後，而酌乎理之至當以昭後世，則《春秋》之旨，示人者精矣。

馮正符辨王魯、素王之說及杜預三體五例、何休三科九旨之恠妄穿鑿，其說是也。然《春秋》之解極多穿鑿，三傳已不免，而後之作傳者積而愈多。如胡文定開首便有夏時冠周月之說，朱子曰：「據今《周禮》有正月有正歲，則周元改作春正月，夫子所謂行夏之時，為他不順，欲改從建寅」，此說甚明。又漢《陳寵傳》云：「三微成著，以通三統。冬至之節，陽氣始萌。天以為正，周以為春。十二月陽氣上通，地以為正，殷以為春。十三月陽氣已至，天地已交，夏以為春。」若以夏時冠周月，無論時與相舛戾，而夫子作書不遵王曆，生今反古，即此已不可為訓矣。若周雖改正不改四時，則「行夏之時」一語，夫子亦何從發？以此為例，則穿鑿者可勝辨哉？

經所以斷事，事之原委必觀《左氏》。故經有所書，雖別無義例，亦載《左氏傳》于下以紀其本末。其關于義例者則大書，其無關于義例者則細書于經下。然載事過詳，則義反晦，故約具其槩而已。至不關于經者，皆不錄。

《春秋》集諸傳，當如朱子《語／孟集註》，分正旨與旁旨，為圈內圈外之別，始井然有條。而管見附于其後，率低一格。今傳中未能悉正。而其當列圈外者，亦多未及分別也。

史公曰：「《春秋》文成數萬，其旨數千」，張晏云：「《春秋》才萬八千字，遷誤矣。」今細數之，更闕一千四百二十八字，眉山李氏古經後序云。

孟兆熊 春秋題說 佚

◎孫葆田《山東通志》卷百二十七《藝文志》第十：是書見康熙《朝城縣志》本傳。

◎孟兆熊，山東朝城（今聊城朝城鎮）人。著有《春秋題說》、《增正朝城縣志綱目》。

閔齊伋 公羊穀梁合傳 二十四卷 存

中國民族圖書館藏清刻本

◎閔齊伋裁注，馮李驊校定。

◎莫友芝《邵亭知見傳本書目》卷一《經部》一小注：江西稽古樓《十三經》古注巾箱本，其《春秋三傳》用閔齊伋刪注，與葛本同。

◎閔齊伋，字及武，號寓（遇）五。烏程（今浙江湖州）人。明諸生，不求進取，性耽著述。以批校刊書著稱。著有《六書通》十卷，裁注《公羊穀梁合傳》二十四卷等。

牟昌衡 春秋左傳辯章 三十卷 存

國圖藏咸豐九年（1859）日三省齋刻本

◎一名《左傳辯章》。

◎孫葆田《山東通志》卷百二十七《藝文志》第十：是書見《縣志》。《府志》「章」作「事」，疑誤。

◎牟昌衡（1773～？），字午橋。山東棲霞人。嘉慶六年（1801）拔貢。官江西樂安教諭。著有《春秋左傳辯章》三十卷、《春秋左傳辯章題解》六卷篇目一卷、《左傳摘鈔目錄》一卷、《春秋左傳續鈔目錄》一卷。

牟昌衡 春秋左傳辯章題解 六卷 存

國圖、南京藏咸豐九年（1859）日三省齋刻本

◎孫殿起《販書偶記》卷二：《春秋左傳辨章題解》六卷篇目一卷、《左傳摘鈔目錄》一卷，棲霞牟昌衡撰。咸豐己未日三省齋刊。

牟昌衡 春秋左傳摘鈔目錄 一卷 續鈔目錄 一卷 存

國圖、南京藏咸豐九年（1859）日三省齋刻本

◎孫殿起《販書偶記》卷二：《春秋左傳辨章題解》六卷篇目一卷、《左傳摘鈔目錄》一卷，棲霞牟昌衡撰。咸豐己未日三省齋刊。

牟欽元 春秋圖 二卷 存

天津藏雍正元年（1723）常定遠刻本

國圖藏道光二十五年（1845）盱眙汪根敬重修本（一卷）

◎周應運、萬邦榮校閱。

◎牟欽元，雍正元年（1723）署河南巡撫，官至太常寺卿。又著有《春秋圖》二卷、《六經圖說》、《燕趙吟》不分卷、《琅邪草選》一卷。

牟庭 春秋算草 佚

◎牟房輯《雪泥屋遺書目錄·春秋籌草》：無序（房按此正杜氏《長曆》之失也。起隱公二年，盡文公六年，共得十八則，在《詩切》草稿之後，書其末〔註13〕云：「紙盡矣，以下不推」。房謹用周曆元法續推之，盡孔子卒年，又得若干則，錄為一帙）。

〔註13〕按原文如此。

◎孫葆田《山東通志》卷百二十七《藝文志》第十牟庭《左傳評注》《春秋算草》：二書見《縣志》。

◎牟庭（1759～1832），初名庭（廷）相，字默（陌）人，自署鹵蝦道士。山東棲霞人。乾隆六十年（1795）貢生，嘉慶十二年（1807）舉人。官觀城縣訓導。與萊陽趙曾友善。以經學受知阮元。著有《學易錄》、《周易注》一卷、《校正崔氏易林》、《同文尚書》三十一篇、《尚書百篇序證案》、《詩切》、《詩切篇義》一卷、《校正韓詩外傳》、《禮記投壺算草》一卷、《春秋算草》、《左傳評注》、《四書叢論》（一名《雪泥屋稿》）不分卷、《校正說文》十四卷、《周公年表》一卷、《國語評註》、《先秦宮殿考》一卷、《古今年表》、《更定漢書王莽傳》、《明史論》、《名士年譜》、《繹老》、《校正說文》、《方雅福書》、《兩句合與兩股較》一卷、《帶縱和數立方算草》一卷、《勾股重差圖》、《重差圖解》、《兩句和與兩股弦較算草》、《算學定本》、《風星正源》、《雪泥屋秘書》、《雪泥屋志》、《凡翁丹訣》、《雪泥屋雜志》四卷、《雪泥屋遺文》四卷、《雪泥屋雜文》一卷、《雪泥屋文稿》、《雪泥屋文集》、《雪泥屋定餘文存》、《雪泥屋試帖存》、《雪泥屋賦存》、《雪泥屋策存》、《雪泥屋經文存》、《擬我法集》、《夜雨傷神錄》、《嚶鳴草》、《神仙集》、《繹參同契》、《楚詞述芳》二卷、《揚子太元注》、《道德經釋文》、《校正墨子》、《校正呂氏春秋》、《校正韓非子》、《校正淮南子》、《校正晏子春秋》《刪定唐人試律說》、《十二賦箋》、《校正龍文四十篇》、《校郭璞葬書》。

牟庭 左傳評注 佚

◎牟房輯《雪泥屋遺書目錄・左傳評注》：無序。嘉慶丙子閏六月初二日記曰：「通共是正三百一十三字」，丁丑正月下浣記曰：「又是正一百五十五字」，丁丑七月朔記曰：「又是正五十一字」。

◎孫葆田《山東通志》卷百二十七《藝文志》第十牟庭《左傳評注》《春秋算草》：二書見《縣志》。

慕暲 春秋輯傳辨疑 佚

◎自序〔註14〕：聖人達而賞罰行，聖人窮而褒貶作，孔子作《春秋》，筆則筆削則削，游夏不能贊一辭，後世以為恨事。夫以兩賢為聖門文學之最，使

〔註14〕錄自民國《重修鎮原縣志》卷十五《藝文志》。

其稍為詮說妙義，必在左氏、公、穀之上，何二子竟不贊一辭乎？！古之為弟子者，不敢以己辭參乎師說，學不躐等之義已。後世呫嗶之儒，欲於數千年後以椰子之方寸鍼孔之兩眸，羽翼聖經，鈎貫諸子，譬諸螢火熠熠，欲流照於須彌之頂，亦自愧其微末已矣。余於咸豐辛酉肄業關中書院，從路閏生先生學《春秋》，聽先生之講論，幡然易轍，知所向方。中遭兵燹，學殖榛荒。同治九年承乏固原州學正，拔貢張君鵬舉、孝廉張君樹森從余學《春秋》，得以重理舊學，握槧懷鉛，殫精力於簡牘，如是者有年。光緒三年冬，改選西寧教諭，復與張鏡涵同年及庠生沈珍諸人日讀《春秋三傳》，旁及諸家論著，竊有志於輯傳辨疑焉。發凡起例，提要鈎元，往返商榷，麄有成編。十年，陞授甯靈廳教授。甯靈地處邊僻，新設廳治，參考諸書蕩然一無所存，舊時筆墨藏諸敝簏。已而兒子壽祺請代讎勘，按年詮次，則又發笥曬蠹，備其未逮，迺取諸書而考其同異論其是非。夫我而欲判前人之是非，後世又將以我所是非者而是非乎我，利害相隨，其可測乎？雖然，是不可以不辨。春秋二百四十年之事，古人已論之詳矣，但古人之公可，吾亦可，可不足存，必吾有其可者；古人之公否，吾亦否，否不足存，則必吾有其否者。吾之可否是非，如訊古人於庭，兩造咸伏地毋喧嘩，使訴訟者聽我處分。我無所於狥，奉理執法合人情，此時愛古人者不能通一關節，即愛我欲毋見讎於古人者，亦不能通一關節，此固我之權也。豈好辨哉？不得已也！蓋嘗盱衡往古，沿波討源，祓除其嘈囋，蕩滌其塵俗，益怳然於古人之注《春秋》者，其繆有三：一曰解經之繆，以朝報視《春秋》，以杜撰竄三傳，鑿空瞽說，其失也妄。二曰亂經之繆，奉啖助為楷模，繼胡氏作論說，矯誣過甚，其失也背。三曰讀經之繆，甄流別於文字，爭意見於門戶，入主出奴，無所折衷，其失也浮。凡此諸繆，其病在膏肓腠理，而癥結傳變咸著見於簡編。不得已而芟薙稂莠，剪削枝葉，以傳解經，非舍經而信傳。竭三十年之力，成一百餘萬言，名曰《春秋輯傳辨疑》。至是編所引，非故以多為貴也。劉炫曰：「先儒異同，不可不述也」，世有知音，當有以諒余衷矣。因令兒子壽祺藏諸書篋，用備遺忘已耳。

◎皋蘭張林焱序〔註15〕：歲丁巳季夏之月，友人練君緒堂來告余曰：「慕霽堂老伯所箸《春秋》一書，其未繕錄者遺蒐闕補，忘食廢寢，窮歲月而告成，都計一百餘萬言。書共五十五冊，將匄君一言以為之序，敢助之以請，其無辭。」余受而卒讀，迺得窺其全豹而犉陳大略焉。先生主席經筵，幸有餘暇，專治《春

〔註15〕錄自民國《重修鎮原縣志》卷十五《藝文志》。

秋》，垂三十年，得於耳提面命之際，悟於心領神會之表，舉古今所有傳注，一一而參考之，真義畢宣，疑團頓釋，洵不朽之盛業，為尼山之功臣。書成，名曰《春秋輯傳辨疑》。若非閒中日月、靜裏乾坤，曷能臻此鉅製，鋟梓以廣其傳？雖然，傳豈易言哉？宋元以來，專治《春秋》之學者，斟酌古今，博大精粹，藏之名山，以傳不朽，其著作固指不勝屈，未幾而歸於灰燼之中矣，未幾而藏於權貴之家矣，遂至宿儒絕學數十年心血所成之書，幾與腐草流電銷沈於一瞬，可慨孰甚焉！幸而劫灰之餘，神鬼呵護，斷簡殘篇猶存十一於千百，而子孫不肖，視其先人手澤漠然無所動於中。即就隴上而論，名人箸作潛晦堙鬱者誠不知凡幾，如少堂之克成先志，豈非難能而可貴者哉？近者山左柯紹忞先生，以四十年苦心箸《元史》八十餘冊，因日本漢學者之推薦獲授文學博士學位；上而溯之元南康路儒學教授胡震撰《周易衍義》一書，未成編而下世，幸賴其子光大為之輯次補闕以成全書，前後殆三十餘年矣。霽堂年伯少即通《春秋》之學，同治兵燹後，即著手編輯，不為古人所愚，不為習俗所靡，於諸家傳義之外，博覽儒先傳注，不敢以臆見妄下雌黃。凡所徵引，悉本前人，而出之剪裁，歸之於純粹。竭三十餘年之力，先紹忞《元史》而成書，又得哲嗣少堂以為之繼，與光大之續成《周易衍義》同為藝林佳話。嗚呼！撰箸豈易言哉！近年以來，學問之繆種、思想之新奇，浸淫於世運，熏結於人心，襲習撏剟，剽略紛綸，醞釀以至此極，文體遂河決魚爛，敗壞而不可救。此書出而論說純正，斷制謹嚴，使天下之人憬然於褒貶之義，相與勉為忠厚而恥為媮薄，此則先生之志，亦吾輩之所宜共勉者耳。

◎民國《重修鎮原縣志》卷十五《金石志》錄前甘肅學政蔡金臺《寧靈廳教授慕霽堂先生墓誌銘》：著有《春秋輯傳辨疑》《勸善要言》《註解菜根譚》《大成典禮》《雨溪山房詩文集》，均待梓。

◎民國《重修鎮原縣志》卷十九《文存》附錄顏永槙《新志書跋語》：鎮原慕霽堂先生，以名孝廉為教官三十餘年。著《春秋輯傳辨疑》百餘萬言，久為士林所欽仰。

◎慕暲（1836～1900），字霽堂，號雨溪。甘肅鎮原縣平泉鎮古城山人。光緒二年（1876）舉人。銓選知縣，澹於榮進，請改教職，同治九年（1870）權寧夏固原學政。光緒三年（1877）調西寧教諭，光緒十年（1884）再調寧靈廳教授，以教職終。著有《春秋輯傳辨疑》、《新疆回部紀略》十二卷、《勸善要言》、《註解菜根譚》、《大成典禮》、《雨溪山房詩文集》。

N

那爾豐阿輯 春秋三傳合參 十卷 存

首都圖書館藏乾隆五十九年（1794）京都那爾豐阿刻本

◎那爾豐阿，嘉慶元年（1796）進士。洗馬。著有《春秋三傳合參》十卷。

納蘭成德 春秋注解四種 五十七卷 存

陝西師範大學藏清通志堂刻本

◎納蘭成德（1655～1685），葉赫那拉氏，字容若，號楞伽山人。滿洲正黃旗人。曾因避太子保成諱改名納蘭性德。大學士明珠長子。康熙十五年（1676）補殿試，賜進士出身。嘗師徐乾學。著有《春秋注解四種》五十七卷、《通志堂集》、《側帽集》、《飲水詞》等，編有《通志堂經解》。

納蘭成德輯 春秋經解 十五卷 存

陝西師範大學藏清通志堂刻本

倪陳疇 左氏蒙求注解 二卷 存

湖北、溫州、桂林藏光緒十九年（1893）樂東倪氏刻本（張楣跋）

◎元吳化龍原撰。

倪倬 讀左瑣言 六卷 存

上海藏清抄本

國圖藏 1919 年重刻道光吳江沈氏世楷堂沈廷鏞刻昭代叢書‧癸集萃編本（一卷）

◎光緒九年（1883）博潤《松江府續志》卷三十七《藝文志‧經部》：《讀左瑣言》六卷（國朝倪倬著）。

◎光緒《青浦縣志》卷二十七《藝文》上《書目‧經部》：《讀左瑣言》六卷（倪倬著）。

◎倪倬，字漢甫。松江府青浦縣（今屬上海）人。嘉慶五年（1800）舉人。與潘信籽、湯顯業交善。少孤貧，刻苦向學，工古文。教人以盡倫篤行，讀書好古為亟。官長洲教諭，大吏欽其品，延主紫陽書院。能以師道自任，石韞玉、潘世恩皆以古教官目之。尋丁母憂歸，病卒。嘉慶二十三年（1818）曾為陳經所編《求古精舍金石圖》作序。子皋、補。著有《讀左瑣言》六卷、《農雅》六卷。

聶顯 分國左傳 佚

◎同治《續輯漢陽縣志》卷之二十一《文苑》：讀書不輟，著有《分國左傳》，楚史晉乘，一望犛然。

◎聶顯，湖北漢陽人。庠生。年五十四卒。著有《易經纂義》《分國左傳》。

寧世魁 左傳詳釋 十卷 佚

◎乾隆《潁州府志》卷八《人物志》：著有《周禮注》六卷、《儀禮注》十七卷、《禮記類編》二十卷、《左傳詳釋》十卷、《宋元詩集註》四卷。

◎寧世魁，字敬仲。潁州（今安徽阜陽）人。增廣生。嗜古文辭。著有《周禮注》六卷、《儀禮注》十七卷、《禮記類編》二十卷、《左傳詳釋》十卷、《宋元詩集註》四卷。

牛運震 春秋傳 十二卷 存

國圖藏嘉慶二十三年（1818）空山堂刻牛空山先生全集本

四庫存目叢書本、續修四庫全書、山東文獻集成影印嘉慶二十三年（1818）刻空山堂全集本

◎又名《空山堂春秋傳》。

◎春秋傳序：歲辛酉始從家一山刺史署齋得空山先生《春秋傳》，讀之既畢業，作而歎曰：吾乃今而得先生之志也夫！前世傳《春秋》者多矣，《左》

《公》《穀》而外，宋有胡氏安國《傳》、劉氏敞《傳》、程氏頤《傳》、劉氏絢《傳》、陸氏佃《後傳》、葉氏夢得《傳》、鄭氏樵《傳》、陳氏傅良《後傳》，凡十有一家。先生後出，豈欲以掩十一家之長哉？！志在於得其平如衡之懸、水之準，得其博如崇期之八達遠之九達，得其簡如導河之積石、導江之眠源，得其遠如千里之步起於足下、九成之臺始於累土而已矣。是先生之志也，所以公之天下者也。今挈其宏綱鉅指，凡三十有一條，縷析陳之，為讀是書者告焉。有三傳皆有取而胡氏《傳》及諸儒之說未安者，如桓元年「及其大夫孔父」，《公》《穀》皆以孔父為字，《左氏》亦謂父字而嘉名，杜氏註則以孔父稱名，趙氏匡、劉氏敞、程子、胡氏從之，以為君前臣名，名君不可字臣。今證以啖氏助說，孔字，父美稱，孔氏之先皆以字連父，故有弗父、金父。燾恭讀御纂《春秋傳說》，亦稱啖氏之詳核，語可並存。定八年從祀先公，三傳謂正閔、僖之失，胡氏獨以為昭公，則斷之以經書葬而祔廟諸禮可推，昭既書葬，是附祔廟已有明文。襄二十九年吳子使札來聘，胡氏謂札以讓國階禍，則證以札書名猶楚椒秦術之類，非褒貶所繫。又札之辭國在襄二十九後，豈得預貶？有專主《左氏》或駁正《左氏》者，如襄元年圍宋彭城，《左氏》曰非宋地，追書也。則以證書宋彭城者，孔子特筆，不予楚之取彭城以置叛人。昭七年燕暨齊平，《穀梁》以為魯暨齊，說者援下叔孫舍如齊涖盟為證，則斷以涖盟在公如楚之後。閒時閒事，明屬兩事。而傳首「齊求之也」四字，劉敞誤解作齊求魯耳。至莊三十二年城小穀，《左氏》謂管仲城之，則斷以小穀魯地，非齊地，今曲阜西北有小穀城，齊別有穀，《左氏》乃牽附申無宇之言致誤。宣九年陳殺其大夫洩冶，《左氏》載孔子稱詩「無自立辟」，先儒多以書名為責冶，則證以荀息、仇牧經予之而皆書其名。燾恭讀此條，御案推明大夫死必書名之義、而黃氏仲炎以《左氏》所載非孔子之言萬世臣道之準立矣。成三年伐鄭，《左氏》謂討邲之役，則據毛氏奇齡說，陽橋之役，鄭從楚侵衛，衛請師以拒之。有《左氏》未可據而《公》《穀》義長者，如隱三年辛卯尹氏卒，《左》作君氏，《公羊》謂天子大夫，則據劉向封事。尹氏世卿而專恣，與公羊同。且王子虎、劉卷皆以周卿卒于魯，燾按程子「亦有夫人，未聞稱君氏」之疑，僖十七年《左》公有諸侯之事，未歸而滅，項公穀謂為齊滅之，則證以上條「齊伐英氏」之文斷從《公》《穀》。成十七年秋公至自會，《穀梁》謂公不周乎伐鄭，解者以周為之信，訾《穀梁》之謬，則證以楚師至而諸侯還，未嘗得致伐于鄭，是為不周。哀五年閏月葬齊景公，《穀梁》以為不正其閏，《公羊》云：「喪曷為？以

閏數喪數畧也。」毛氏奇齡力排《公羊》，孫氏復謂閏月葬非禮。家氏鉉翁并
謂當時計閏為喪，則斷以喪期不數閏，而未聞閏月葬之為非禮。熹恭讀此條御
纂徐氏彥引《鄭志》云：「居喪之禮以月數者，數閏以年數者，雖有閏，無與
數」，此解出自康成，所當並存俟攷也。有《公》《穀》未可據者，如隱四年夏
四月葬衛桓公，《公》《穀》謂月葬故也，則證以《春秋》月葬三十三，豈皆有
故？五年螟，《穀梁》謂「甚則月，不甚則時」，則斷以實書，非有義例。八年
盟于瓦屋，《穀梁》謂參盟于是始謹而日之，則斷以盟之例日，其不日者史失
之。宣十六年成周宣榭火，《公羊》以宣榭為宣宮之榭，何休謂廟制似榭，則
證以杜氏預註孔氏穎達疏，榭為講武屋。成十五年仲嬰齊卒，《公羊》謂仲嬰
齊為兄後，則據毛氏奇齡說，大夫繼爵不繼統，無弟為兄子子為父孫之理。昭
十年十有二月甲子，何休謂昭公取吳孟子之年貶之，則從孫氏復說，此年無冬
者脫文。定二年雉門及兩觀災，《公》《穀》以魯雉門為僭，則證以雉門兩觀謂
之臺門。《禮器》人子諸侯有臺門，而子家駒之言亦出自《公羊》，未可依據。
十三年晉趙鞅歸于晉，《公》《穀》謂趙鞅以地正國，又謂美其逐君側之惡，則
斷以鞅之罪視荀寅、士吉射少閒耳，《公》《穀》獎之，悖理。十四年無冬，何
休謂孔子去魯不書冬，則斷以為闕文。哀三年桓宮僖宮災，杜氏預謂桓僖親盡
而廟未毀。《公羊》謂毀而復立，則斷以諸家襲《左氏傳》孔子聞火之言，非
經之正旨。而從毛氏奇齡說古七廟五廟之外有遷廟，桓宮僖宮者遷廟耳。十二
年春用田賦，《公》《穀》謂多于什一非古，則證以毛氏奇齡說井田「有稅以足
食，有賦以足兵」，宣公初稅畝是加稅也，哀公用田賦是加賦也。田賦者以田
為賦，邱賦之外加征馬一匹牛三頭，而賈氏逵謂一井出一邱之賦，則加賦十六
倍。胡氏誤引《國語》「籍田以力，賦里以入」，謂田出里賦為弛末削本。皆失
經旨。有三傳皆未可據者，如昭三十一年黑肱以濫來奔，《左氏》稱賤而書名，
重地故也；《公》《穀》二家或以為別乎邾或以為通濫為國，則斷以經無略賤之
例，邾快非以地來，亦以賤書名，黑肱不係邾者，乃係闕文。定元年春王三月，
三傳皆載「春王」二字為一節，謂定公不得正其始，則斷以定公此時尚未立，
無君以統朔，又正月無事故不空書。哀十四年西狩獲麟，《左氏》謂《春秋》
感麟而作，《公》《穀》謂文成致麟，則證以賈氏逵、服氏虔說孔子自衛反魯而
作《春秋》在哀公十一年，而後儒雜用緯候，謂麟是漢受命之瑞，又謂《春秋》
終于春者，以天地生生之理在斯，均屬迂謬。熹恭讀此條御案削去眾說，以朱
子之論為定，而大義炳日星矣。有後儒論說異同兼資攷質者，如成十五年宋華

元出奔晉下經文凡四條，徐氏仲山謂有五疑，則證以《公羊》何氏註，謂華元實晉，而云未至晉，乃《左氏》之誤。經書宋殺其大夫山，討罪例不書字，《左氏》誤謂蕩澤字子山耳。華元重係之宋，奔楚止書魚石一人而亦係之宋，經文皆有微旨，不得信傳以疑經。襄十一年作三軍，疏家謂《費誓》三郊三遂、《詩》公徒三萬，則魯本有三軍。胡氏《傳》從之，杜氏預謂季氏假立三軍，劉氏敞謂襄之前未有三軍，孫氏覺謂三桓不量力而作三軍，則證以《周禮》大國三軍次國二軍，春秋惟齊晉楚有三軍。恭讀此條御案，三軍二軍係並存其說者。定十二年公至自圍成，先儒或謂圍成非孔子之意，或謂子不能墮成因未攝相，毛氏奇齡又謂成不必墮不當墮，皆非篤論。則斷以三苗逆命，崇人弗降，舜禹文王皆不能免，何損于聖人？使孔子終用於魯，墮成之事必有以處之。又有信經黜傳，別具苦心深指，可存一解示後，以嚴名分之防者，如文十二年郕伯來奔，《左氏》謂郕太子以夫鍾與郕邽來奔，公以諸侯逆之，則據八年邸降于齊，此為迫于齊而來奔者，當實是郕伯。若魯擅予郕世子以君之爵，是為獎亂。襄元年鄭伯髡頑卒于鄩、昭元年楚子麇卒、哀五年齊侯陽生卒，先儒或以為諱或謂以疾赴，則必謹之又謹，信經之書卒者為實。蓋書卒者實則此外被斧鉞之誅者，愈以見聖筆之嚴，無一人可倖貸，而綱常名分森列天壤者益以凜凜。且此解皆依準以經筆，毫無枝葉牽鑿之言，洵為可貴。凡此諸條，視其去取可否則權衡平也，搜葺鉤稽則聞識博也，要約深婉則辭事簡也，親切著明則制防遠也。平故頗側泯而心不爭，博故野儌祛而胸不固，簡故支蔓削而情不流，遠則人風靖王法彰，聖作範圍而億萬紀可以永永無弊，是則先生之志也夫，是則先生之志也夫！嘉慶六年七月朔日，涵齋張燾拜撰於南通州紫琅講舍。

　　◎提要（題《空山堂春秋傳》）：是編說經不信三傳，動相駁難，蓋宋劉敞、孫復之流。由其記誦淹通足以濟其博辨，故異論往往而生也。

　　◎孫葆田《山東通志》卷百二十七《藝文志》第十：是書《四庫》存目。卷首有嘉慶辛酉張燾序略謂：挈其宏綱鉅指，凡三十有一條。有三傳皆有取而胡氏《傳》及諸儒之說未安者；有專主《左氏》或駁正《左氏》者；有《左氏》未可據而《公》《穀》義長者；有《公》《穀》未可據者；有三傳皆未可據者；有後儒論說異同兼資攷質者；又有信經黜傳，別具苦心深指，可存一解示後，以嚴名分之防者。凡此諸條，視其去取可否則權衡平，搜葺鉤稽則聞識博，要約深婉則辭事簡，親切著明則制力遠云。

◎趙爾巽《清史稿》卷一百四十五志一百二十《藝文》一：《空山堂春秋傳》十二卷，牛運震撰。

◎上海古籍出版社 2015 年《續修四庫全書總目提要·春秋類》「《春秋傳》十二卷」：牛氏此書，有三傳皆有取而以胡安國《春秋傳》及諸儒之說未安者，如桓公元年「及其大夫孔父」，《公羊》、《穀梁》皆以孔父為字，《左氏》亦謂父字而嘉名，然自杜預以孔父稱名，趙匡、劉敞、程子、胡安國等皆以為君前臣名，牛氏乃證以啖助說，謂孔字父，美稱孔氏之先，則以三傳而正諸儒之失也。又有駁正《左氏》者，如襄公元年「圍宋彭城」，《左氏》曰「非宋地，追書也」，則以證書宋彭城者，孔子特筆，不予楚之取彭城以置叛人。凡此種種，其所取捨，雖不以一家之言為宗，然多能搜輯鉤稽，然後斷其可否。是書有張燾為其序，稱其解皆依準以經筆，毫無枝葉牽鑿之言，聞識博而辭事簡，洵為可貴云云。此本據復旦大學圖書館藏清嘉慶刻《空山堂全集》本影印。（陳峴）

◎牛運震（1706～1758），字階平，號真谷，一號空山。山東滋陽人。雍正十年（1732）舉人、十一年（1733）進士。乾隆元年（1736）召試博學鴻詞。歷官甘肅秦安縣令，設隴川書院。又官平番縣，遭忌免歸。其學博涉群書，於金石考據為最深，經義亦頗研究。乾隆十四年（1749）夏主講蘭山書院。後講學三立、河東、少陵諸書院。著有《空山堂易解》四卷、《詩志》、《空山堂春秋傳》、《論語隨筆》、《孟子論文》、《史記評注》、《讀史糾謬》、《史論》二十卷、《金石圖》二卷、《空山堂文集》十二卷等。

P

潘德輿 春秋綱領 一卷 存

國圖藏清刻五種本

◎魯一同《通甫類藁續編》卷下《安徽候補知縣鄉賢潘先生行狀》：年二十六乃盡棄科舉進士之業，力求古人微言大義。其宗旨以為挽迴世運莫切于文章，文章之根本在忠孝，源在經術，其用在有剛直之氣，以起人心之痼疾，而振作一時之頑懦鄙薄，以復于古。其說經不祖漢宋，而以近儒之破碎穿鑿為漢學之糟粕、語錄之空虛元渺為宋儒之筌蹄。其論治術，以為天下之大病不外一吏字，尤不外一例字，而實不外一利字。近世一二魁儒，負匡濟大畧，非雜縱橫，即陷功利，未有能破例字利字之局而成百年休養之治者也。其為文章，入幽出顯，沈痛吐露，蓋先生應鄉舉者十有二，而後領一解以貢于京師，至則與四方之士議論追逐以求文章之真，亦陰以覘氣運之羸縮衰長，而庶幾波流之一返也……所箸《養一齋詩文集》二十四卷、《外集》未刊者十四卷、《詩餘》三卷、《詩話》十三卷、《念石子》一卷、《春秋綱領》一卷、《喪禮正俗》一卷、《黜邪家誡》一卷、《傳恭堂祭儀》二卷、《示兒長語》一卷、《養一齋劄記》九卷、《四書義／試帖》共五卷、《九經人表》一卷、《論語權疑》三卷，二書皆未成，蓋絕筆也。

◎潘德輿《養一齋集》末附《皇清例授文林郎大挑分發安徽知縣潘公崇祀鄉賢錄》（摘錄）：故舉人箸述已成書者，有《讀春秋綱領》一卷、《劄記》九卷、《淮語》一卷、《家祭儀》二卷、《喪禮正俗》一卷、《黜邪家誡》一卷、《示兒長語》一卷。未成書者，《九經人表》一卷、《論語權疑》三卷，藁藏於家。其已行世者，《詩文集》二十五卷、《詞集》三卷、《詩話》十三卷、《四書文》

四卷、《試帖》一卷。方《詩話》初刊時，朝鮮使者多方購求，論者比于白傅詩集，價重雞林云。

◎孫雲錦光緒《淮安府志》卷三十八《藝文》：潘德輿《喪禮正俗》（一卷）、《傳恭堂祭儀》（二卷）、《春秋綱領》一卷、《論語權疑》（三卷）、《家集副誦》、《九經人表》（一卷）、《養一齋劄記》（九卷）、《黜邪家誡》（一卷）、《示兒長語》（一卷）、《念石子》（一卷）、《養一齋詩文集》（二十四卷）、《外集》（十四卷）、《詩餘》（三卷）、《詩話》（十三卷）、《作詩本經》、《金壺浪墨》。

◎孫雲錦光緒《淮安府志》卷二十九《人物》：淮郡自邱氏、張氏、阮氏諸先達相繼殂謝，後起則汪相國廷珍、李尚書宗昉，用大科致通顯，廷珍尤以詁經博物負海內重望，顧於著述謙讓未遑也。德輿孤童晚出，一露鋒銳，盡掩前人，每提學使者行部至，皆拱手贊歎。已而屢困州舉，年二十六乃盡棄科舉進士之業，力求古人微言大義。其宗旨以為挽回世運莫切于文章，文章之根本在忠孝，源在經術，其用在有剛直之氣以起人心之痼疾，而振作一時之頑懦鄙薄，以復于古。其說經不祖漢宋，而以近儒之破碎穿鑿為漢學之糟粕、語錄之空虛元渺為宋儒之筌蹏。其論治術，以為天下之大病不外一吏字，尤不外一例字，而實則不外一利字。近世一二魁儒，負匡濟大署，非雜縱橫，即陷功利，未有能破例字利字之局而成百年休養之治者也。

◎潘德輿（1785～1839），字彥輔，號四農，別號艮庭居士、三錄居士、念重學人、念石人，人稱養一先生。江南淮安府山陽縣（今江蘇淮安）車橋鎮人。幼聰慧，性至孝。少與同邑邱廣業、黃以炳相命以懲忿窒欲之學。年四十餘始舉鄉榜第一，入都下，與永豐郭儀霄、建寧張際亮、震澤張履、益陽湯鵬、歙縣徐寶善相往還，窮精畢力，研悅劀切，盡當時之選。阮元為漕運總督，招之，力辭不往。時朱桂楨、周天爵以清剛大節為世名臣，皆願納交。屢困州舉，道光八年（1828）始舉鄉試第一。大挑一等，以知縣用，分發安徽，未到官卒。弟子有丁晏、魯一同、孔繼鑅、吳昆田諸人。子三：亮弼、亮彝、亮熙。著有《喪禮正俗》一卷、《春秋綱領》一卷、《讀春秋》四卷、《論語權疑》三卷、《四書文》四卷、《九經人表》一卷、《試帖》一卷、《傳恭堂祭儀》二卷、《淮語》一卷、《示兒長語》一卷、《金壺浪墨》一卷、《念石子》一卷、《黜邪家誡》一卷、《養一齋集》二十四卷（詩十卷文十四卷）、《養一齋外集》十四卷、《養一齋詩話》十卷另附《李杜詩話》三卷、《養一齋詞集》（《養一齋詩餘》）三卷、《養一齋劄記》九卷、《養一齋集筆訓》二十餘條。

潘德輿 讀春秋 四卷 存

國圖藏清刻五種本

潘開甲 春秋傳考 佚

◎吳德旋《初月樓聞見錄》卷三：其為學一主乎敬。躬行實踐，不為虛談。嘗論學于家，其子問朱陸異同優劣。東暘不悅，誨之曰：「學者宜收拾身心，勿道聽途說。業日修，得失自見，先儒優劣辨之不差毫釐，與我何涉耶？」所著有《易解》、《春秋傳考》、《家禮》、《小學外篇》、《天文星野辨》、《方輿曆法錢法備荒法》、《律呂志》、《河渠考》、《花月田家曆》、《東齋隨筆》藏於家。

◎李桓《國朝耆獻類徵初編》引朱彝尊撰墓志銘：問其著述何書，則有《易解》、《春秋傳考》、《家禮》、《小學外篇》、《天文星野辨》、《方輿曆法錢法鹽法備荒法》諸書、《律呂志》、《河渠考》、《花月田家曆》、《東齋隨筆》。又以《儀禮經傳通解》經朱子草剏，未成足本，思取先後鄭氏、孔氏、賈氏、王氏、魏氏、敖氏諸家，會粹為《五禮》，條目繁重，一手未果論定也，富哉立言矣乎！

◎潘開甲（1634～1704），字東陽（暘），號湛庵。烏程（今浙江湖州）人。康熙四十一年（1702）歲貢生。著有《易解》、《春秋傳考》、《家禮》、《小學外篇》、《天文星野辨》、《方輿曆法錢法鹽法備荒法》、《律呂志》、《河渠考》、《花月田家曆》、《東齋隨筆》等。

潘麟翔 春秋考義 二卷 佚

◎道光《安陸縣志》卷三十三《藝文》：《周易經傳通解》三卷、《詩次補注條解》二卷、《律呂音韻圖》四卷、《書經傳註彙纂》四卷、《春秋考義》二卷、《左衡》二卷，貢生潘麟翔撰。

◎道光《安陸縣志》卷二十九《人物》：諸經皆有論說。

◎潘麟翔，字紫巖。湖北安陸人。歲貢生。舉鄉飲大賓。少穎悟，喜讀書，醫卜甘石青鳥家言以及琴書技藝之屬，靡不淹貫。尤邃於經學，生平喜覃思，多與人異。著有《周易經傳通解》三卷、《詩次補注條解》二卷、《律呂音韻圖》四卷、《書經傳註彙纂》四卷、《春秋考義》二卷、《左衡》二卷。

潘麟翔 左衡 二卷 佚

◎道光《安陸縣志》卷三十三《藝文》：《周易經傳通解》三卷、《詩次補

注條解》二卷、《律呂音韻圖》四卷、《書經傳註彙纂》四卷、《春秋考義》二卷、《左衡》二卷，貢生潘麟翔撰。

潘任 春秋講義 一卷 未見

◎孫殿起《販書偶記》卷二：《春秋講義》一卷，常熟潘任撰。無序跋，亦無刻書年月，約光緒間鉛字排印本。

◎潘任（1874～1916），字毅遠，號希鄭。江蘇常熟人。室名希鄭堂、博約齋、味閑齋。心廣子，欲仁孫。諸生。任湖北候補按察司司獄，歸里後抑鬱不得志，中年病歿。嘗任江南高等學堂經學教習。師李慈銘、汪鳴鑾、繆荃孫。曾創《常昭月報》以改良新風。著有《希鄭堂叢書》（一名《虞山潘氏叢書》）七種七卷、《孝經集註》一卷、《孝經講義》一卷、《孝經鄭氏解疏》十卷、《御纂七經綱領》一卷、《博約齋經說》三卷、《江南藝文志》十七卷、《希鄭堂四書文》不分卷、《周禮學》二卷、《周禮序官考》一卷、《周禮故書考》一卷、《周禮故書疏證》六卷、《周禮釋註》二卷、《周禮補註》六卷、《周禮札記》一卷、《周禮畿內授田考實》一卷、《周官指掌》五卷、《周官恆解》六卷、《讀孝經日記》一卷、《倫理學大義》一卷、《戰史大略》一卷、《太質學》一卷、《學吟集》三卷、《列國軍制》一卷、《味閒齋吟草》二卷、《羊山詩鈔》四卷。

潘希淦 左腴 三卷 存

國圖、北大、湖南、湖北、天津、開封、南開大學、北京師範大學、寧波市天一閣博物館藏道光二十八年（1848）藝蘭書屋刻本

寧波藏清蔚棟氏抄本（不分卷）

◎卷上末題：年再姪周以均一齋校刊。卷中末題：孫婿周以塘鴻卿校刊。

◎標目：歷年考、五等錄遺、委質編、人英紀、形史貽芬、廣輪輯署、金湯集、敦盤司劑、師貞分述、邦聯綜異、陰禮嚴變、國是說、馴冰廣鑑、襲錦。

◎標目牌記：在紹郡道前博古齋剞劂鋪范東來刻印。

◎敘：紀事必提其要，纂言必鉤其元，昌黎讀書法也。讀一書當作數過讀，讀一次當作一意求，東坡讀書法也。含英咀華，百讀不厭；黃茅白華，一望生憎。鍾太傅云：「《公羊》賣餅家，《左氏》大官廚」，夫大官廚何所不有？羊比齊魯大邦，魚比邾莒小國，賈逵歷月味之而靡窮，劉蘭三旬陳之而不盡。或者饋飱自足，拾潘罔功，藉口劉累失業、龍肝絕登，庖鉏商罷薪麟皮難冪鼙鼓，一

任腹坐星枵、指輟鼎染，不其偵歟？！吾鄉潘懷蘐先生著《左腴》一書，標目十四，分類引端，貽惠來學，意良厚也。腴于班史，陸海是稱；腴于《說文》，腹肥是訓。瓊腴目膠，雲腴目茗，雪腴目藥，藥腴目丹，是書詳地域可刌鋤，猶陸海與？羅典文可供𥱧曬，猶腹肥與？別其人品等膠茗之評鑑，及馴冰類丹藥之益。亦精亦博，足令扶風降心；從變從義，應共江都把臂矣。近世馮天閑氏《左繡》風行，先生不薄今人，嘉許末簡。竊謂馮氏喻《左》以衣，文章翫其繡；先生喻《左》以食，義類探其腴。覽《左繡》者，如登虞廷，璪火黺彝，黼黻黹辨，固五采之彰施；讀《左腴》者，如圖王會，玂炙觹翠，崑蘋箕櫨，尤八荒之珍異。膏澤所潤，嚌而飫之，當陽有靈，驚為知己耳。先生品高行篤，道腴蘊釀，播作《經腴》，神歸海龕，名重鄉國。平生撰述尚有《天文萃要》、《疆域捴略》、《六書辨譌》、《前明越獻》等編。喆嗣麗槎太守宦成歸老，將次第梓行，而以是編屬序。煦景仰有素，不敢固辭。昔魏氷叔無子，指《左傳經世鈔》為子，自信必傳。而先生既有傳書，復有令子，行見枕葄藝林、尸祝經苑，功勛品藻，效達膏肓。即韓、蘇讀書之法，亦來以不墜也夫！道光戊申冬日，年世愚姪杜煦拜謹敘。

◎跋：先君精勤學業，悅心研慮，著述甚富。《左腴》一部，乃窗下披誦時所手輯也。乾隆辛丑罹家難，卷帙俱遭籍沒。此書幸為友人借觀，完璧以歸，得不散佚，弆藏塵篋多年，久未刊布。去夏沈墨莊先生偕周一齋先生纂脩縣乘，購訪先君遺書。因亟將此書交次聟周鴻卿校刻呈覽，並以問世。至是書之綜覈明備，俾盲左二百四十年間事實瞭如指掌，誦習者當自得之，毋須溢詞焉。道光戊申冬月，男尚楫謹跋。

◎摘錄卷上《歷年攷》首：盲史紀事，迄二百七十餘年，周十四王、魯十二公、列國之君一百九十有三，而雜小國暨未成君者不與焉。其間興廢繼絕，棼若治絲。按之龍門《史記》及汲冢《竹書紀年》，世系名號亦復互異。今悉遵杜武庫原譜，而變其義例，分敘各國，使之統系相承，瞭如指掌。但於魯各公之下類次其年世相當者，以便按閱時事。凡他書相矛盾者，概不闌入，示畫一也。作《歷年攷》。

◎摘錄卷上《五等錄遺》首：千八百國，逮春秋而寥寥矣。宋眉山蘇長公作《列國圖說》，凡一百二十四國，尚多遺漏。又列冀雍韓原姒蓐等國於中，不知諸國之滅在春秋前。即所云主汾之沈黃，亦與近楚之國如南北燕、東西虢同名而異地也。且既列敘鄭瞞、無終、肥鼓、陸渾、百濮、戎狄、淮彝，而又

云蕃畿不在其中，不刺謬乎？茲特按次爵位分纂，而列蕃國古國於後，每一國下細註族姓興滅見經見傳之年，並核其分壤在今某處，疑者闕焉。共得五等國一百一十有四、蕃國三十、古國六十五，庶令儒者歷覽名區，可按圖而索證，亦憑今弔古之一助也。作《五等錄遺》。

◎摘錄卷上《委質編》首：春秋官人，以世間有一二崛起者，漸即式微，良由抑於世族故也。然前有管仲、子文，後有嬰僑、胗札，明賢輩出，亦正難以更僕數。而其間族姓官位、貴賤能否，或朝興夕廢，或名字互見，有繙閱數四終不憶為誰氏之子者。如晉楚諸大族、魯之三桓、鄭之七穆，能明析其世次者無幾，況其他乎？且列國卿貳之名，因事互見，《公》《穀》二傳及《越絕》等書，往往與左氏相支吾。即《外傳》本屬一人之手，亦多出入，幾於誤甲為乙，令閱者何由取信？是編以國為經，以君為緯，首列世家，次敘公族，下及褻姓，一依經傳原文所載，區其時世，別其姓名。有褻出於他書者，辨證其下。如某人即某人及某人未見之類，庶其世系事蹟一覽瞭然，不患元黃謬敘，致張冠而李戴爾。作《委質編》。

◎摘錄卷上《人英紀》首：聖門弟子如戰會鄟、辭郲射等事，不過畧見果藝一斑，而於夾谷、三都之後，已足並曜千古，實為定、哀之春秋生色也。然七十子生乎魯、衛，多盡心於父母之邦者，邅挹名諱，迺如落落晨星。倘褻置諸《委質編》中，殊羞噲伍，豈所以待三代之英與？！作《人英紀》。

◎摘錄卷上《彤史貽芬》首：《詩》始《關雎》，其言多出於閨內，蓋以述貞淫之教端治本也。左氏以史筆記時事，而於中冓之言不遺纖悉，其旨殆與《三百》無異，非如後世《香匲集》《宮闈小名錄》僅留意於兒女子幃房之態者。茲備錄之以示禍福所自、勸戒昭然。又擇其賢否之尤著者，畧加評騭，亦聊以備《列女傳》之一則焉爾。作《彤史貽芬》。

◎摘錄卷上《廣輪輯畧》首：粵稽周始，九畿繡錯，萬國星羅，冀青兗豫之境，分封最繁，有一州而數十國共據者。東遷以後日蹙，又如許之依楚，鄭之宅虢，晉魏之改都不常厥居，趙武日疆場之邑，一彼一此，蓋當時已無定界矣。況自嬴秦開阡陌、廢封建，列朝郡縣之名，分合不一。好古者按圖索驥，亦安所得，確據而訂明之。春秋中地名賴杜氏箋註過半，然病其多秦漢時舊號，自非淹雅之儒，曷從考證。乃特就《廣輿志》，詳核其在某省某府某縣者，縷著於篇，雖於列邦疆索未盡其什之三四，而當舟車環歷之鄉，援目證耳，於以觀今昔風教之異同，亦稽古之一快也。作《廣輪輯畧》。

◎摘錄卷上《金湯集》首：左祖右社、前朝後市，立國之制也。城池所以衛患、臺囿所以講武觀游之地，亦治國張弛之具也。漢蕭何營未央宮，曰：「使子孫無以加」，知治體者豈必反茅茨土階之飾而後為善乎？春秋惟晉平、楚靈、吳夫差竟於侈靡，他國雖有營建，要非盡忘國恤者。即傳所著錄以備觀，可以知其國之興替矣。作《金湯集》。

◎摘錄卷中《敦盤司劑》首：誓誥殛而王化微，盟會繁而霸功替。蓋未有霸以前，不過方岳同盟，自相要結。迨霸主興而牽率數十國以狥一國之私，小侯罷於奔命矣。北杏以後無特會，踐土以後無特盟。翟泉始潰大典，而垂隴、袁婁、邢邱、溴梁迄於適歷，政在大夫，職為亂階。清邱為寒盟之始，皋鼬為失霸之終。會瓦盟咸，私交復散，所謂羞渝平善，胥命貶惡，曹美蕭魚，即求其克毗桓、文信義之風者，亦翳鮮爾。是集提綱於首，而仍以魯紀事按年編次，酌集諸儒先定評，參以鄙意，其不見經者各附志於一公之後。橫縱覽之，可以得諸夏合散之由、霸業興衰之漸，春秋大局，何難窺一斑而識全豹耶！作《敦盤司劑》。

◎摘錄卷中《師貞分述》首：征伐會盟，相為表裏。衣裳九合，僅見齊桓，其他則無非僕僕於服戎者。孟子曰：「《春秋》無義戰」，彼善於此則有之，然前後兩召陵、鄢陵、城濮只敗偏師，邲戰失律而下軍特完，鞌戰全傾而三帥復縱，箕、鞌、大棘、柏舉、艾陵等戰，無關天下之大勢。至於入滅圍取互為主客，雖皆狡焉思啟，終未如後世斬將搴旗之甚，黷武之中猶有禮焉。而左史紀事，其視馬史之敘鉅鹿、班史之敘昆陽倍增氣色。又於一部之中敘晉楚事，過半齊秦次之，魯衛宋鄭次之，曹許邾杞以下附見而已，固由翦裁工密，亦規全局以立言也。余於盟會則按時以次之見時事之隆污，於征伐則分國以紀之見國勢之強弱，當亦無悖於年經國緯之體云爾。作《師貞分述》。

（左公紀事本無畛域，迨杜氏作年表，則自周魯暨十九國之外無聞，以其不足敘列也。余於師貞一條亦從其例，差別經傳，畧無缺誤。惟於經中僖三年徐人取舒、僖十年狄滅溫、僖三十年介人侵蕭，傳中隱元年紀人伐夷、僖十六年淮夷病鄫無可附麗，特首揭之以備覽焉）

◎摘錄卷中《邦聯綜異》首：朝覲宗遇，比年三年之聘，諸侯所以事天子也。而《周禮》又曰：「諸侯之交，歲相問，殷相聘，世相朝。」蓋朝取相見之義而聘以結好，其制亦通於下。然必擇有禮之國而行之。降及春秋，則惟強弱之是視，其疏數亦無定期。有寧忘修貢於王朝而莫敢失禮於盟主者，魯宗邦

也、宋王賓也、齊霸國之餘烈也，猶世屈於大侯，悉索敝賦以會時事，況小弱乎？依經据傳，區為十條，專紀周魯之事，而他國駢綴焉，則以繁簡起例者也。作《邦聯綜異》。

◎摘錄卷下《陰禮覷變》首：國之大事在祀，而婚姻人道之始，喪葬子職之終，此誠教孝作忠，制國之本務也。春秋祭葬，非瀆即僭。若寧武、國僑、楚昭王之論，僅見一二。至婚姻則尤多以勢利合者，違禮猶可，瀆姓甚矣。麟經褒刺之文，於此益著。蓋聖人以神道設治而化本，房中皆陰教也。作《陰禮覷變》。

◎摘錄卷下《國是統》首：九州千八百國之事蹟，史不勝書，即有命告之使，轉相通問，得以登諸簡牘。而所傳異辭，所聞異辭，未嘗無冗雜之患。自大聖人筆削而存之，則雖單詞瑣事，皆可奉為經邦之法戒者，敢失紀歟？首蒐狩，志大典也；繼以力役戍役，重勤民也；國之強弱，視所興廢，則變制次之；國本固矣，乃可以述職於天子，則勤王次之；揆文奮武，是亦旬侯之職也，遷國畧地又次之；畏天邮民，禦災捍患，而後能長有其國，則 以薔祥終焉。作《國是統》。

◎摘錄卷下《馴冰廣鑑》首：《易》曰：「履霜堅冰，由來者漸」，又曰：「其亡其亡，繫于苞桑」，安不忘危，保國全家之善志也。春秋時國有篡奪之禍，家有傾軋之憂，交睫為譏，前車岡鑒，聖人特于此類鉅細必書，左氏又從而究其始末，大都禍常積於奢縱而患多生于忽微，其所以示人趨避之方者，至詳且備。善乎鄭公孫黑肱之言曰：「貴而能貧，生之寶也。」作《馴冰廣鑑》。

◎摘錄卷下《襲錦》首：嘗論《左繡》一書，其抉摘《左氏》文法亦既穿天心鑿月窟，而又於簡首通論二百四十餘年之事，口若懸河，靡勿融貫，洵足發前人所未發，一切箋疏諸家，盡堪庋置，固肄業是編者之津梁圭臬也。至聖微言，文定胡公闡之；素臣大旨，元凱杜氏表之；《春秋》時勢，馮文閑先生發揮之。美矣備矣，不可以有加矣。作《襲錦》。

◎道光《會稽縣志稿》卷十七《人物·儒林》：著有《左腴》《天文萃要》《疆域總略》《六書形聲辨訛》《前明越獻錄》《世統備紀》等書行世。

◎周作人《書房一角》〔註1〕卷二《桑下叢談》第四十三則「《左腴》周氏刻本」：《左腴》十四編，係講《左傳》之書，分上中下三卷，會稽潘希淦著。有道光戊申杜煦序、男尚楫序，同年十二月刊。下卷末葉有字一行曰，年「再

〔註1〕新民印書館1944年《藝文叢書》本。

姪周以均命男錫祺校刊」，中卷末又署「孫壻周以壃鴻卿校刊」，此蓋是覆盆橋
周氏刻本，書估索高物，以其為吾家故物，乃收得之。潘跋云：去夏沈墨莊周
一齋纂修縣乘，購訪遺書，查道光《會稽縣志稿》，《藝文》部分已缺，卷十七
《人物・儒林》下有潘希淦傳，語多與杜序相同。一齋公為曾祖八山公之從弟，
曾重刊《越言釋》；鴻卿公則曾祖之同祖兄弟，即花塍之父，同治壬戌死於寇
難，譜載名之鐕，以壃之名反不著錄。

◎孫殿起《販書偶記》卷二：《左腴》三卷，會稽潘希淦撰。道光戊申藝
蘭書屋刊。

◎潘希淦，初名濂，字仲谿，又字懷薌，自號懷香居士、珊瑚鈍叟。浙江
會稽（今紹興）珊瑚村人。著有《左腴》三卷、《六書形聲辨偽》、《天文萃要》、
《疆域總略》、《前明越獻錄》、《世統備紀》。

潘湘白 左串 二卷 佚

◎民國《順德縣志》卷十七《列傳》二：性嗜古，博通經史，閉門授徒，
提倡實學。著有《周易刪要》二卷、《周易蠡測》一卷、《周易圖說》一卷、《周
易愚猜》四卷、《禹貢圖說》一卷、《周禮擷要》三卷、《禮記擷要》四卷、《左
串》二卷、《諸經圖說》六卷、《史長譜》一卷、《隆替譜》一卷、《賢奸譜》一
卷、《得失譜》四卷、《沿革譜》二卷、《興亡譜》一卷、《災祥譜》一卷、《軒
輊譜》二卷、《明史橐》一卷、《有明記事》一卷、《天文占候》一卷、《疆域沿
革》一卷、《萬姓譜》六卷、《子史輯要補》二卷、《四書徵史》八卷、《篋遺編》、
《待裁編》七集共二十餘卷待梓。

◎潘湘白，字務滋。廣東順德人。嘉慶二十四年（1819）副貢。著有《周
易刪要》二卷、《周易蠡測》一卷、《周易圖說》一卷、《周易愚猜》四卷、《禹
貢圖說》一卷、《周禮擷要》三卷、《禮記擷要》四卷、《左串》二卷、《四書徵
史》八卷、《諸經圖說》六卷、《史長譜》一卷、《隆替譜》一卷、《賢奸譜》一
卷、《得失譜》四卷、《沿革譜》二卷、《興亡譜》一卷、《災祥譜》一卷、《軒
輊譜》二卷、《明史橐》一卷、《有明記事》一卷、《天文占候》一卷、《疆域沿
革》一卷、《萬姓譜》六卷、《子史輯要補》二卷、《篋遺編》、《待裁編》。

潘相 春秋比事參義 一卷 存

國圖藏光緒八年（1882）石埭桂正華刻本

國圖、復旦、湖南藏嘉慶四年（1799）歙縣胡士范校刻潘相所著書本

上海、復旦、湖南藏嘉慶七年（1802）刻本

潘經峰四種本

潘氏經學八書本

光緒十五年（1889）刻潘子全集本

◎序：《宋史》有沈棐《春秋比事》二十卷、辛次膺《屬詞比事》五卷，都穆《鐵網珊瑚集》云：宋湖州沈棐文伯撰《春秋總論》二十卷，陳龍川更名《比事》，序而刊之。明嘉靖辛未，廬陵譚卿月序則以為莆陽劉朔所著。此書及辛書予未之見，予所見方望溪有《春秋比事目錄》一書，首王室伐救，終闕文，總目八十有五，每目將事同而書法互異者條列於簡，不著一語，俾人考求之而曲得其精蘊。法誠善矣，但義例猶覺有未盡者。因倣其法，別為條目，各著數語，使觀者易知，名曰《參義》。」七十一歲經峯叟書。

◎光緒《湖南通志》卷二百四十六《藝文志》二：《春秋尊孟》（卷首有乾隆戊戌相自序，稱少輯《春秋》傳註，為經解應歲科試，每讀橫渠「惟孟子能知」一語，心竊疑之。及見京山郝氏專主孟子晉楚魯為三僭國緒論，因以尋繹《正蒙》之言，乃知聖人序次時政，退諸侯，討大夫，誅陪臣，以達王事，以維王迹，其刺譏褒諱抑損之文辭，知我罪我，言人人殊。當時七十子之徒口受其傳指，皆未敢輕以告人。至於聖孫子思始以傳之孟子，孟子鄒人，閱世稍遠，乃為發其歸趨，昭示來茲，上以繼堯舜禹湯文武周孔之統，是故百家之知《春秋》者舉莫若孟子，子張子之言，信乎不我欺也。甲戌以後，旅食京華，乃本郝氏之意，參互演繹，隨時劄記，積成若干條，因取曩時《經解》，逐加芟削，附存什十，合為一編）、《春秋比事參義》（卷首序云：「《宋史》有沈棐《春秋比事》二十卷、辛次膺《屬詞比事》五卷，都穆《鐵網珊瑚集》云：宋湖州沈棐文伯撰《春秋總論》二十卷，陳龍川更名《比事》，序而刊之。明嘉靖辛未，廬陵譚卿月序則以為莆陽劉朔所著。此書及辛書予未之見，予所見方望溪有《春秋比事目錄》一書，首王室伐救，終闕文，總目八十有五，每目將事同而書法互異者條列於簡，不著一語，俾人考求之而曲得其精蘊。法誠善矣，但義例猶覺有未盡者。因倣其法，別為條目，各著數語，使觀者易知，名曰《參義》。」案編中首一條「書大雩者二十一」注云：「天子雩於上帝用盛樂，故曰大雩。魯侯只得雩於境內之山川，不能薦用大雩。」編凡七十九篇，不分卷數，刊於嘉慶七年）、《春秋應舉輯要》十二卷（卷首有歙胡士范序、嘉慶己未楊肇增序。楊序稱自三傳並立學官，齗齗聚訟，漢晉唐宋諸儒泥於《釋例》，前明取士初主張洽、胡安國，其後《胡傳》單行，張氏亦廢。

自欽定《春秋傳說彙纂》《御纂春秋直解》兩書頒行學官，而《春秋》始有定解。顧坊間猶行《胡傳》，即如合題，久奉禁革，猶有存體注標題備旨者，襲謬承譌，而不知其大悖功令。經峯先生為寒素計，為《輯要》一書，不倍功令而多所貫通，洵黨塾之指南也），安鄉潘相撰。

◎郭嵩燾《郭嵩燾日記》光緒五年八月初二日：唐衡叔帶到吳萊庭一信，並見貽安鄉潘經峯（相）全集一部、安福鄧涔陽（尚譿）《周易詳說》一部，並澧州經師也。潘經峯所著經學八種，曰《周易尊翼》五傳、曰《尚書可解輯粹》二卷、曰《毛詩古音參義》五卷、曰《春秋應舉輯要》十二卷、曰《春秋比事參義》一卷、曰《春秋尊孟》一卷、曰《周禮撮要》三卷、曰《禮記釐編》十卷，此外曰《吾學錄》五卷、曰《事友錄》五卷、曰《琉球入學見聞錄》四卷，曰《寶文書屋集略》八卷則其詩文集也，曰《約六齋制藝》四卷。都為六十五卷。

◎民國《安鄉縣志初稿》卷二十三《潘氏列傳》：學問湛深，負經師人師重望，不僅循良吏也。著作宏富，尤九澧數百年所未有。所著《周易尊翼》、《尚書可解》、《毛詩古音參義》、《春秋尊孟》、《春秋比事參義》，凡見載《文籍志》者，呈送四庫館齊楚書局，不暇疵，允刊行。

◎胡士范《春秋應舉輯要序》：安鄉潘經峯先生，早歲貢成均，以終養屏居鄉塾，壹心窮經學古。已而入都門受知觀補亭、陸鳧川奏薦，教琉球國入學官生。舉順天鄉闈成進士，文名噪藝林。涖民齊魯，三預分校，氣類感召，所得士皆老宿。嘗語學人讀書惟以《小學近思錄》為四子六經階梯，史則篤好《史記》《漢書》，古文惟學韓、柳。所著《經學八書》暨各史編、今古文嘗呈送四庫館齊楚書局校閱，閣部諸公皆嘆賞不置。范嘗受而讀之：《周易尊翼》謂四聖一易，尚其辭變象占，以費直本子為有功後學，而詳《本義》之所略；《尚書可解》信朱子「多不可解」之說，倣李榕村法，多異同，而用盛秦川《尚書釋天》；《毛詩古音參義》主陳季立、顧亭林本音之讀，而兼取百氏《訓詁》；《春秋尊孟》信郝京山晉楚魯三儹國定解合于《孟子》好辯、王迹兩章；《春秋比事參義》名同前人，實舉望溪諸公義例之未盡者，別為條目，而得其精蘊；《春秋應舉輯要》以坊本《春秋體注》等書多背定解，合題尤奉嚴禁倣標題之例，取場屋必出之句，輯其要旨，以便誦習；《禮記釐編》倣東萊呂氏、石梁王氏、臨川吳氏、安溪李氏，別為義例而釐其章句；《周禮撮要》用王志長《刪翼》，緒言以為六論一論各有綱目，如珠聯、如繩貫，而要于欽定諸經大義奧

旨不稍背；他若《琉球見聞錄》《曲阜志》《吾學錄》《事友錄》《澧志舉要》，皆本史法。恭紀《春秋》大義炳如日星，自《三傳》並立，學官齗齗聚訟而經義晦。漢晉唐宋諸儒泥於《釋例》而經義再晦。至前明取士，初主張洽、胡安國，其後《胡傳》單行而張氏亦廢。附會臆斷，往往而然。始夜行而無燭光，悵悵其何之也！國朝欽定《春秋傳說彙纂》、御纂《春秋直解》兩書頒行學宮，而《春秋》始有定解。日月出而爝火息，四海之內，開矇眊而履康莊矣。顧鄉曲之士，購書維艱，而坊閒猶行《胡傳》，即如合題，久奉禁革，猶有存《體注》《標題》《備旨》者，襲謬承譌，而不知其大悖功令，貽誤士子之功名，可為長太息也。且經文不可不全讀，而場中製題不能無避忌揣摩之法，政不必一句一字為之櫛比而詳釋也。安鄉經峯潘先生，以名進士宰曲阜、牧濮州，文章政事，蜚聲二東，五經咸有所論著，而於是經窮究尤深，既刻《春秋尊孟》《春秋比事》二書，又惓惓為寒素計，倣標題之例，取場屋所必出者，敬遵《彙纂》《直解》為《春秋應舉輯要》，不倍功令而多所貫通，洵為黨塾之指南也、棘闈之拱璧也。先生仲嗣鯨濤佐郡新安，嘗出先生《經學八書》暨各史編、今古文以公同好。因參校，得寓目。於《三傳》之同異得失、專門名家之支離迂拘既知所，聖天子治教德威傳示無極，不但《經解》暨書屋卷本《撝謙堂集畧》、《約六齋制義》之有益後學也。先生各書俱多刊傳，惟是編未刻，然為應舉所必需。士范幸遊先生仲氏之門，既得聞所未聞，爰與其文孫恩墅等共商付梓，而記其端末如右。嘉慶己未元日歙縣後學胡士范謹識。

◎潘相（1713～1790），字潤章，號經峰。湖南安鄉人。乾隆二十八年（1763）進士。入國子監琉球官學任教四年，歷知山東福山縣、曲阜縣，陞任濮州知州。乾隆四十五年（1780）補授雲南昆陽州知州，未幾告歸。卒祀鄉賢祠。子四：承焯、承熾、承煒、承炳。著有《周易尊翼》五卷、《毛詩古音參義》五卷、《尚書可解輯粹》二卷、《禮記氂編》十卷、《春秋比事參義》一卷、《春秋應舉輯要》十二卷、《春秋尊孟》一卷、《周禮撮要》一卷、《三經目錄》、《澧志舉要》三卷補一卷、《琉球入學見聞錄》四卷圖一卷、《吾學錄》五卷、《事友錄》五卷、《彎文書屋集畧》八卷、《彎文書屋尺牘畧》一卷、《約六齋制藝》不分卷、《潘氏一家言》、《金華集》、《約六齋文鈔》、《曲阜縣志》一百卷，與纂《直隸錦州志》五十四卷等。《湖南文徵》卷三十四收錄其《卦變考》一篇。

潘相 春秋應舉輯要 十二卷 存

國圖、復旦、湖南藏嘉慶四年（1799）歙縣胡士范校刻潘相所著書本

潘氏經學八書本

光緒十五年（1889）刻潘子全集本

◎序：安鄉潘經峯先生，早歲貢成均，以終養屏居鄉塾，壹心窮經學古。已而入都門受知觀補亭、陸鼻川奏薦，教琉球國入學官生。舉順天鄉闈成進士，文名噪藝林。涖民齊魯，三預分校，氣類感召，所得士皆老宿。嘗語學人讀書惟以《小學近思錄》為四子六經階梯，史則篤好《史記》《漢書》，古文惟學韓、柳。所著《經學八書》暨各史編、今古文嘗呈送四庫館齊楚書局校閱，閣部諸公皆嘆賞不置。范嘗受而讀之：《周易尊翼》謂四聖一易，尚其辭變象占，以費直本子為有功後學，而詳《本義》之所略；《尚書可解》信朱子「多不可解」之說，倣李榕村法，多異同，而用盛秦川《尚書釋天》；《毛詩古音參義》主陳季立、顧亭林本音之讀，而兼取百氏《訓詁》；《春秋尊孟》信郝京山晉楚魯三僭國定解合于《孟子》好辯、王迹兩章；《春秋比事參義》名同前人，實舉望溪諸公義例之未盡者，別為條目，而得其精蘊；《春秋應舉輯要》以坊本《春秋體注》等書多背定解，合題尤奉嚴禁倣標題之例，取場屋必出之句，輯其要旨，以便誦習；《禮記鼇編》倣東萊呂氏、石梁王氏、臨川吳氏、安溪李氏，別為義例而鼇其章句；《周禮撮要》用王志長《刪翼》，緒言以為六論一論各有綱目，如珠聯、如繩貫，而要于欽定諸經大義奧旨不稍背；他若《琉球見聞錄》《曲阜志》《吾學錄》《事友錄》《澧志舉要》，皆本史法。恭紀《春秋》大義炳如日星，自《三傳》並立，學官齦齦聚訟而經義晦。漢晉唐宋諸儒泥於《釋例》而經義再晦。至前明取士，初主張洽、胡安國，其後《胡傳》單行而張氏亦廢。附會臆斷，往往而然。始夜行而無燭光，倀倀其何之也！國朝欽定《春秋傳說彙纂》、御纂《春秋直解》兩書頒行學宮，而《春秋》始有定解。日月出而爝火息，四海之內，開矇眊而履康莊矣。顧鄉曲之士，購書維艱，而坊閒猶行《胡傳》，即如合題，久奉禁革，猶有存《體注》《標題》《備旨》者，襲謬承譌，而不知其大悖功令，貽誤士子之功名，可為長太息也。且經文不可不全讀，而場中製題不能無避忌揣摩之法，政不必一句一字為之櫛比而詳釋也。安鄉經峯潘先生，以名進士宰曲阜、牧濮州，文章政事，蜚聲二東，五經咸有所論著，而於是經窮究尤深，既刻《春秋尊孟》《春秋比事》二書，又惓惓為寒素計，倣標題之例，取場屋所必出者，敬遵《彙纂》《直解》為《春秋應舉輯要》，不

倍功令而多所貫通，洵為黨塾之指南也、棘闈之拱璧也。先生仲嗣鯨濟佐郡新安，嘗出先生《經學八書》暨各史編、今古文以公同好。因參校，得寓目。於《三傳》之同異得失、專門名家之支離迂拘既知所，聖天子治教德威傳示無極，不但《經解》暨書屋卷本《撝謙堂集畧》、《約六齋制義》之有益後學也。先生各書俱多刊傳，惟是編未刻，然為應舉所必需。士范幸遊先生仲氏之門，既得聞所未聞，爰與其文孫恩墪等共商付梓，而記其端末如右。嘉慶己未元日歙縣後學胡士范謹識。

◎郭嵩燾《郭嵩燾日記》光緒五年八月初二日：唐衡叔帶到吳萊庭一信，並見貽安鄉潘經峯（相）全集一部、安福鄧涔陽（尚謙）《周易詳說》一部，並澧州經師也。潘經峯所著經學八種，曰《周易尊翼》五傳、曰《尚書可解輯粹》二卷、曰《毛詩古音參義》五卷、曰《春秋應舉輯要》十二卷、曰《春秋比事參義》一卷、曰《春秋尊孟》一卷、曰《周禮撮要》三卷、曰《禮記釐編》十卷，此外曰《吾學錄》五卷、曰《事友錄》五卷、曰《琉球入學見聞錄》四卷，曰《寶文書屋集略》八卷則其詩文集也，曰《約六齋制藝》四卷。都為六十五卷。

◎光緒《湖南通志》卷二百四十六《藝文志》二：《春秋尊孟》（卷首有乾隆戊戌相自序，稱少輯《春秋》傳註，為經解應歲科試，每讀橫渠「惟孟子能知」一語，心竊疑之。及見京山郝氏專主孟子晉楚魯為三僭國緒論，因以尋繹《正蒙》之言，乃知聖人序次時政，退諸侯，討大夫，誅陪臣，以達王事，以維王迹，其刺譏褒諱挹損之文辭，知我罪我，言人人殊。當時七十子之徒口受其傳指，皆未敢輕以告人。至於聖孫子思始以傳之孟子，孟子鄒人，閱世稍遠，乃為發其歸趨，昭示來茲，上以繼堯舜禹湯文武周孔之統，是故百家之知《春秋》者舉莫若孟子，子張子之言，信乎不我欺也。甲戌以後，旅食京華，乃本郝氏之意，參互演繹，隨時劄記，積成若干條，因取囊時《經解》，逐加芟削，附存什十，合為一編）、《春秋比事參義》（卷首序云：「《宋史》有沈棐《春秋比事》二十卷、辛次膺《屬詞比事》五卷，都穆《鐵網珊瑚集》云：宋湖州沈棐文伯撰《春秋總論》二十卷，陳龍川更名《比事》，序而刊之。明嘉靖辛未，廬陵譚卿月序則以為莆陽劉朔所著。此書及辛書予未之見，予所見方望溪有《春秋比事目錄》一書，首王室伐救，終闕文，總目八十有五，每目將事同而書法互異者條列於簡，不著一語，俾人考求之而曲得其精蘊。法誠善矣，但義例猶覺有未盡者。因倣其法，別為條目，各著數語，使觀者易知，名曰《參義》。」案編中首一條「書大雩者二十一」注云：「天子雩於上帝用盛樂，故曰大雩。魯侯只得雩於境內之山川，不

能薦用大雩。」編凡七十九篇，不分卷數，刊於嘉慶七年）、《春秋應舉輯要》十二卷（卷首有歆胡士范序、嘉慶己未楊肇增序。楊序稱自三傳並立學官，齗齗聚訟，漢晉唐宋諸儒泥於《釋例》，前明取士初主張洽、胡安國，其後《胡傳》單行，張氏亦廢。自欽定《春秋傳說彙纂》《御纂春秋直解》兩書頒行學官，而《春秋》始有定解。顧坊間猶行《胡傳》，即如合題，久奉禁革，猶有存體注標題備旨者，襲謬承譌，而不知其大悖功令。經峯先生為寒素計，為《輯要》一書，不倍功令而多所貫通，洵黨塾之指南也），安鄉潘相撰。

◎《續修四庫全書提要》稱此書「雖取便寒素，亦不無裨益」。

潘相 春秋尊孟 一卷 存

北大、復旦、上海、南京藏乾隆二十九年（1764）至嘉慶七年（1802）刻安鄉潘經峯父子遺書本

復旦、湖南、重慶藏乾隆四十三年（1778）汲古閣刻本

乾隆嘉慶潘經峰四種本

潘氏經學八書本

光緒十五年（1889）刻潘子全集本

◎序：曩余少時，輯《春秋》傳註，為經解應歲科試，每讀橫渠「惟孟子能知」一語，心竊疑之。及見京山郝氏專主孟子晉楚魯為三僭國緒論，因以尋繹《正蒙》之言，乃知聖人序次時政，退諸侯，討大夫，誅陪臣，以達王事，以維王迹，其刺譏褒諱挹損之文辭，知我罪我，議人人殊。當時七十子之徒口受其傳指，皆未敢輕以告人。至於聖孫子思始以傳之孟子，孟子鄒人，閱世稍遠，乃為發其歸趨，昭示來茲，比功於抑洪水、驅猛獸，上繼堯舜禹湯文武周存之之統，是以百家之知《春秋》者舉莫若孟子，子張子之言，信乎不我欺也。甲戌以後，旅食京華，從大司城觀補亭、陸鳧川師受經五年，日玩欽定《春秋傳說彙纂》所以提挈綱維、開示蘊奧者，實皆主於七篇，益信所見之不背。乃本郝氏之意，參互演繹，隨時劄記，積成若干條，題曰《尊孟》。因取曩時《經解》，逐加芟削，附存什十，合為一編，簿書餘閒，時復修改。歲月若流，深虞忘忽，漫付剞劂，就正有道，非敢自矜半解，貽譏鑿妄，亦謂幸生至治，瓦聲葉響，皆許同鳴，其庶不閑過日月為無所用心云爾。乾隆戊戌孟陬既望，澧水後學潘相書於鄆城官舍。

◎胡士范《春秋應舉輯要序》：安鄉潘經峯先生，早歲貢成均，以終養屏居鄉塾，壹心窮經學古。已而入都門受知觀補亭、陸鳧川奏薦，教琉球國入

學官生。舉順天鄉闈成進士，文名噪藝林。涖民齊魯，三預分校，氣類感召，所得士皆老宿。嘗語學人讀書惟以《小學近思錄》為四子六經階梯，史則篤好《史記》《漢書》，古文惟學韓、柳。所著《經學八書》暨各史編、今古文嘗呈送四庫館齊楚書局校閱，閣部諸公皆嘆賞不置。范嘗受而讀之：《周易尊翼》謂四聖一易，尚其辭變象占，以費直本子為有功後學，而詳《本義》之所略；《尚書可解》信朱子「多不可解」之說，倣李榕村法，多異同，而用盛秦川《尚書釋天》；《毛詩古音參義》主陳季立、顧亭林本音之讀，而兼取百氏《訓詁》；《春秋尊孟》信郝京山晉楚魯三僭國定解合于《孟子》好辯、王迹兩章；《春秋比事參義》名同前人，實舉望溪諸公義例之未盡者，別為條目，而得其精蘊；《春秋應舉輯要》以坊本《春秋體注》等書多背定解，合題尤奉嚴禁倣標題之例，取場屋必出之句，輯其要旨，以便誦習；《禮記鼇編》倣東萊呂氏、石梁王氏、臨川吳氏、安溪李氏，別為義例而鼇其章句；《周禮撮要》用王志長《刪翼》，緒言以為六論一論各有綱目，如珠聯、如繩貫，而要于欽定諸經大義奧旨不稍背；他若《琉球見聞錄》《曲阜志》《吾學錄》《事友錄》《澧志舉要》，皆本史法。恭紀《春秋》大義炳如日星，自《三傳》並立，學官齗齗聚訟而經義晦。漢晉唐宋諸儒泥於《釋例》而經義再晦。至前明取士，初主張洽、胡安國，其後《胡傳》單行而張氏亦廢。附會臆斷，往往而然。始夜行而無燭光，恨恨其何之也！國朝欽定《春秋傳說彙纂》、御纂《春秋直解》兩書頒行學宮，而《春秋》始有定解。日月出而爝火息，四海之內，開曚眊而履康莊矣。顧鄉曲之士，購書維艱，而坊閒猶行《胡傳》，即如合題，久奉禁革，猶有存《體注》《標題》《備旨》者，襲謬承譌，而不知其大悖功令，貽誤士子之功名，可為長太息也。且經文不可不全讀，而場中製題不能無避忌揣摩之法，政不必一句一字為之櫛比而詳釋也。安鄉經峯潘先生，以名進士宰曲阜、牧濮州，文章政事，蜚聲二東，五經咸有所論著，而於是經窮究尤深，既刻《春秋尊孟》《春秋比事》二書，又惓惓為寒素計，倣標題之例，取場屋所必出者，敬遵《彙纂》《直解》為《春秋應舉輯要》，不倍功令而多所貫通，洵為黨塾之指南也、棘闈之拱璧也。先生仲嗣鯨濟佐郡新安，嘗出先生《經學八書》暨各史編、今古文以公同好。因參校，得寓目。於《三傳》之同異得失、專門名家之支離迂拘既知所，聖天子治教德威傳示無極，不但《經解》暨書屋卷本《撝謙堂集畧》、《約六齋制義》之有益後學也。先生各書俱多刊傳，惟是編未刻，然為應舉所必需。士范幸遊先生仲氏之門，

既得聞所未聞，爰與其文孫恩壁等共商付梓，而記其端末如右。嘉慶己未元日歙縣後學胡士范謹識。

◎光緒《湖南通志》卷二百四十六《藝文志》二：《春秋尊孟》（卷首有乾隆戊戌相自序，稱少輯《春秋》傳註，為經解應歲科試，每讀橫渠「惟孟子能知」一語，心竊疑之。及見京山郝氏專主孟子晉楚魯為三僭國緒論，因以尋繹《正蒙》之言，乃知聖人序次時政，退諸侯，討大夫，誅陪臣，以達王事，以維王迹，其刺譏褒諱抑損之文辭，知我罪我，言人人殊。當時七十子之徒口受其傳指，皆未敢輕以告人。至於聖孫子思始以傳之孟子，孟子鄒人，閱世稍遠，乃為發其歸趨，昭示來茲，上以繼堯舜禹湯文武周孔之統，是故百家之知《春秋》者舉莫若孟子，子張子之言，信乎不我欺也。甲戌以後，旅食京華，乃本郝氏之意，參互演繹，隨時劄記，積成若干條，因取曩時《經解》，逐加芟削，附存什十，合為一編）、《春秋比事參義》（卷首序云：「《宋史》有沈棐《春秋比事》二十卷、辛次膺《屬詞比事》五卷，都穆《鐵網珊瑚集》云：宋湖州沈棐文伯撰《春秋總論》二十卷，陳龍川更名《比事》，序而刊之。明嘉靖辛未，廬陵譚卿月序則以為莆陽劉朔所著。此書及辛書予未之見，予所見方望溪有《春秋比事目錄》一書，首王室伐救，終闕文，總目八十有五，每目將事同而書法互異者條列於簡，不著一語，俾人考求之而曲得其精蘊。法誠善矣，但義例猶覺有未盡者。因倣其法，別為條目，各著數語，使觀者易知，名曰《參義》。」案編中首一條「書大雩者二十一」注云：「天子雩於上帝用盛樂，故曰大雩。魯侯只得雩於境內之山川，不能薦用大雩。」編凡七十九篇，不分卷數，刊於嘉慶七年）、《春秋應舉輯要》十二卷（卷首有歙胡士范序、嘉慶己未楊肇增序。楊序稱自三傳並立學官，齗齗聚訟，漢晉唐宋諸儒泥於《釋例》，前明取士初主張洽、胡安國，其後《胡傳》單行，張氏亦廢。自欽定《春秋傳說彙纂》《御纂春秋直解》兩書頒行學官，而《春秋》始有定解。顧坊閒猶行《胡傳》，即如合題，久奉禁革，猶有存體注標題備旨者，襲謬承譌，而不知其大悖功令。經峯先生為寒素計，為《輯要》一書，不倍功令而多所貫通，洵黨塾之指南也），安鄉潘相撰。

◎郭嵩燾《郭嵩燾日記》光緒五年八月初二日：唐衡叔帶到吳萊庭一信，並見貽安鄉潘經峯（相）全集一部、安福鄧澮陽（尚德）《周易詳說》一部，並澧州經師也。潘經峯所著經學八種，曰《周易尊翼》五卷、曰《尚書可解輯粹》二卷、曰《毛詩古音參義》五卷、曰《春秋應舉輯要》十二卷、曰《春秋比事參義》一卷、曰《春秋尊孟》一卷、曰《周禮撮要》三卷、曰《禮記釐編》十卷，此外曰《吾學錄》五卷、曰《事友錄》五卷、曰《琉球入學見聞錄》四卷，

曰《寶文書屋集略》八卷則其詩文集也，曰《約六齋制藝》四卷。都為六十五卷。

◎民國《安鄉縣志初稿》卷二十三《潘氏列傳》：學問湛深，負經師人師重望，不僅循良吏也。著作宏富，尤九澧數百年所未有。所著《周易尊翼》、《尚書可解》、《毛詩古音參義》、《春秋尊孟》、《春秋比事參義》，凡見載《文籍志》者，呈送四庫館齊楚書局，不暇疵，允刊行。

◎《續修四庫全書提要》稱是書「文筆犀利，言之成理，然往往失之過苛。」

潘鑄 春秋女氏世族譜 佚

◎民國《蕪湖縣志》卷五十《人物志·文學》：偶購陳曙峰所輯《春秋世族譜》，序載女氏族嗣出。鑄以久之未見鑴本也，因綜覈二百四十年匹配之臧否，著為一編，名《春秋女氏世族譜》，良工心苦，殆可補杜氏所未備云。

◎潘鑄，字有倉，號升菴。安徽蕪湖人。邑增生。植品純正，讀書外無他嗜。著有《春秋女氏世族譜》。

龐塏 春秋經傳 不分卷 存

廣西師大藏稿本

◎龐塏（1657～1725），字霽公，號雪崖。河北任邱人。曾祖龐泮字予魯，號芹川，崇禎貢生，官東光教諭，精經學；祖龐招俊字修子，著有《尚書正旨旁訓》六卷；父龐克慎字徽五，諸生，家世受《尚書》，著有《尚書傳習錄》四卷、《藝苑歸約》二卷諸書。塏為康熙十四年（1675）舉人。十八年（1679）以博學鴻儒科授官翰林院檢討。後歷任內閣中書舍人、工部都水司主事、員外郎、戶部廣西司郎中。三十七年（1698）調任建寧知府。工詩善書。嘗參纂《明史》。在翰林時，與彭孫遹、馮勖、邱象隨、李因篤、李澄中、陳其年、施閏章等唱和，成《翰苑稿》十卷。又著有《周易集說》四卷、《詩義固說》二卷、《春秋經傳》不分卷、《松間書屋詩集》六卷、《閒居錄》八卷、《叢碧山房文集》八卷、《叢碧山房詩集》初集十四卷二集六卷三集十一卷四集十七卷五集五卷計五十三卷、《叢碧山房雜著》三卷、《和陶詩集》一卷、《舍人稿》六卷、《工部稿》十一卷、《戶部稿》十卷、《建州稿》五卷、《和陶詩集》一卷、《昭君怨詩集》一卷，康熙四十四年（1705）刻李澄中《白雲村文集》四卷、《臥象山房詩正集》七卷。

龐佑清 春秋綸 十二卷 存

蘇州藏稿本

◎龐佑清，字繡廷，號書田。吳江（今江蘇蘇州吳江區）人。著有《舒恬齋周禮讀本》六卷、《春秋綸》十二卷，曾校輯陳啟源《毛詩稽古編》、姚培謙《春秋左傳杜注》三十卷首一卷。

彭大壽 佚詩春秋三經合解 佚

◎《清史列傳》卷六十六《儒林傳》上：著有《大易詩經春秋合解》、《魯岡通禮》等書，共一百三十四卷。其《魯岡或問》四卷，言身心治道，有功聖學。

◎甘鵬雲等《湖北文徵》卷六：著有《佚詩春秋三經合解》《魯岡通禮》《魯岡或問》《自娛草》《兩宮錄》《賢相集》《高尚集》《孝義錄》《杜詩益》《古文益》《魯岡藏稿》《實學八要三十箴》等書一百三十四卷。《湖北通志‧文學》有傳。

◎彭大壽，字松友，號魯岡。湖北孝感人。順治間諸生。絕意進取，避地雲夢之金蓮陂，問道者戶外屨滿。《湖北通志‧文學》有傳。著有《佚詩春秋三經合解》《魯岡通禮》《魯岡或問》《自娛草》《兩宮錄》《賢相集》《高尚集》《孝義錄》《杜詩益》《古文益》《魯岡藏稿》《實學八要三十箴》等書一百三十四卷。

彭孚甲 三傳異文錄 一卷 存

道光二十八年（1848）刻本

◎彭蘊章《歸樸龕叢稿》卷六《三傳異文錄序》：說經家最忌穿鑿，而穿鑿者恒多。蓋一部書中未必無一二心得確然足以示後者，特未必全書皆有得也。好名之累，遂不憚附會以成其書，故不免於穿鑿也。三傳之有異同，當時各有師承，孰是孰非，千載下未易辨別。其如邾人之作邾婁、矢魚之作觀魚、成之為郕、郿之為麋，文異而意同者無論矣。至如杞侯、紀侯，《春秋釋文》謂不應杞侯七月來朝九月即入杞，故杞當從紀，而傳謂其討不敬，則兩說皆可通，而無庸執一說以斷之者也。其他會虛會郟、歸俘歸寶之類，近世攷訂家無可置喙，往往疑為篆文之誤，而或攷古篆或援小篆以證之，竊疑其近於鑿也。蓋古篆已不可知，小篆則非竹簡所書，居今日而僅據《說文》所有之字以辨古

書，豈知《說文》之去古書已不可以道里計耶！兄子孚甲，沉靜嗜書，錄三傳異文，不贊一詞，俾讀者自得之，是真善讀書者矣。夫以孚甲之沈潛經學，其於三傳異文豈不能有所發明以標心得？然而不贊一詞者，竭其所知究不能盡知，而不肯強不知以為知，懼其鑿也。吾故謂其善讀書也。是為序。

◎雷夢水《販書偶記續編》卷二《經部・春秋總義類》：《三傳異文錄》一卷，清吳縣彭孚甲編。道光戊申刊。

◎彭孚甲，字喬仙。吳縣（今江蘇蘇州）人。彭蘊章從子。著有《三傳異文錄》一卷。

彭遷道 春秋質疑 二卷 存

新鄉藏光緒二年（1876）刻本（存卷二）

◎孫殿起《販書偶記》卷二：《春秋質疑》二卷，古鄴彭遷道撰。光緒丙子刊。

◎彭遷道，古鄴（今河北邯鄲）人。著有《春秋質疑》二卷。

彭夢日〔註2〕 穀梁范注闕地釋 二卷 存

復旦、湖南藏光緒二十九年（1903）扶雲〔註3〕山房家刻本

◎尋霖、龔篤清編《湘人著述表》：顏昌曉序稱：光緒辛卯，時總督南皮張公開學館武昌，招集兩湖劭學之士就業其中。而予與君及王君龍文、鄧君添敘、謝君鐘棣以侯官張學使之命往遊焉。歷今幾時，王君涪貢京師，入翰林，官編修，罷官歸里。鄧、謝二君優遊林泉，放浪文酒。獨余與君授經里黨，坐腐性靈，而君鬚髮種種白矣。

◎是書採錄漢代以來至高士奇《春秋地名考略》、顧棟高《春秋大事表》、江永《春秋地理考實》諸說，駁正旁推，廣證疏釋。

◎彭夢日，湖南湘鄉人。光緒三十一年（1905）與王剛、楊炳謙等發起改東山書院為湘鄉縣公立東山高等小學堂。著有《穀梁范注闕地釋》二卷。

彭興護 春秋傳注讀本 佚

◎光緒《湖南通志》卷二百四十六《藝文志》二：《春秋傳注》，湘鄉彭興護撰。

〔註2〕或題彭夢白。
〔註3〕扶雲或作技雲。

◎彭興護，字薄墅。湖南湘鄉人。乾隆五十四年（1789）拔貢。甚有時名。著有《春秋傳注讀本》、《幺螺草詩文集》。

彭永思 春秋左傳鈔 六卷 佚

◎同治《長沙縣志》卷三十五《藝文》二《編輯藝文目錄》：《春秋左傳鈔》六卷、《周禮鈔》三卷、《禮記鈔》四卷（彭永思錄。有傳）。

◎彭永思（1769～1842），字位存，號兩峯。湖南長沙人。嘉慶十四年（1809）恩科進士。以即用知縣銓發雲南，攜一僕單騎赴滇。十五年（1810）署嵩明州。補楚雄縣，三閱月清積牘八百餘件。捐奉拓新書院，倡桔槹汲水法灌溉。任五年，三署大姚，四署廣通，兩署南安州、姚州，所至皆能潔己愛民，人心翕服。性骨鯁不阿，故不為上司所樂。後捐戶部員外郎，旋丁父憂回籍。著有《春秋左傳鈔》六卷、《周禮鈔》三卷、《禮記鈔》四卷、《平莊小廣古文存》、《平莊小廣詩存》。

彭雲墟 春秋左傳杜注綜覽 三十卷 存

南京藏光緒二十六年（1900）粲花吟館刻本

◎一名《左傳綜覽》。

◎左傳綜覽序：或謂余曰：「《春秋》一經，古今聚訟，左氏之下有公羊，公羊之下有穀梁，漢時鄒氏、夾氏、鐸氏諸本概不可見。自唐以來，若啖助、若趙匡、若陸醇、若孫復，著作紛紛，快《三傳》之藩籬而獨抒己見。至程伊川、胡康侯傳出，下學羣奉為指南。由南宋元明以迄我朝，撰述日繁，莫衷一是，治絲而棼，學者患之，治《春秋》者果何道之從焉？」余曰：所傳聞不如所聞之確也，所聞不如所見之確也。左邱明親受經於聖人，退而徵諸百二十四國之史，廣搜博採，含英咀華，或先經以始事，或後經以終義，萬緒千條，莫非為經而設，俾學者詳考夫事之終始，而得失自見。得失既見，斯褒貶之旨可得而窺。治《春秋》者但以《左傳》為主，《左》所未備，然後補以他家可矣。或又曰：「朱子大賢也，其論《左傳》曰『左氏不知大義』，又曰『左氏有一大病，衹以成敗論人，都不折以理之是非』；朱文端公醇儒也，其議《左氏》曰『《春秋》之常，而《左氏》好怪；《春秋》崇德，而《左氏》尚力；《春秋》明治，而《左氏》喜亂；《春秋》言人而《左氏》稱神』，斯二說也，其定論歟？」余曰：未也。《左傳》中引「君子曰」云云，不盡是左公斷制之詞，多係備載一時士大夫輿論，間或瑕瑜不掩。朱子之所不滿，或係于斯。然其間格言法語

更僕難終，大率崇孝悌、重忠信、勉誠敬、戒詐虞、隆禮讓、薄爭鬥，真聖門高弟之鴻文，異叔季史官之曲筆。漢儒賈逵云：「《左氏》義深於君父」，一言蔽之已。至於怪力亂神，書中並紀，良由舊史所有，未便刊除。然正論每寓其間，左公何嘗與聖人異趣哉！蓋四書五經以外，天下文章莫大於是已。公、穀二家口授，數傳始著竹帛，未免輾轉失真。學者試虛心靜氣，排比三傳，互相參觀，便覺公、穀二家不逮左氏遠甚。彼劉逢祿之《春秋左傳考證》妄加雌黃，允當者百無一二。阮文達公刊入《皇清經解》中，殆千慮之一失乎！近年狂悖之徒，至謂《左傳》全書皆劉歆偽撰，此不足與辯者已。友人彭君雲墟，以其暇日集說左諸家成《左傳綜覽》一書，屬余序之。余閱其書，搜羅舊說，或論事，或論文，大致詳瞻，可稱讀《左》善本。勸付手民，以公同好。因并以平日《讀左漫筆》十餘條俾附刊簡末，蓋為就正計也，願高明可以教我。時光緒二十六年仲夏中浣，廣州陳廷瑛。

◎雷夢水《販書偶記續編》卷二《經部・春秋總義類》：《春秋左傳杜注綜覽》三十卷，清嶺南彭□□雲墟撰。光緒二十六年刊。

◎彭雲墟，嶺南人。著有《春秋左傳杜注綜覽》三十卷。

彭運修 春秋說 佚

◎光緒《湖南通志》卷二百四十六《藝文志》二：《春秋說》，宜章彭運修撰（《縣志》）。

◎彭運修，字宗歐。湖南宜章人。乾隆四十五年（1780）鄉試第一。歷知武昌、長陽等縣，署黃州府同知。著有《春秋說》、《耕心堂稿》三卷。

彭焯南 春秋楚地疆域表 一卷 存

嘉興藏光緒二十三年（1897）鄒代佑二玉山館刻本

◎孫殿起《販書偶記》卷二：《春秋楚地疆域表》一卷，新化彭焯南撰。光緒丁酉刊。

◎孫殿起《販書偶記》卷十八：《江南遊草》一卷（新化彭焯南撰。光緒丁酉刊。焯南著有《音學質疑》《詩達詁》《春秋楚地疆域表》）。

◎彭焯南，字笙陔。湖南新化人。同治光緒間主講龍源、資江書院。著有《周易指事》四卷、《詩達詁》首卷二卷、《音學質疑》六卷、《春秋楚地疆域表》一卷、《江南遊草》一卷、《明史論略》六卷。

皮錫瑞 春秋講義 二卷 存

　　湖南師大藏稿本（不分卷）

　　國圖、湖南、湖北、中科院、北師大、安徽師範大學藏宣統元年（1909）鴻飛印刷局鉛印師伏堂叢刻本

　　宣統元年（1909）刻本（題師伏堂春秋講義）

　　中華書局 2015 年國家清史編纂委員會文獻叢刊點校皮錫瑞全集本

　　北京燕山出版社 2020 年何俊編清代今文經學文獻輯刊影印宣統元年（1909）鴻飛印刷局鉛印師伏堂叢刻本

　　◎一名《師伏堂春秋講義》。

　　◎師伏堂春秋講義序：清興二百七十年，國家務變制度，參中外諸法，崇善革惡，政治惟乂，詔各直省皆設學堂以廣教育。於是湖南因嶽麓城南書院基址改建高等中路師範學堂，自理化興圖體操算數諸技，莫不有學，而皮君鹿門實掌經史。君於經無弗通曉，其治《春秋》也久且篤，爰特取經傳異同暨漢唐以來諸論辨，折中釐正，口講指畫，日積月累，已盈卷帙，未及成書而君歿。君令子嘉祐析為二卷，因囑余為之序。余觀君之意深矣！夫《春秋》為尊王之書，當孔子時，周室衰微，五霸迭興，名奉王朝，實與曹操挾漢獻號令羣雄無少異。君嘗論史，謂操處漢之末，高、光、明、章之祚訖，故敢為奸雄，子不一傳而篡立。五霸值周之衰，文武成康之澤嘗，故陽為尊戴，社稷傾覆而交扶，然惟齊桓下拜受胙，差得事天子之禮。至於楚莊王觀兵於周疆而問鼎、晉文恃功於城濮而召王、秦穆哀黃鳥而三良殉、宋襄求諸侯而鄫子祀，下逮夫差句踐起自吳越，陵中原，僭王號，正統之垂，不絕如線，即一勉強撐持，議者猶譏天之所壞為不可支。向微孔子作《春秋》伸大義於天下萬世，亂臣賊子接種繼跡，何由延至七雄並立，東西分裂，尚建空名於諸侯之上，必待祖龍出而後澌滅殆盡也哉？以故世遠乎《春秋》而身處乎本朝，竊見列聖相承文武成康之為君、師師相讓周召散閎之為臣並至，茲之時代一皆周也，茲之朝廷一皆周也。曩周室衰微，是以諸侯恣肆，今國勢未振，是以外侮交乘。迺孔子歿而經尚存，雖不得為孔子尊王，何不可顯明孔子尊王之旨？其為意蓋如此，故君之《講義》，皆即《春秋》之褒以褒今日之知有王者而華衰之，即《春秋》之貶以貶今日之不知有王者而斧鉞之，俾吾湘高等師範學者皆具尊王之心。由是推之，吾湘郡邑學者，皆具尊王之心。由是推之，各直省郡邑學者，亦皆具尊王之心。迨他日出而為將帥，則以其尊王而思佐天子、捍邊疆；入而為卿相，則以其尊

王而思弼天子、布政令，將見周之祚八百年，聖清之祚甚或因之而億萬歲。周至戰國，散而為二；清至萬年，統合為一。然則君作雖曰《講義》，其關係於天下國家豈小也哉？！惜乎其死矣，不獲起之九原，一與君細論《春秋》之此旨。而君意之深，世或有未盡知之者，此余不得不申明之。至於與君結交之本末，與夫交誼之初終，則皆可勿論也。宣統元年三月一日，同邑張紹齡序。

◎卷末云：右《講義》二卷，乃先大夫教授高等中路師範、長郡中學三校生也。近世歐化之學盛行，經學質樸，恆不為華士所喜，研經者且日少，學浸以衰。先大夫惕然憂之，以為保存國粹不可不注重經學。其教授時復不作艱深之論以苦人索解，於闡明微言大義外，必取與現今時代情勢相合，與事之關乎政教者，反復發揮，以求通經可以致用。議論宏博，輒鏗鏗作金石聲。故先大夫升堂演說，諸生靡不屏息端坐，傾耳靜聽，忻忻焉無倦容，間有特往聆講者，講學之善亦可見矣。先大夫捐館後，講義多散佚不全，茲從各校裒集約得四萬餘言，都為二卷。因友人咸索遺集，亟付手民，以副雅意。先大夫著書數百卷，皆已風行當世。此編於《春秋左氏》尤多發前人所未發，談經者當家置一編，不徒作尋常教科書讀也。男嘉祐謹識。

◎孫殿起《販書偶記》卷二：《師伏堂春秋講義》二卷，善化皮錫瑞撰。宣統元年鴻飛印刷局鉛字排印本。

◎上海古籍出版社2015年《續修四庫全書總目提要・春秋類》「《師伏堂春秋講義》二卷」：是書為其教授高等中路師範及長郡中學三校生時所作，取經傳異同暨漢唐以來諸論辨，而以己意折衷釐正，不作艱深之論，於闡明微言大義外，必取與時代情勢相合與事之關乎政教，反復發揮，以求通經可以致用。然未及成書而歿，其子嘉祐編為二卷，於宣統元年（1909）以活字排版印行。是書有《尚書》、《詩經》、《禮記》、《左傳》、《公羊傳》、《穀梁傳》、《論語》、《孟子》、《國語》九種，唯刊行《禮記淺說》與《左傳淺說》二種，至於《公羊傳》部分，現存札記九十三條，其中六十一條乃針對何注、徐疏之失而發。如莊十五年，夫人姜氏如齊。徐彥疏以為姜氏「復與桓通也」，錫瑞駁之，謂「傳謂齊桓淫姑姊妹不嫁者七人，桓公未必有此事。且夫人姜氏至自齊，至是已三十年，文姜非夏姬，尤不應有此也。疏以其曾與襄通，遂疑復與桓通，亦近誣矣」，則錫瑞未盡從《公羊》說，可見其治經之平允。此本據北京大學圖書館藏清宣統元年鉛印本影印。（曾亦）

　　◎皮錫瑞（1850～1908），字鹿門，一字簏雲，學者稱師伏先生。湖南善化（今長沙）人。舉人。三應禮部試未中，遂潛心講學著述。光緒十六年（1890）年主湖南桂陽州龍潭書院講席。甲午後憤於《馬關條約》，極言變法不可緩。光緒二十四年（1898）任南學會會長。戊戌變法革去舉人身份，逐回原籍，交地方官嚴加管制。晚年長期任教，並任長沙定王臺圖書館纂修。著有《尚書大傳疏證》七卷、《今文尚書考證》三十卷、《尚書中候疏證》一卷、《古文尚書冤詞評議》二卷、《師伏堂春秋講義》二卷、《孝經鄭注疏》二卷、《鄭志疏證》八卷、《鄭記考證》一卷、《聖證論補評》二卷、《六藝論疏證》一卷、《魯禮禘祫義疏證》、《王制箋》一卷、《發墨守疏證》一卷、《箴膏肓疏證》一卷、《釋廢疾疏證》一卷、《漢碑引經考》六卷、《左傳淺說》二卷、《漢碑引緯考》一卷、《經學歷史》一卷、《皮氏古今書目類鈔》、《經學通論》五卷、《經學歷史講義》、《孝經鄭注疏》二卷、《駁五經異義疏證》十卷、《皮氏經學叢書》、《師伏堂叢書》、《經訓書院自課文》三卷、《師伏堂詠史》一卷、《師伏堂筆記》三卷、《師伏堂日記》、《師伏堂詞》一卷、《師伏堂駢文二種》六卷、《鹿門文稿》一卷、《鹿門詩草》一卷、《師伏堂詩草》六卷。

皮錫瑞　發墨守疏證　一卷　存

　　國圖、上海藏光緒二十五年（1899）善化皮氏刻本

　　◎孫殿起《販書偶記》卷二：《發墨守疏證》一卷、《箴膏肓疏證》一卷、《釋廢疾疏證》一卷，善化皮錫瑞撰。光緒己亥善化皮氏刊。

皮錫瑞　箴膏肓疏證　一卷　存

　　國圖藏光緒二十五年（1899）善化皮氏刻本

　　◎孫殿起《販書偶記》卷二：《發墨守疏證》一卷、《箴膏肓疏證》一卷、《釋廢疾疏證》一卷，善化皮錫瑞撰。光緒己亥善化皮氏刊。

皮錫瑞　釋廢疾疏證　一卷　存

　　國圖藏光緒二十五年（1899）善化皮氏刻本

　　◎孫殿起《販書偶記》卷二：《發墨守疏證》一卷、《箴膏肓疏證》一卷、《釋廢疾疏證》一卷，善化皮錫瑞撰。光緒己亥善化皮氏刊。

皮錫瑞 左傳淺說 二卷 存

國圖、上海、瀋陽、大連、湖北、重慶、中科院藏光緒二十五年（1899）思賢書局刻師伏堂叢書本

北京出版社四庫未收書輯刊影印光緒二十五年（1899）思賢書局刻師伏堂叢書本

中華書局 2015 年吳仰湘整理皮錫瑞全集本

◎皮錫瑞《師伏堂日記》：

甲午年十一月廿二日：校《師伏堂經說・左傳》。此皆十年前所為也。中多前人已說，間有新解可取，擬使人錄出。

己丑年九月廿三日：校《禮記淺說》畢。閱《公羊》《穀梁說》，亦有可存者，似《穀梁》各條尤善。《左氏說》亦有可補入阮刻《經解》者，特少時所見，今亦有不以為然者。間為刪補數處。刻以問世，似亦可無愧也。

庚子年三月十三日：日前以《禮記》《左傳淺說》四本付鄒富文轉呈祭酒，今復書許可，云已付手民。

◎孫殿起《販書偶記》卷二：《左傳淺說》二卷，善化皮錫瑞撰。光緒己亥刊。

濮陽樓 左氏駢言 佚

◎光緒《廣德州志》卷四十《循吏》：著有《文杏堂稿》《葩經儷語》《左氏駢言》。

◎光緒《廣德州志》卷五十七《藝文志・書目》：《葩經儷語》、《左氏駢言》一冊（俱濮陽樓著。書未成）。

◎濮陽樓，字凌雲，號荇溪。乾隆十年（1745）進士。令陝西三水，地瘠民貧，盡心撫字，訓農勸學。乾隆二十一年（1756）分校省闈，所薦皆名士，以磨勘罣部議，歸里遂不復出。著有《葩經儷語》《左氏駢言》《文杏堂稿》。

浦泂 左述 二百三十九卷 首一卷 存

上海藏稿本

◎浦玉立增訂。二十集。